'아랍의 심장'에서는 무슨 일이 벌어지고 있는가

| 현대 중동정치의 실상 |

일러두기

1. 이 책의 지명이나 인명 등은 외래어표기법을 따랐다. 다만 관용적으로 쓰이는 표현은 그대로 사용했다.
2. 아랍어 표기와 관련해 아랍어의 정관사 al-, as-, az-, an- 등은 원서에 맞춰 우리말에서는 생략했다.

이 도서의 국립중앙도서관 출판예정도서목록(CIP)은 서지정보유통지원시스템 홈페이지(http://seoji.nl.go.kr)와 국가자료공동목록시스템(http://www.nl.go.kr/kolisnet)에서 이용하실 수 있습니다.
CIP제어번호: CIP2016021936

'아랍의 심장'에서는 무슨 일이 벌어지고 있는가

| 현대 중동정치의 실상 |

아오야마 히로유키 엮음 요코타 다카유키·다카오카 유타카·야마오 다이·스에치카 고타·
깃카와 다쿠로·니시키다 아이코·아오야마 히로유키 지음 이용빈 옮김

한울
아카데미

ARABU NO SHINZO NI NANI GA OKITEIRUNOKA
by Hiroyuki Aoyama

First published 2014 by Iwanami Shoten, Publishers, Tokyo.
This Korean edition published 2016
by HanulMPlus Inc., Paju
by arrangement with the proprietor c/o Iwanami Shoten, Publishers, Tokyo

옮긴이의 글

학자의 잉크는 순교자의 피보다 신성하다

_『하디스(Hadith)』

2007년 필자는 중국 상하이(上海)에서 개최된 제1차 미·중 고위급 중동 포럼에 연사로 초청받아 중동 지역에 대한 미·중 양국의 담론을 살펴볼 수 있었으며, 2008년에는 이스라엘 히브리대학을 방문해 중국의 중동 정책을 논의하면서 중동의 안보 현실을 되돌아볼 수 있었다. 또한 2009년에는 아나폴리스(Annapolis)에 위치한 미국 해군사관학교에서 개최된 중동 관련 회의에 초청되어 '중국과 글로벌 시아파 세력의 관계'를 논의하면서 미국에서의 중동 연구의 흐름을 살펴볼 수 있었다.

2010년에는 중국 베이징(北京)에서 열린 '중국에서의 유라시아 국제정치 연구: 역사와 현실(歐亞國際政治硏究在中國: 歷史與現實)'이라는 주제의 토론회에 사회자로 참석해 중국에서의 중동 연구의 흐름을 경청하며 함께 토론하기도 했다. 또한 같은 해에 일본 국립 오사카대학에서 '팔레스타인 아랍어' 연수 과정을 수료하고 2011년 도쿄외국어대학에서 '중동·이슬람 연구 과정'

을 이수하면서 일본에서의 중동 연구의 흐름과 학문적 수준을 직접 체험했으며, 사카이 게이코(酒井啓子) 당시 도쿄외국어대학 교수(현재 일본국제정치학회 이사장)를 직접 방문해 일본에서의 중동 연구의 발전 과정에 대해 논의하기도 했다.

아울러 필자는 '시리아 내전'이 한창이던 2012년 구니에다 마사키(國昌技樹)의 『시리아: 아사드 정권의 40년사(シリア: アサド政權の40年)』(2012)를 국내에 신속히 소개했으며, 2014년에는 다카하시 가즈오(高橋和夫)의 『이란과 미국: 이란 핵 위기와 중동 국제정치의 최전선(イランと米國)』(2014)을 추가로 소개한 바 있다. 2016년 2월에는 일본국제문제연구소(日本國際問題硏究所)에서 개최한 중동정치 관련 내부 회의에 초청받기도 했다. 이러한 맥락에서 이집트, 시리아, 이라크, 레바논, 요르단, 팔레스타인 등 '아랍의 심장'이라고 일컬어지는 이른바 동아랍 지역에서 실제로 벌어지고 있는 정치의 실상을 면밀히 다룬 이 책을 국내에 소개할 수 있게 되어 무척 기쁘게 생각한다.

이 책의 집필진은 일본의 중동정치 연구를 이끌고 있는 제일선(第一線)의 신진 연구자들로, 필자가 도쿄에서 직접 만나 학술적으로 교류했던 연구자도 일부 포함되어 있다. 특히 '팔레스타인 아랍어'를 직접 구사하며 팔레스타인 문제를 국내 정치와 국제 정치의 각도에서 다각적으로 분석하는 도쿄대학 법대 출신의 니시키다 아이코(錦田愛子) 박사가 대표적이다.

한편 국내 주요 대학의 정치외교 관련 학과에서는 아랍어를 구사하며 중동의 정치외교를 전문적으로 연구하고 후학을 체계적으로 양성할 수 있는 연구진을 거의 찾아볼 수 없는 실정이다. 이러한 맥락에서 이 책이 일본에서의 중동 연구의 학술적 흐름을 참고할 수 있는 하나의 유용한 '거울'이

되어, 국내 중동 연구의 활성화에 기여할 수 있는 작은 디딤돌이 될 수 있기를 기대해본다.

무엇보다 어려운 여건 속에서도 이 책이 세상에 나올 수 있도록 지원해주신 한울엠플러스(주)의 김종수 사장님을 비롯한 모든 분들께 진심으로 감사의 말씀을 전하고 싶다.

아울러 이 책의 번역·출간은 중동 연구에 천착하고 있는 필자가 미국과 중국을 포함한 여러 국가의 중동 연구자들에게 많은 도움과 격려를 받아 가능했음을 밝힌다. 그중에서도 특히 중국 시베이대학(西北大學) 중동연구소(中東研究所)의 왕톄정(王鐵錚) 교수, 황민싱(黃民興) 교수, 장전(蔣真) 박사에게도 감사의 말씀을 드린다.

마지막으로 바쁜 일정에도 일반 독자의 입장에서 번역 초고를 분담해 읽고 조언해주었던 한반도아시아국제관계연구회[韓亞會]의 이동건(서울대학교 법학전문대학원 박사과정, 변호사), 김윤진(서울대학교 정치외교학부 정치학 전공), 손하늘(서울대학교 정치외교학부), 백승헌(서울대학교 경제학부), 홍주표(서울대학교 노어노문학과) 등 여러 후배에게도 진심 어린 고마움을 전한다.

2016년 9월

이용빈

한국어판 서문

혼돈 상태가 계속되는 중동정치(中東政治), 그 원인은 어디에 있는 것일까요? 이슬람교로 대표되는 중동 지역의 종교와 종파가 원인인 것일까요, 혹은 이 지역에서 빈발하는 테러와 분쟁, 독재로 평가되는 강권적(强權的) 지배 체제와 그에 저항하는 민주화 운동에 문제가 있는 것일까요? 이러한 견해는 모두 중동정치의 일면을 파악하고 있을지도 모릅니다. 하지만 동시에 거기에는 간과되고 있는 무언가가 있으며, 그것이 혼란의 주요 원인이 되고 있다고 생각해볼 수 있지 않을까요?

중동정치에 관한 이제까지의 해석은 대부분 이 지역에서 특수하다고 간주되는 개념이나, 해석하는 측의 일방적인 가치판단에 의해 '과잉 일반화'가 되기 일쑤였습니다. 이 지역에서 이루어지는 모든 것을 종교의 연장선 위에서 이해하려 하거나, 권선징악 및 예정조화에 기초해 근시안적으로 그 시비(是非)를 판단하고자 하는 경향이 바로 그것입니다.

이 책은 이러한 해석에 의해 만들어져 왔던 '허상(虛像)'에 대한 비판과 함께 일본에서의 중동정치 연구의 제일인자들에 의한 냉정하며 객관적인 분석을 통해 '아랍의 심장'이라고 불리는 지역에 위치한 각국 정치의 '실상(實像)'을 밝히고 있습니다. 이 책이 독자 여러분의 중동에 대한 이해에 일조할 수 있다면 더없이 기쁠 것입니다.

아오야마 히로유키(青山弘之)_엮은이

2010년 말에 시작된 '아랍의 봄'에서 이집트는 선구적인 성공 사례로 세계의 이목을 집중시켰습니다. '1월 25일 혁명'에 의해 무바라크 대통령이 실각한 이후, 민주적 선거로 선출된 무함마드 무르시(Mohamed Morsy)가 대통령에 취임했습니다. 하지만 무르시는 군이 일으킨 쿠데타로 취임한 지 1년 만에 실각해버렸습니다. 이집트 국민의 대다수는 이 정변을 '6월 30일 혁명'이라고 부르며, 긍정적으로 평가하고 있습니다. 현재는 군인 출신인 시시(Abdul Fatah Sisi)가 대통령의 자리에 있습니다.

이러한 일련의 정변에 대해 '아랍의 봄'과 관련된 통속적인 논의의 대부분은 혁명이 옳은지 그른지, 체제와 제도가 민주적인지 아닌지 하는 표층적 논의로 일관해왔기 때문에 이집트 정치의 실상에 접근하지 못하고 있는 상태입니다. 그래서 이 책의 제1장에서는 시시 정권 탄생을 뒷받침했던 안정을 바라는 국민의 목소리에 주목해, 안정의 유무를 기준으로 고찰했습니다. '제도 내(內) 정치'와 '제도 외(外) 정치'의 충돌이나, 이집트에서 재구축된 권위주의 체제가 내포하는 취약성을 검토함으로써 두 가지 혁명이 이집트 정치에 불러온 변화를 분석했습니다. 이 장을 통해 독자 여러분이 이집트 정치의 실상에 접근하는 조감도를 얻을 수 있다면, 필자의 기쁨은 더없이 클 것입니다.

요코타 다카유키(横田貴之)_제1장 필자

시리아에서는 2011년 이래 전쟁 상태가 계속되고 있고, 21세기 최악이라 일컬어지는 인도적 위기가 발생했습니다. 또한 분쟁에 수반해 시리아와 이웃 나라 이라크를 거점으로 여러 이슬람 과격파가 발호하고, 이슬람 국가(Islamic State, 이하 IS)가 세계적인 위협으로 성장해버렸습니다. 이 책의 제2장은 시리아 분쟁을 '악의 독재 정권 대 정의로운 민중'이라는 단순한 권선징악의 이야기나 '소수 종파 대 다수 종파'라는 형태의 종파 분쟁으로 묘사하는 허상의 그림자가 드리운 시리아를 둘러싼 국제 관계, 시리아 사회의 다양한 구성 요소, 그리고 이슬람 과격파 세력을 증강시킨 다양한 원인 등 분쟁의 실상이 간과되어 분쟁의 실태에 대한 분석이 등한시되고 있다는 문제를 지적하고 있습니다. 아사드 정권은 시리아 사회의 다양한 구성 요소에 어떻게 접근해왔는가? 시리아 분쟁에 간섭하는 여러 국가는 그것을 통해 어떠한 목적을 달성하고자 하는가? 그리고 왜 이슬람 과격파의 부상은 방치되어왔는가? 이 책의 제2장이 이런 여러 문제를 고찰하는 계기가 되기를 기대해봅니다.

다카오카 유타카(高岡豊)_제2장 필자

이라크 전쟁 이래 이라크 정치는 '종파 대립', 즉 수니파와 시아파의 대립으로 설명되어왔습니다. 하지만 정치 대립의 근본적인 요인은 종파의 차이와는 거의 관계가 없는 경우가 많으며, 대립 구조를 잘 살펴보지 않으면 실태를 착각해 잘못 이해할 위험성이 있습니다. 이 책의 제3장은 이러한 문제의식에 기초해 집필되었습니다.

그렇다면 '종파 대립'이 허상이라고 할 경우 이라크 정치의 실상은 무엇일까? 이 장에서는 이라크 정치를 이해가 대립하는 가운데 어떻게 다수파를 형성할 것인지를 놓고 정치 게임이 행해지는 경쟁의 장으로 이해하는 것을 제안합니다. IS가 이라크의 여러 도시를 함락시킨 지 2년이 경과되었지만, 주변국의 개입에 따라 '종파 대립'으로 보이는 현상이 갈수록 빈발하는 지금, 다시 한 번 주의 깊고 신중하게 이라크 정치에서의 대립 요인을 반드시 살펴봐야 할 것입니다.

야마오 다이(山尾大)_제3장 필자

레바논은 '아랍의 심장'에 위치한 여러 국가 중에서도 그 실태가 별로 알려져 있지 않은 국가일지도 모릅니다. 국토도 인구도 작은 국가인데, 종파 간의 대립, 내전, 이스라엘과의 전쟁, 민주화의 좌절 등 다양한 문제에 직면하고 있고, 또한 그것을 과감히 극복하고자 했습니다. 이 책의 제4장은 '중동의 축소판'이라고도 일컫는 레바논이라는 국가의 실상을 파악하기 위한 틀을 제시하려는 목적에서 집필되었습니다.

레바논은 독특한 '다극공존형(多極共存型) 민주주의'를 채택한 자유로운 국가로 분류되는 한편, 내전, 전쟁, 테러, 난민의 유입 등에 의해 계속 평화를 위협받고 있습니다. 그런데도 이라크나 시리아와 같이 '대붕괴'하지 않는 것은 왜일까요? 이 장에서는 그 이유를 '결정되지 않는 정치'에 있다고 논하고 있습니다. 2016년 현재도 대통령, 국민의회, 총리의 '삼중(三重) 공백'이라는 비정상적인 사태가 계속되고 있는데, 그것 자체가 격동하는 '아랍의 심장'에서 살아남기 위해 레바논이 내린 잠정적인 해답인 것입니다.

레바논이 '중동의 축소판'이라고 한다면, 거기에는 중동의 안정을 위한 단서가 있을지도 모릅니다.

스에치카 고타(末近浩太)_제4장 필자

'아랍의 심장'에 위치한 여러 국가 중에서도 아마도 독자 여러분에게 요르단은 가장 낯선 국가가 아닐까 합니다. 요르단은 역사적으로 지역 대국이나 분쟁 지역에 둘러싸여 거대한 팔레스타인 난민 커뮤니티를 떠안게 된 약소국으로, 건국 이래 한 차례도 폭력적인 체제 전환을 경험하지 않았습니다. 이런 수수한 인상도 요르단이 도드라지지 않게 할지 모릅니다.

하지만 거꾸로 생각해보면, 이러한 상황 아래에서 체제를 유지하는 것은 대단히 어려운 일입니다. 대다수 연구자들은 요르단의 안정을 설명하기 위해 '완충 국가'라는 용어를 사용해왔습니다. 시리아, 이집트, 이스라엘 등 국가 간의 완충 지대 혹은 팔레스타인 난민의 수용처라는 데서 요르단의 존재 가치를 찾는 사고방식이라 할 수 있습니다. 이러한 설명은 편리하지만, 실제로 요르단의 처지는 지정학적인 상황에 귀결시켜 설명할 수 있을 만큼 간단하지 않습니다.

제5장의 목적은 '완충 국가' 요르단을 둘러싼 허와 실을 정리하고 체제 유지의 배경을 밝히는 것입니다. 실제로 요르단은 대국의 지원을 이끌어내는 실리적인 외교 전략과 강온 양면을 구사하는 국내 통치에 의해 간신히 체제 유지에 성공해왔습니다. 위기에 직면한 소국은 어떻게 처신해야 할 것인가? 이런 문제를 고찰하는 가운데 이 장에서 하나의 단서라도 발견할 수 있다면 이 장의 필자로서 행복할 것입니다. 깃카와 다쿠로(吉川卓郎)_제5장 필자

팔레스타인과 이스라엘의 분쟁은 반복되는 폭력과 수천 년에 걸친 종교 대립 등의 용어로 흔히 설명되고 있습니다. 성지(聖地) '예루살렘'이나 그리스도가 탄생한 땅 '베들레헴' 등이 있는 이 지역은 확실히 종교적으로 중요한 장소입니다. 하지만 현재의 대립이 시작된 것은 직접적으로는 이스라엘 건국 이후이며, 그것을 뒷받침한 시오니즘(Zionism)이라는 사상과 건국 운동의 확산이 도화선이 되었습니다. 제6장에서는 이러한 문제의 실상을

밝히는 것을 목적으로 하며, 아울러 팔레스타인의 현대 정치에서 중요한 행위자인 하마스(Hamas)에 주목합니다.

이스라엘에 의한 점령으로부터 해방을 추구하는 저항 운동은 팔레스타인해방기구(PLO) 등 세속적인 운동에서 시작되었습니다. 하지만 1980년대 말부터는 이슬람주의의 성격이 강한 하마스가 세력을 확대하게 됩니다. 정당을 이룬 하마스는 성과가 없는 평화 교섭이나 부정부패에 반대하는 팔레스타인인에 의해 정치적인 대안으로 선택되었습니다. 하지만 국제사회는 이를 부정했고 이스라엘과 함께 가자 지구(Gaza Strip)에 대해 경제 제재를 가합니다. 가자 지구 내의 빈곤이나 군사 충돌, 팔레스타인 내부의 '이중(二重) 정부' 체제 등의 문제는 이 하마스를 둘러싼 대응에서 기인하는 것이라 할 수 있습니다. 팔레스타인과 이스라엘의 분쟁 해결과 중동의 안정은 국제사회와 분리해 생각할 수 없습니다. 그것을 독자 여러분들께서 이 장을 통해 읽어낼 수 있기를 바랍니다. 니시키다 아이코(錦田愛子)_제6장 필자

2016년 7월

차례

제3장 이라크

제4장 레바논

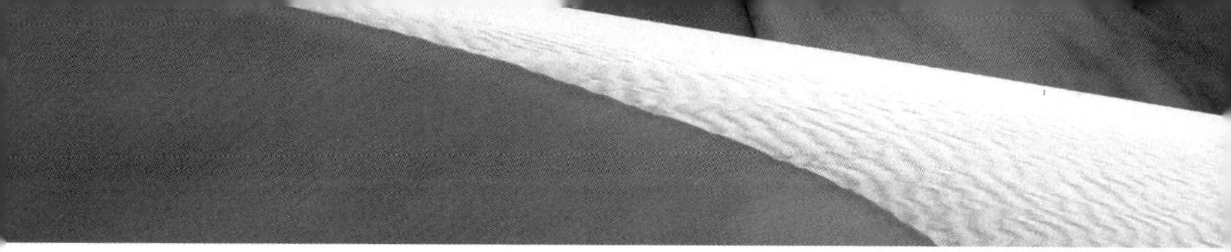

머리말

‘혼돈의 도미노’에 허덕이는 ‘아랍의 심장’

아오야마 히로유키(青山弘之)

아랍 세계는 오늘날 전례 없는 혼돈 속에 있다. 2011년 1월 튀니지에서 일어난 정변을 발단으로, 곧바로 아랍 국가들을 휩쓴 ‘아랍의 봄’은 이 지역에 ‘민주화’를 가져올 것으로 기대되었다. 그렇지만 그 이후의 현실은 이러한 낙관적인 전망과는 거리가 멀었다.

튀니지, 이집트, 리비아, 예멘에서는 대중매체를 통해 ‘독재’라는 딱지가 붙은 정권이 퇴진했고 체제 전환이 일어났다. 그렇지만 새로운 체제 만들기는 난항을 겪고 있고, 이 모든 국가에서 내정(內政)은 마비되고 치안은 악화되었으며, 과격한 무장 집단에 의한 테러와 무력 충돌이 빈발했다. 이러한 경향은 외국의 군사 개입이나 중재에 의해 체제 전환이 발생한 국가만큼 강하며, 북대서양조약기구(NATO)의 공중폭격에 의해 최종적으로 결판이 난 리비아에 이르러서는 국가 붕괴라고 할 만한 상황마저 발생했다. 또한 '아랍의 봄'의 선구적인 성공 사례로 간주되던 이집트에서는 민주적인 선거로 선출된 것이 분명한 무슬림형제단의 무함마드 무르시 정권(2011년 6월~2013년 7월)이 민중의 항의 시위를 계기로 붕괴에 직면하게 되었고, '아랍의 봄'에 의해 주변으로 내쫓겼던 군(軍)이 다시 정치의 주도권을 잡았다.

'아랍의 봄'이 파급되는 것에 저항해 체제 붕괴에서 벗어났던 국가들도 정치 변동과 혼란을 겪고 있다. 그 전형적인 사례가 시리아다. '체제 붕괴는 시간문제'로 여겨진 이 나라에서는, 바샤르 아사드(Bashar al-Assad) 대통령(2000년 취임)이 강경한 태도로 반체제 운동에 대해 무자비한 탄압을 강행했으며, 헌법 개정을 비롯한 근본적 제도 개혁에 나섰다. 그렇지만 서구 국가들, 아랍 및 걸프 지역 국가들, 그리고 터키에 의한 경제 제재와 반체제파 지원, 나아가 샴(Shām) 지역 사람들의 누스라 전선(Jabhat al-Nusra)과 IS 등의 무장 집단의 폭력으로 국가는 황폐해지고, 그 참상은 '금세기 최악의 인도적 위기'로 평가되었다.

시리아의 혼란은 피난민의 국경 밖으로의 유출과 무장 집단의 왕래를 통해 주변 국가들에도 어두운 유산의 연쇄를 가져왔다. 특히 이라크와 레바논의 사태는 심각했다. 이라크에서는 2014년 6월 IS가 제2의 도시 모술(Mosul)을 제압하고 칼리프제 수립을 선언하며, 자신들의 협소한 종교관을 따르지 않는 주민을 배제하고 참살하기에 이르렀다. 이러한 사태에 직면해 미국은 누리 말리키(Nouri al-Maliki) 총리(2006~2014년 재임)에게 책임을 지고 물러날 것을 분명히 요구하는 한편, 이라크 북부에 공중폭격을 가해 군사 개입을 개시하고, 9월에 들어서는 시리아 국내의 IS 근거지에 대해서도 공중폭격을 감행했다. 또한 레바논에서는 2012년 8월경부터 누스라 전선의 분파로 간주되는 압둘라 아잠 대대(Abdullah Azzam Brigades)와 바알베크(Baalbek) 수니파 자유인 여단에 의해 폭탄 테러가 빈발하고, 2014년 7월이 되자, 누스라 전선과 IS로 구성된 무장 집단이 시리아 국경 부근의 아르살(Arsal)를 습격해 일시 점거했다. 이라크와 레바논은 '아랍의 봄'의 영향을 한정적으로 받았으며, '아랍의 봄'의 피해자인 이집트와 시리아 등에 비해 민주적으로 간주되는 경우가 많다. 그렇지만 이 양국은 정치 세력들의 권력 투쟁과 이권 싸움에서 비롯된 국가 기능의 마비나 무력 충돌을 수반하는 정쟁과 테러에 의해 치안 악화가 일상화되었기 때문에, 주목되지 않았을 뿐이다. '아랍의 봄'의 마이너스 연쇄 효과는 양국이 기존에 안고 있던 문제를 재차 부각시켰을 뿐만 아니라, 거기에서의 혼란을 더욱 복잡하고 대처하기 어려운 것으로 만들었다.

'아랍의 봄'의 악순환은 여기서 멈추지 않고 팔레스타인에까지 불씨가 번졌다. 2014년 7월 요르단 강 서안 지구(West Bank)에서 유대인 '종교 학생' 세 명을 유괴해 살해한 사건을 계기로 이스라엘은 하마스가 실효 지배하는 가자 지구에 공중폭격과 지상 공격을 가했고, 하마스 측도 이에 대한 보복으로 이스라엘 영내에 로켓탄 공격을 가했다. 양자는 8월 말에 무기한 정전에 합의했지만, 이 때문에 2000년 이후 암초에 부딪혀 좌초된 상태였던 중동 평화 프로세스의 재개나 하마스와 파타(Fatah)의 거국일치 체제가 확고히 구축될 것으로 기대되었던 팔레스타인 정세에 한층 더 먹구름이 드리웠다.

'아랍의 심장'이란 어디인가?

'분쟁의 도미노', '혼돈의 도미노'라고 말할 수도 있는 참상은 걸프 지역과 마그레브(Maghreb: 북아프리카) 지역 등 아랍 세계의 기타 지역, 나아가 이란, 터키를 포함한 중동 전체에도 영향을 미치고 있다. 그렇지만 과거 수년 동안 이어온 혼란의 연쇄 현상을 살펴보면, 그 핵심 당사자와 주요 진쟁티가 일찍이 '아랍의 심장'으로 표현되는 국가들에 집중되어 있다는 점이 주목된다.

'아랍의 심장'이란 이데올로기의 색채가 강하고 야심적이며 또한 어떤 종류의 시대착오적인 개념일지도 모른다. 이 용어는 1950년대부터 1960년대에 걸쳐 아랍민족주의라는 이름을 내세우며 '혁명'을 성취했던 이집트, 시리아, 이라크 등 국가의 위정자와 정치 조직이 자신을 '아랍의 맹주'로 자부할 때 즐겨 사용하던 말이다. 아랍어로는 '우르바(아랍성)의 심장(Qalb al- 'Urūba)' 내지는 '고동(鼓動)치는 우르바의 심장(Qalb al-'Urūba al-Nābiḍ)이라고 일컬어지며, 영어로는 'the heartland of the Arab nationalism', 'the Arab heartland', 'the cultural heartland of the Arab world' 등으로 번역되는 경우가 많다.

'아랍의 심장'에 아랍 세계의 어디가 포함되는지에 대한 명확한 정의는 없으며, 그 영역은 애매하다. '아랍의 심장'은 '아랍의 맹주'라고 자인하는 하나의 국가만 지칭하는 것이 아니며, 아랍 세계를 구성하는 지리적 하위 구분인 동아랍 지역(마슈리크), 걸프 지역, 나일 강 유역, 마그레브 지역의 그 어디와도 합치되지 않는다. 그렇지만 이 책에서는, 근현대 시기에 중동의 정치, 사회, 문화를 견인해왔던 이집트와 동아랍 지역을 '아랍의 심장'으로 규정하고 논의를 진행하려고 한다.

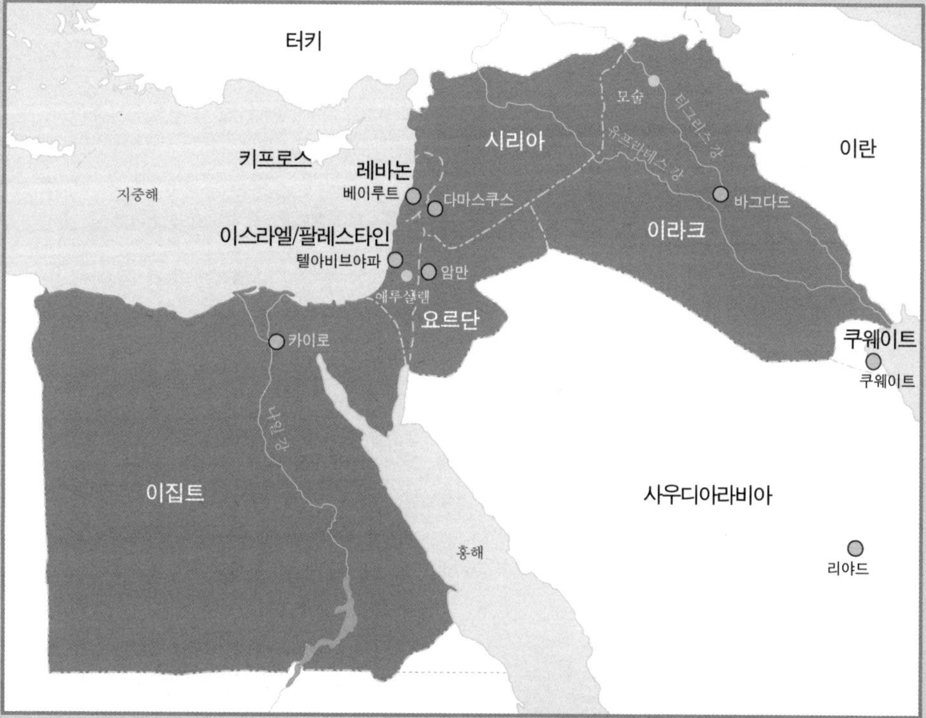
터키
모술
티그리스 강
시리아
이란
유프라테스 강
키프로스
레바논
지중해
베이루트
다마스쿠스
바그다드
이스라엘/팔레스타인
이라크
텔아비브야파
암만
예루살렘
요르단
카이로
쿠웨이트
쿠웨이트
나일 강
이집트
사우디아라비아
홍해
리야드

아랍의 심장

'문명의 십자로'

중동의 역사 그중에서도 정치사를 논하며, 이 책에서 언급하고 있는 '아랍의 심장'을 그 본류에 두는 것에 위화감을 느끼실 분은 많지 않으리라고 생각한다. 사실 모든 고등 교육 수준의 세계사를 떠올려 보면, 이집트와 동아랍 지역은 '문명의 십자로'로서 고대부터 현대에 이르는 역사 속에서 끊임없이 등장해 각 시대의 정치와 문화에서 선구적인 역할을 담당해왔던 것으로 소개되고 있다.

유사(有史) 이래의 역사를 되돌아보면 '아랍의 심장'은 오리엔트 문명의 발상지이며 고대사의 주요한 무대 중 하나였고, 농경·교역·알파벳 등이 예로부터 발달했으며 고대 이집트, 우르(Ur), 우루크(Uruk), 바빌론(Babylon), 아시리아(Assyria), 아람(Aram), 페니키아(Phoenicia), 고대 이스라엘 등의 도시 국가와 영역국가를 배출해왔다. 또한 알렉산더(Alexander, B.C. 336~B.C. 323 재위)의 동방원정 후에 생겨난 헬레니즘 시대에도 셀레우코스(Seleucos) 왕조(B.C. 312~B.C. 64), 프톨레마이오스(Ptolemaios) 왕조(B.C. 304~B.C. 30) 등이 번영했다. 그 이후 로마 제국(B.C. 27~A.D. 395)을 거쳐 비잔틴 제국(395~1453) 시대로 들어선 이후 '아랍의 심장'은 역사의 불가결한 일부가 되어왔다.

유대교, 기독교 등의 유일신 종교가 성립된 것도 이 지역이다. 7세기에 아라비아 반도에서 예언자 무함마드(Muhammad)가 일으킨 이슬람교 또한 다마스쿠스(Damascus)를 수도로 한 우마이야 왕조(Umayyad dynasty, 661~750)와 바그다드를 수도로 한 아바스 왕조(Abbasids, 750~1258)의 지배하에 세력이 확대되었다.

근현대 시기 중동의 '지혜'

중세로 들어서자 '아랍의 심장'은 십자군원정(1096~1270)이나 몽골 제국의 침공(13세기)으로 쇠퇴하고, 그 이후에는 오스만 제국(1299~1922)의 지배를 받았다. 그렇지만 근현대 시기를 맞이하자, 선구적인 존재감을 뚜렷이 드러내기 시작했다. 유럽 열강의 진출에 의해 세계 각지에서 근대화가 시작되자, '아랍의 심장'은 문화·정치·사회 등의 영역에서 이를 견인하고 중동의 '지혜'를 체현하기에 이르렀다.

중동에서 근대는 나폴레옹 보나파르트(Napoléon Bonaparte)의 이집트 원정(1798)에 의한 '서양 근대'와의 접촉을 기점으로 도래했다. 여기에서 말하는 '서양 근대'란 관료 기구, 근대적인 군, 국민교육으로 대표되는 국가 기관, 자본주의적 생산양식, 합리주의적 사고양식 등 유럽 열강의 발전을 밑받침해왔던 여러 요소의 총체를 의미하며, 그것과의 접촉은 한편으로 동경과 모방에 대한 지향을, 다른 한편으로 정치·경제·문화 면에서의 종속에 대한 공포심과 거부감을 환기시켰다.

나폴레옹의 원정에 따른 혼란 속에서 이집트에 무함마드 알리(Muhammad Ali) 왕조(1805~1953)가 성립되고 오스만 제국으로부터 사실상 독립하자, 이 왕조는 자국과 사회의 후진성을 극복해야 한다며 근대적인 군대의 창설, 조선소, 관영(官營) 공장, 인쇄소 건설, 상품작물의 생산 장려, 농작물의 전매, 교육제도의 개혁 등을 추진했다. 또한 1830년부터 1841년에 걸쳐 무함마드 알리 왕조의 지배를 받았던 동아랍 지역 중에서도 '샴의 국가들'로 불린 지역[오늘날의 시리아, 레바논, 요르단, 팔레스타인/이스라엘, 이라크 북부, 터키 남부로 구성되는 지역이다. '역사적 시리아', '대(大)시리아'로도 불린다]에도 근대의 숨결은 전해져 그 이후의 오스만 제국의 탄지마트(Tanzimat, 1839~1876)와 '미드하트 헌법(Midhat constitution)'(1876) 아래에서 근대화를 향한 길을 걸었다.

이러한 '위로부터의 근대화' 시도는 영국에 의한 이집트 지배(1882~1922년, 1914년에 정식으로 보호령이 되었다)나 오스만 제국에 대한 유럽 열강의 집요한 간섭(이른바 동방 문제)으로 어려움이 극심했다. 그렇지만 그런 한편에서 당시의 유식자(有識者) 등은 '서양 근대'에 대치하는 정체성을 탐구하는 가운데 자기 사회의 쇠퇴를 어떻게 극복하고 번영을 향유할 것인지에 대해 사고를 집중했다. 그들은 아랍어를 모어로 하는 아랍인으로서의 자아(urūba) 내지는 이슬람교도로서의 자아에 눈을 뜨고 아랍어의 근대화나, 이슬람교의 신앙과 근대화 사이에서의 양립을 목표로 했다. 그들의 사색적 행위는 곧 아랍민족주의, 이슬람주의(더욱 엄밀하게 말하자면 이슬람 부흥주의)로 결실을 맺는데, 두 가지 사상 조류가 융성하는 주요한 무대가 된 것은 무엇보다 '아랍의 심장', 특히 이집트, 시리아, 레바논이었다.[1]

정치에서의 아랍민족주의와 이슬람주의

아랍민족주의와 이슬람주의는 20세기에 들어서자 사회운동, 국가 건설과 정권 장악 및 운영의 지침으로서 일종의 정치 이데올로기로 발전했다. 이 중 아랍민족주의는 1952년 이집트에서의 '7월 혁명'으로 권좌에 앉은 가

1 이슬람 부흥주의의 융성에 대해서는 나카무라(中村廣治郎, 1997) 및 스에치카(末近浩太, 2005), 아랍민족주의의 발전에 대해서는 아오야마 외(Aoyama, Khansa and al-Charif, 2000) 참조.

말 압델 나세르(Gamal Abdel Nasser) 대통령(1959~1970년 재임)의 치세하에 제창되었다. 나세르 대통령은 1956년 제2차 중동전쟁에서의 영국, 프랑스, 이스라엘에 대한 정치적 승리로 일약 명성이 높아졌고, 이집트와 시리아의 합병(아랍연합공화국, 1958~1961) 등을 통해 아랍 통일을 지향하는 한편, 비동맹 국가들의 연대 강화에 노력해 제3세계의 맹주라고 일컬어졌다.

또한 동아랍 지역에서는 사회주의 사상의 영향을 강력히 받은 아랍·바아스 주의를 내세운 바아스당(Ba'ath party, 정식 명칭은 아랍사회주의부흥당)이 세력을 신장시켜 1963년에는 시리아에서, 1968년에는 이라크에서 '바아스 혁명'을 일으켜 정권을 장악했다. 시리아의 바아스당 정권은 30년에 걸친 하페즈 아사드(Hafez al-Assad) 전 대통령(1971~2000년 재임)의 지배를 거쳐 바샤르 아사드 현임 대통령(2000년 취임)으로 이어지고 있는 한편, 이라크 바아스당 정권은 이라크 전쟁으로 사담 후세인(Saddam Hussein) 대통령(1979~2003년 재임)이 권좌에서 쫓겨난 2003년까지 계속되었다. 이러한 아랍민족주의 정권은 내정(內政)에서는 사회적 부정의 시정을 호소하고, 농지 개혁과 기간산업의 육성을 지향했다. 그렇지만 정권의 기반을 강화하기 위해 정적(政敵)을 배제하고, 정치에 참여할 기회를 제한했기 때문에 그 정치체제는 서서히 권위주의화되었다.[2]

한편 이슬람주의는 20세기로 들어서자 정치적 이슬람으로 불리는 단계를 맞이해, 초기 이슬람교도(살라트)를 모범으로 삼는 사회질서의 실현을 지향했다. 이를 위한 수단으로 대중주의(大衆主義)에 의거해 포교(Dawa)를 통한

---

2 이집트 근현대사에 대해서는 바티키오티스(Vatikiotis, 1991), 시리아 현대사에 대해서는 시일(Seale, 1998), 이라크 현대사에 대해서는 트립(Tripp, 2000) 참조.

점진적인 변혁을 지향하는 온건 노선과, 전위 집단의 투쟁(Jihād)을 통해 국가 전복과 사회의 근본적인 개혁을 지향하는 급진 노선의 두 가지 방법이 제기되었다. 온건 노선을 채택한 가장 대표적인 조직은 1928년 이집트에서 발족한 무슬림형제단이며, 그 풀뿌리와 같은 활약에 의해 이집트, 요르단, 팔레스타인 등에서 많은 지지자를 얻었다.[3] 이에 반해 급진 노선은 이슬람 과격파(또는 지하드주의자)로 알려진 과격한 집단과 개인이 추진했다. 대표적인 조직으로는 1981년 이집트에서 안와르 사다트(Anwar Sadat) 대통령 암살을 감행한 지하드단을 들 수 있다. 또한 오사마 빈라덴(Osama bin Laden, 2011년 5월에 사망)이 지도했던 알카에다, 그리고 알카에다와 사고나 행동 양식을 공유하는 각지의 알카에다 계통[4]의 무장 집단도 이 노선으로 분류할 수 있다.[5]

종파주의의 저주와 속박

이와 같이 '아랍의 심장'은 근현대 시기에 중동의 '지혜'를 체현하는 선구적 역할을 담당해왔는데, 그때의 정치적 경험은 반드시 순풍(順風)에 만범(滿帆)한 것은 아니었고 많은 고난을 수반해왔다.

제1차 세계대전 후 '아랍의 심장'은 밀약인 「사이크스·피코 협정(Sykes-

3 무슬림형제단의 역사, 사상, 활동에 대해서는 요코타(横田貴之, 2009) 참조.

4 이 책에서 '알카에다 계통'은 빈라덴이 지도해왔던 알카에다와 조직적인 연계 혹은 구성원 간의 교류가 있는 조직이면서, 알카에다와 마찬가지로 이슬람주의적 목표를 내세우고 군사·홍보 전략을 채택하고 있는 조직을 총칭하는 용어로 사용되고 있다.

5 지하드단에 대해서는 후지와라(藤原和彦, 2001), 알카에다에 대해서는 호사카(保坂修司, 2011) 참조.

Picot Agreement)」(1916)에 따라 위임통치 아래 있었으며, 자의적인 국경 획정에 의해 인공 국가들로 분단되었다. 이 지역에서는 1922년에 이집트가 영국으로부터 독립한 것을 시작으로(완전한 독립은 1956년), 1932년에는 이라크, 1946년에는 요르단의 전신인 트란스요르단이 영국으로부터, 1943년에는 레바논, 1946년에는 시리아가 프랑스로부터 각각 독립했다. 그렇지만 이러한 인공 국가들로 구성되는 정치 질서는 아랍민족주의, 이슬람주의가 상정한 지배 영역의 관점에서 본다면 대단히 한정적이며, 또한 「후세인·맥마흔 협정(Husain-MacMahon Agreements)」(1915)에 따라 메카의 샤리프(sharif, 지방관)인 파이살 빈 후세인(Faisal bin Hussein)이 다마스쿠스를 수도로 삼아 일시 건국했던 아랍 왕국(1920년 3~7월)의 판도에도 미치지 못했다.

'아랍의 심장'의 분단은 다양한 종교·종파집단, 민족·종족 집단이 혼재되어 있으며, '모자이크 사회'를 이루는 이 지역에 대한 19세기 중반 이후 행해진 유럽 열강의 간섭 정책, 이른바 '동방 문제적 접근(approach)'의 기정 노선에 따른 것이었다.[6] 오스만 제국의 약체화를 노리는 유럽 열강은 특정 종파 집단을 이익을 통해 끌어들여 제국(帝國) 영내에 교두보를 구축하는 한편, 정치학에서 말하는 사회적 균열(龜裂)[7]을 조장하고, 그 분단을 도모해 왔다. 그 전형적인 사례가 크림 전쟁(1853~1856)의 계기가 된 예루살렘의 기독교 성지(聖地) 관리권과 레바논 산지(山地) 지역에 대한 권력 신장을 둘러싼 영국·프랑스·러시아의 줄다리기로, 그곳에서 러시아가 그리스정교

6 각국에서의 종교·종파 집단, 민족·종족 집단의 인구 비율은 이 책의 각 장 참조.

7 사회적 균열이란 국내의 정치 대립에서의 구분 축을 의미하며, 지역, 언어, 민족, 종교·종파, 계급 등 사회 구성원의 속성의 차이나 다양성에 의해 생겨난다. 정의(定義)와 관련된 상세한 내용은 하자마(間寧, 2006) 참조.

신자들의 보호를 주장하는 한편, 프랑스가 기독교 마론파 등 로마 가톨릭 계열의 여러 파를 후원하고, 영국이 이슬람교 드루즈파를 각각 후원하는 식으로 대항해 '모자이크 사회'에 열강의 세력 싸움을 투영했다.

위임통치 지배는 이러한 경향에 더욱 박차를 가해, 아랍 국가들에는 다양한 형태로 종파 분쟁의 씨앗이 심어졌다. 예를 들면 이슬람교 수니파, 시아파(12이맘파), 기독교 마론파 등 10개가 넘는 종교 및 종파 집단이 혼재하는 레바논에서는 종교 및 종파 집단의 인구 비율에 상응해 공적(公的) 지위나 그 권능을 비례 대표적으로 배분하는 종파제도가 도입되어, 종교와 종파 집단으로의 귀속이 그곳에서의 정치적 행위를 규정하게 되었다. 또한 이슬람교 수니파가 다수파를 구성하고 있는 시리아에서는 수니파 거주 지역의 행정 구획을 빈번하게 변경시킴으로써 지역 간의 라이벌 의식을 조장했다. 나아가 이라크에서는 오스만 제국에서 다른 지리적 구분으로 나뉘어 있던 여러 지역을 억지로 통합시켜, 이슬람교 수니파, 시아파, 쿠르드족의 혼재를 피할 수 없게 되었다. 위임통치 시대의 이러한 조작에 의해 독립 후 아랍 각국에서는 종교와 종파, 민족·종족 집단으로의 귀속이 그때마다의 정국에서 특별히 강조되었다.[8]

팔레스타인 문제

'아랍의 심장'의 고난은 종파주의에만 머무른 것이 아니다. 영국이 발표

8 레바논, 시리아, 이라크에서의 종교·종파, 민족·에스닉 집단의 사회적 균열에 대한 강조와 관련해서는 아오야마(青山弘之, 2012), 아오야마·스에치카(青山弘之·末近浩太, 2009), 벤지오(Bengio, 1999), 마(Marr, 2004) 참조.

한 「밸푸어 선언」(1917)에 기초한 형태의 시오니즘을 수용하고 있던 유럽의 유대인이 팔레스타인 땅을 점거해 거기에 거주하는 아랍인(팔레스타인인)을 배제하고 1948년에 이스라엘 건국을 선언하자, 이 지역은 팔레스타인 문제 혹은 더욱 넓게는 아랍·이스라엘 분쟁으로 언급되는 정치적 현안을 떠안게 되었다. 이스라엘 건국에 근거를 제공한 시오니즘은 19세기 중반 이후 유럽에서의 반(反)유대주의에 대한 안티테제로서 융성한 이데올로기이며, 그것이 지금은 유럽의 민족주의가 아니라 아랍민족주의와 이슬람주의와 상호 배타적으로 대립함으로써 끝없는 분쟁으로 전개되고 있는 것이다.

팔레스타인 문제는 당초 이스라엘과 '아랍의 심장'을 구성하는 국가, 특히 이집트, 시리아를 중심으로 하는 국가 간 분쟁으로 변화해갔다. 여기에서 이스라엘이라는 존재는 아랍의 통일과 서구 국가들의 종속으로부터의 탈피를 저해하는 직접적 위협으로 간주되어, 아랍 각국은 저마다의 이해(利害)와 의도에 보조를 맞추는 형태로 혼란이 발생하기도 했지만, 기본 노선 차원에서 이스라엘에 두 가지 정면 공략 작전을 강제함으로써 대항했다. 그렇지만 이 전략은 1967년 제3차 중동전쟁에서 아랍 국가들이 이스라엘에 대패해 이집트의 시나이(Sinai) 반도와 가자 지구, 요르단 강 서안 지구, 시리아의 골란 고원(Golan Heights), 레바논의 셰바 농장(Shebaa Farms), 크파르슈바(Kfar shuba)가 점령되면서, 그 한계를 드러냈다.

제3차 중동전쟁에서 대패한 이후 이스라엘과의 투쟁은 '아랍의 심장'을 구성하는 국가보다도 팔레스타인인 자신에 의해 직접 주도되었고, 파타가 주도하는 팔레스타인해방기구(Palestine Liberation Organization, 이하 PLO)가 요르단과 레바논에서 세력을 신장했다. 그렇지만 자국을 뜻밖의 전쟁에 휘말리게 할 수도 있는 PLO의 활동은 아랍 각국에서 언제나 바람직하게 여겨진 것은 아니었으며, 1970년 9월에 발생한 납치 사건을 계기로 요르단의 후세인 빈 탈랄(Hussein bin Talal) 국왕(1953~1999년 재위)은 우선 PLO를 위시한 팔레스타인 게릴라의 추방을 단행했다(검은 9월 사건). 요르단에서 쫓겨난 PLO는 활동 거점을 레바논 남부로 옮기고 계속적인 대(對)이스라엘 무장투쟁을 목표로 삼았다. 그런데 레바논에서는 팔레스타인인과의 연대에 대한 시비(是非)를 둘러싸고 점차 대립이 격화되어, 1975년부터 1990년까지 25년에 걸쳐 내전(레바논 내전)을 치렀다. 이 내전은 레바논 국내의 각파에 의한 끝없는 폭력의 응수를 초래하는 한편 이스라엘과 시리아의 군사 개입을 초래했으며, 1982년 이스라엘군의 베이루트 침략으로 PLO는 어쩔 수 없이 튀니지로 철수해야 했다. 내전으로 피폐해진 레바논은 최종적으로는 시리아의 실효 지배를 인정하는 형태로 혼란을 수습했으며, 이러한 상태는 2005년 '백향목 혁명'이 발생할 때까지 계속되었다.[9]

한편 이집트는 1978년 9월에 미국의 중재로 이스라엘과 「캠프 데이비드 협정(Camp David Accords)」을 맺어 팔레스타인 문제에서 벗어났으며, 1979년에 이스라엘과 평화조약을 체결해 시나이 반도를 회복했다. 이집트와 이스라엘의 단독 강화(講和)에 의해 전선국가(前線國家)로 홀로 남겨진 시리아는 이스라엘에 대한 군사적 열세에 대처하기 위해 무장투쟁의 '외주(外注)'를 개시해, 팔레스타인 여러 파와 레바논의 헤즈볼라 등 레지스탕스 조직을 물심양면으로 지원함으로써 이스라엘을 상대로 신경전을 펼쳤다.

그 이후 팔레스타인 문제는 동서 냉전의 종식과 함께 해결을 향해 크게

9 레바논 내전에 대해서는 피스크(Fisk, 2000), 한프(Hanf, 1993) 참조.

움직여 나아가는 것으로 보였다. 요르단 강 서안 지구와 가자 지구에서의 팔레스타인 난민에 의한 인티파다(intifada, 봉기)(제1차는 1987년에 발발했다)를 거쳐 1991년 10월에 이스라엘, 이집트, 시리아, 요르단, 레바논, PLO 등의 분쟁 당사자가 처음으로 한곳에 모여 개최된 마드리드 중동 평화회의를 계기로, 이스라엘과 아랍 각국 사이에서 '평화와 영토의 교환'[10]을 원칙으로 하는 2국 간 교섭이 본격화되었다. 그 결과 1993년 9월에는 이스라엘과 PLO가 「오슬로 협정(Oslo I Accord)」을 체결하고 관계 정상화를 실현했다.

「오슬로 협정」은 이스라엘과 PLO의 상호 승인에 기초해 팔레스타인인에 의한 자치정부의 설립과 분쟁의 항구적 해결을 목적으로 한 것으로 최종 지위 교섭에서는 국경 획정, 팔레스타인 난민의 귀환권, 이스라엘 입식지(入植地)의 처우 등의 문제도 다루기로 했다. 이에 기초해 1994년에 PLO의 야세르 아라파트(Yasser Arafat) 의장(1969~2004년 재임)이 튀니지로부터 팔레스타인으로 귀환하고, 가자 지구와 요르단 강 서안 지구의 8개 도시[11]에서 잠정 자치가 개시되었다. 그렇지만 최종 지위 교섭은 진척 없이 질질 끌다가 2000년

---

10 '평화와 영토의 교환'이란 이스라엘이 점령지를 반환하는 대신 그 반대급부로 아랍 각국이 이스라엘의 안전보장을 담보해주는 틀을 의미한다. 여기에서 이스라엘이 반환해줄 것을 요구받고 있는 점령지는 국제연합(UN) 안보리 결의 제242호(1967)에 기초해 제3차 중동전쟁 이후의 점령지로 간주된다. 다만 이 결의에서의 '점령지(territories occupied)'라는 표현에는 정관사가 붙어 있지 않기 때문에 그 범위가 애매하며, 이로 인해 이스라엘이 수도(首都)라고 주장하는 예루살렘이나, 일방적으로 합병(1981)시킨 골란 고원, 셰바 농장 및 카프르슈바의 귀속을 둘러싼 의견 대립이 초래되고 있다.

11 요르단 강 서안 지구의 8개 도시란 제닌(Jenin), 툴카렘(Tulkarem), 나블루스(Nablus), 칼킬리야(Qalqilya), 라말라(Ramallah), 예리코(Jericho), 베들레헴, 헤브론(Hebron)을 지칭한다.

7월의 캠프 데이비드 II라고 불리는 양자의 교섭이 결렬된 이래 사태는 교착 상태에 빠졌고, 쌍방에 의해 산발적인 폭력과 이에 응수한 테러가 거듭되었다. 또한 잠정 자치를 주도했던 파타 지도자들의 부패가 서서히 표면화되면서 하마스의 대두와 파타 및 하마스 간의 대립이 조장되었다.[12]

이라크 문제

한편 동서 냉전의 종식과 그것에 따른 미국 중심의 일극 체제 성립은 '아랍의 심장'에 또 한 가지 심각한 문제를 가져왔다. 1990년의 걸프 위기 및 걸프 전쟁에서 비롯된 이른바 이라크 문제다. 이라크는 '이슬람 혁명'(1979)을 실현한 이란이 걸프 만 국가들을 향해 세력을 신장하는 것을 저지하는 방파제로서의 역할을 1980년대 내내 담당했는데, 이란·이라크 전쟁(제1차 걸프 전쟁, 1980~1988) 시에는 미국, 소련, 걸프 만 국가들로부터 지원을 받음으로써 군사 대국으로 성장했다. 그렇지만 이 전쟁이 종결된 이후 이라크의 존재는 거꾸로 걸프 만 국가들의 안전보장상의 위협으로 간주되기에 이르렀고, 1990년 8월 이라크군의 쿠웨이트 침공과 합병 선언(걸프위기)에 대처하기 위해 미국과 영국을 주체로 하는 다국적군이 국제연합(United Nations, 이하 UN) 안보리의 승인 아래 이라크에 군사 개입(걸프 전쟁)을 하는 한편, 이라크산 석유의 수출 금지 등의 제재를 발동해 후세인 정권에 압박을 가했다.

이라크 문제는 9·11 사건의 발생을 계기로 커다란 전환점을 맞이했다.

---

12 팔레스타인 문제의 경위 및 분쟁 당사국의 세력균형(power balance)에 대해서는 아오야마(青山弘之, 2013), 우스키(臼杵陽, 2013), 히로카와(廣河隆一, 2002) 참조.

'테러와의 전쟁'과 '민주화'를 두 가지 축으로 하는 형태로 독단적인 대외 정책을 추진했던 조지 부시(George Bush) 정권(2001~2009)은 알카에다와 협력 관계에 있던 아프가니스탄의 탈레반(Taliban) 정권 타도를 주도한 이후, 이라크를 표적으로 정하고 후세인 정권이 대량파괴무기(WMD)를 개발 및 보유하고 있다는 허위 주장을 펼치며 UN 안보리의 승인도 얻지 않은 채 유지연합(有志聯合: 뜻을 같이하는 연합 세력)을 이끌고 2003년 이라크에 군사 개입을 했다. 이에 따라 후세인 정권은 붕괴하고 이라크에서는 부흥이라는 이름 아래 민주화가 추진되었다. 그렇지만 레바논의 종파제도를 상기시키는 듯한 분권형의 정치체제가 도입됨으로써 내정(內政)은 상시적으로 마비되고 이 글의 첫머리에서 논한 IS의 대두를 비롯한 위협에 노출되는 등 어려운 국가 운영을 강요받았다.[13]

이 책의 목적 _ '아랍의 심장'을 둘러싼 허상과 실상

지금까지 이 책이 다루는 '아랍의 심장'의 과거를 근현대 시기를 중심으로 되돌아보고, 중동의 '지혜'를 체현한다는 측면과 다양한 분쟁에 고뇌한다는 측면 이 두 가지에 주목해 보았다. 이 두 측면을 살펴봄으로써 명백해진 것은 '아랍의 심장'이 그 호화로운 역사에 적합한 번영과 성공을 수중에 얻지 못하고 팔레스타인 문제, 이라크 문제, '아랍의 봄' 등의 분쟁의 사슬 속에서 피폐해지고 중동에서의 존재감이 저하되고 있다는 사실이다.

---

13 1990년대 이후 이라크 정세의 추이에 대해서는 사카이(酒井啓子, 2004), 야마오(山尾大, 2013) 참조.

이러한 경향은 아랍 세계를 구성하는 그 이외의 지역, 특히 걸프 만 국가들이 대두하는 가운데 더욱 명확해지고 있다. 사우디아라비아를 중심으로 이러한 국가들은 산유국으로서 발전을 계속할 뿐만 아니라, 1990년대에 들어서자 정치적으로 불안정한 '아랍의 심장'을 대신해 비즈니스 거점으로 성장하고 건설 붐으로 들끓는 한편, 알자지라 방송과 알아라비아 방송으로 대표되는 위성방송 비즈니스에도 뛰어들어 '새로운 중동'으로 크게 주목을 받게 되었다.[14] 이에 반해 '아랍의 심장'을 구성하는 국가들은 '낡은 중동'으로 야유받고, 늘 불안정하기 때문에 경원시되고 있다.

그러나 '아랍의 봄'의 혼돈은 인도적인 입장에서는 물론이고 보도, 학술 연구, 나아가서는 정책 제언 등의 모든 분야에서도 결코 주변화될 수 있는 것이 아니다. 왜냐하면 '아랍의 심장'을 형성하는 국가들이 나날이 직면하고 있는 고난은 중동 전체가 안고 있는 정치적 문제, 사회적 문제가 가장 첨예한 형태로 발현되기 때문이며, 그 실태를 파악하는 것 자체가 중동의 현재를 이해하는 첫걸음이 되기 때문이다.

그런데 '아랍의 심장'을 구성하는 국가들을 포함하는 중동의 정치는 '이슬람 과격파', '이슬람주의', '종파', '민주화', '혼란', '테러', '독재', '외국의 간섭' 등의 개념을 매우 단순하게 조합함으로써 분석되고 해석되는 경우가 많다. 예를 들면 '아랍의 봄'은 장기 '독재'에 대한 민중의 항의 운동에 의한 '민주화'라는 이분법으로 파악되어 '독재'를 악(惡), '민주화'를 선(善)으로 규정한 뒤, '독재'는 타도되고 '민주화'가 실현될 수밖에 없거나 실현되어야만 한다는 권선징악적 예정조화(豫定調和)로 해석되고 있다. 또한 '아랍의 봄'

14 걸프 지역 국가들의 약진에 대해서는 마쓰오(松尾, 2010) 참조.

이후의 혼란에 대해서는 새로운 체제를 건설하는 과정에서 사회를 구성하는 '종파'들 간의 대립 내지는 다수 '종파'가 소수 '종파'를 소외시킴으로써 치안이 악화되었다고 설명되거나, '혼란' 속에서 무력에 호소하고자 하는 '이슬람 과격파'가 암약했다는 등으로 흔히 설명된다. 그리고 이러한 상황의 근본 원인을 놓고 서구 국가들로 대표되는 '외국의 간섭'이 있다는 등의 비판이 이루어진다거나 혹은 '이슬람교'에 대한 신앙이 올바르게 실천되지 못했다는 것이 혼란의 원인이라는 등 극단적인 논의마저 들려온다.

이러한 단선적 개념 세트는 해당 국가에서 발생하는 사건을 비교적 짧은 시간 속에서 잘라낼 경우, 그에 대한 해석으로는 설득력이 있다는 인상을 받는다. 중동에서 발생하는 다양한 대사건이 대중매체에서 보도될 때 이루어지는 해설은 많은 경우 이러한 접근에 의한 것이다.

그러나 '아랍의 심장'에서 일어나고 있는 다양한 사상과 현상에 실제로 눈을 돌려 살펴보면, 어느 국가에서 발생한 어느 사건을 이해하기 위해 제시된 개념 세트가 같은 국가에서 그 직후에 일어난 다른 사건을 설명하는 데는 유용하지 않은 경우가 자주 생긴다. 앞에서 들었던 예로 살펴보면 '아랍의 봄'을 설명할 때의 '독재', '민주화' 등의 개념 세트는 '아랍의 봄' 이후 혼란을 아무것도 설명하지 못하며, '아랍의 봄' 이후의 혼란을 설명할 때 사용되는 '종파', '이슬람 과격파' 등의 개념 세트 또한 '아랍의 봄' 그 자체를 설명할 수 없다. 즉 뉴스성(性)이 높은 사건을 설명하기 위해 개념 세트를 사용하는 것만으로는 끊임없이 전개되는 중동의 정치적 행태를 언제나 충분하게 파악할 수 없다. 그리고 이러한 해석상의 한계가 축적되는 것이 아마도 중동의 정치는 '복잡하고 난해하다'라는 일종의 체념과도 같은 비슷한 납득으로 귀결되어버리는 것이다.

그럼 복잡하고 난해하다고 생각되는 중동의 정치를 적확하게 이해하기 위해서는 어떠한 시각이 필요한 것일까?

이 책은 앞에서 논한 바와 같이 단선적이며 단편적인 개념 세트만으로는 중동의 실상을 반드시 충분하게 설명하지 못한다는 현실에 입각해 '아랍의 심장'의 현재를 읽어내는 것을 목표로 한다. 또한 이러한 개념 세트에 과도하게 사로잡히는 것이 '아랍의 심장'의 실상에 대한 이해 자체를 가로막고, 실상과는 다른 허상을 만들어내 버리는 사태에 경종을 울리고자 한다. 구체적으로는 '아랍의 심장'을 구성하는 이집트, 시리아, 이라크, 레바논, 요르단, 팔레스타인의 여섯 국가에 초점을 맞추고, 각 국가의 정치를 설명할 때 제기되어온 대표적인 개념 세트가 어떠한 것인지를 제시한 뒤, 그것에 의해 보이는 것과 보이지 않게 되어버린 것을 밝힌다. 그리고 각국 정치의 실상과, 국경을 넘어 연계되는 형태로 전개되는 혼돈의 실태를 해명하고, 각각의 국가 더 나아가 '아랍의 심장'에서의 정치적 행태를 지속적으로 이해하기 위해 필요한 시각을 제시해보도록 하겠다.

이 책은 이와나미쇼텐(岩波書店) 편집부의 후지타 노리코(藤田紀子) 씨에게 큰 도움을 받아 형태를 갖출 수 있었다. 여기 글을 남겨 깊은 감사의 마음을 전한다.

제1장

이집트

두 가지 '혁명'이 불러온 허상의 재고

•

요코타 다카유키(横田貴之)

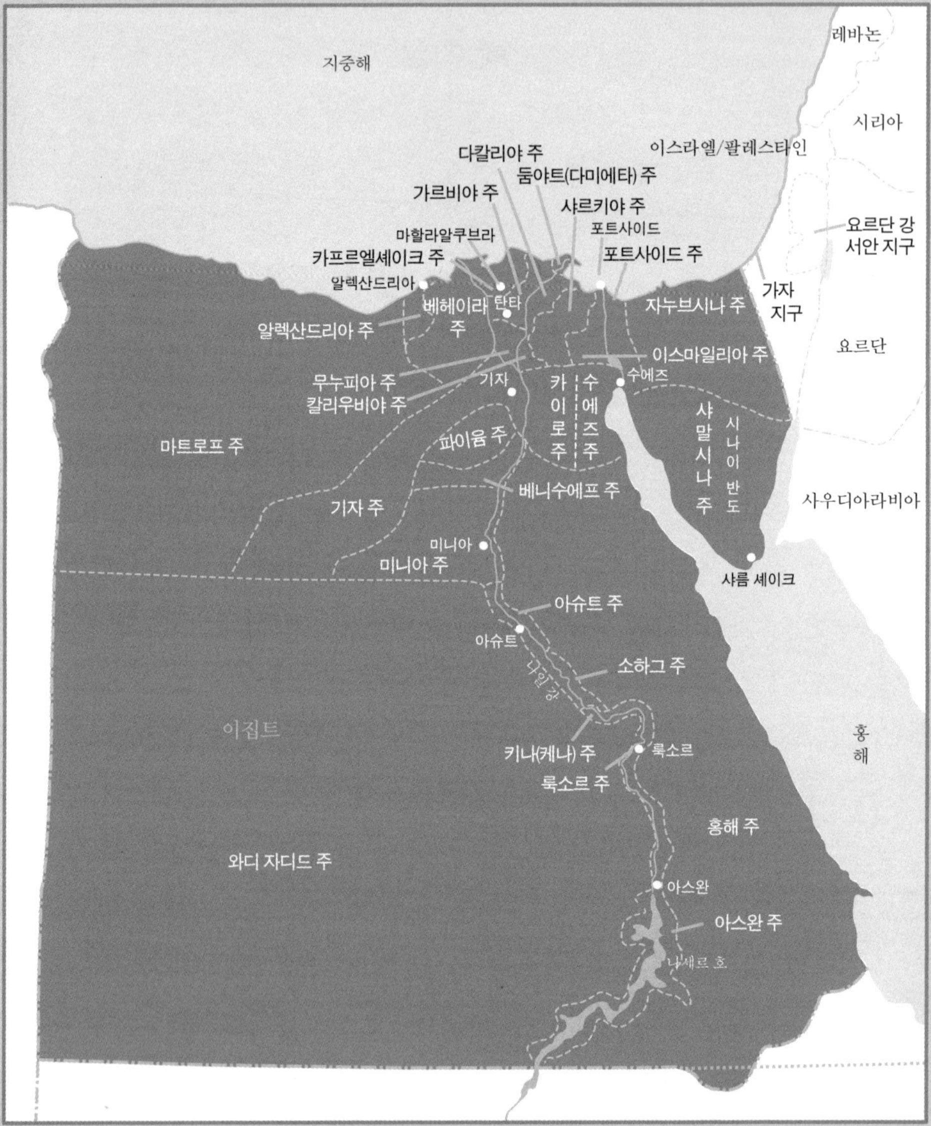

지중해
레바논
시리아
이스라엘/팔레스타인
다칼리아 주
둠야트(다미에타) 주
가르비야 주
샤르키야 주
요르단 강 서안 지구
마할라알쿠브라
포트사이드
카프르엘셰이크 주
포트사이드 주
알렉산드리아
가자 지구
베헤이라 주
탄타
자누브시나 주
알렉산드리아 주
이스마일리아 주
요르단
무누피아 주
기자
수에즈
카이로 주
수에즈 주
칼리우비야 주
샤말시나 주
시나이 반도
마트로프 주
파이윰 주
베니수에프 주
사우디아라비아
기자 주
미니아
미니아 주
샤름 셰이크
아슈트 주
아슈트
소하그 주
나일 강
이집트
홍해
키나(케나) 주
룩소르
룩소르 주
홍해 주
와디 자디드 주
아스완
아스완 주
나세르 호

1. 시작하며: 두 가지 혁명

2011년 1월 25일 '재스민 혁명'이라고 불리는 튀니지에서의 정변에 이어, 이집트에서도 무하마드 호스니 무바라크(Muhammad Hosni El Sayed Mubarak) 대통령(1981~2011년 재임)의 사임을 요구하는 항의 시위가 일어났다. '자유', '공정', '민주주의' 등의 구호를 내세우는 항의 시위는 이집트 각지로 확대되어, 최종적으로는 군의 이반(離反)에 의해 무바라크 대통령이 사임했다. 이집트의 수도 카이로 중심부에 있는 타흐리르(Tahrir) 광장에는 100만 명으로 알려진 사람들이 모여, 무바라크의 사임을 환희 속에 축하했다. 이 정변은 정권 붕괴의 발단이 된 대규모 시위를 실시한 날짜에 맞춰 일반적으로는 '1월 25일 혁명'으로 불리며, '아랍의 봄'의 선구적인 성공 사례로 세계가 주목했다.

그로부터 2년여가 지난 2013년 6월 30일 전년(2012)에 대통령으로 취임한 무함마드 무르시(2012~2013년 재임)의 사임을 요구하며 다시 100만 명으로 알려진 사람들이 타흐리르 광장에 집결했다. 그들은 무르시 정권하에서 이집트의 정치적·경제적·사회적 혼란이 심각했다고 주장했다. 무르시 대통령은 사임 요구를 거부했기 때문에, 정권에 의한 사태 수습은 불가능해졌다. 7월 3일, 압둘팟타흐 시시(Abdul Fatah Sisi) 국방 장관은 군부대를 시내에 포진시키고 헌법 정지와 무르시 대통령의 해임을 발표했다. 타흐리르 광장을 가득 메운 사람들은 대중매체에서 '사실상의 쿠데타'라고 지칭하는 군의 이 행동을 혼란으로부터 이집트를 구해낸 구국적 행동이라며 칭찬했다. 이 두 번째 정변은 이집트에서 '1월 25일 혁명'에 이은 '제2의 혁명'으로 규정되고, 무르시 정권 붕괴의 계기가 된 대규모 시위가 일어난 날에 맞춰 일반적으로 '6월 30일 혁명'이라고 불린다. 이 '혁명'이 있은 지 약 1년 만인 2014년 6월 시시는 국민의 지지를 배경으로 대통령에 취임했다.

두 가지 '혁명'을 거친 이집트에서는 '혁명'의 평가를 둘러싼 견해가 상이하다. 시시 지지자들은 '1월 25일 혁명'도 '6월 30일 혁명'도 이집트 국민의 의사를 반영한 '혁명'이라고 주장한다. 무르시 지지자들은 '1월 25일 혁명'은 '혁명'이지만, 2013년 7월의 군에 의한 권력 쟁탈은 부당한 '쿠데타'이며 '혁명'이 아니라고 비판한다. 또한 무바라크 지지자들은 '1월 25일 혁명' 자체가 이집트에 혼란을 가져온 쿠데타라고 주장할지도 모른다. 이집트 국외에서도 마찬가지로 혁명의 평가를 두고 다양한 견해가 있다.[1]

'혁명'의 평가를 둘러싸고 서로 다른 견해가 존재하는 가운데 과연 무엇이 올바른 것인지 의문인 독자들도 많을 것이다. 그렇지만 '혁명'에 대한 평가는 당사자는 물론이고 국외 관찰자가 처한 상황에 따라 크게 변하며, 어느 것이 올바르다고 일률적으로 말할 수는 없다. 더 나아가 말하자면 이러한 논의로 일괄하는 한, 이집트 정치의 실상(實相)에 접근하는 것을 가로막는 허상에 사로잡히게 된다고 필자는 생각한다. 이집트 정치의 실상에 다가가기 위해서는 그 정치 변동을 읽어내기 위한 다른 시각이 필요하다.

여기에서 필자가 주목하고자 하는 것은 대통령으로 취임하면서 시시가 했던 다음과 같은 연설이다.

> 우리는 다가올 [국가] 건설의 단계에 진입하기로 결의했다. 우리는 해이해

1 예를 들면 시시 정권을 지지하는 걸프 연안 국가 대다수는 2013년의 정변을 '혁명'으로 칭하고 있다. 한편 일본과 서구 국가에서는 '쿠데타'나 '사실상의 쿠데타'로 칭하고 있다.

진 것을 보완하고 과거의 오류를 수정하기 위해 국내외에서 포괄적으로 전진할 것이다. 우리는 이집트의 미래를 확립한다. 그것은 올바르고 공정하며, 안전하고 치안을 향유할 수 있는 국가다.…… 지금이 바로 국민이 두 가지 혁명의 성과를 얻을 때다.[2]

이 연설에서의 '오류'란 무르시 정권의 '실정(失政)'으로 규정되는데, 그 배경이 된 것이 '1월 25일 혁명' 이후 이집트에서 일어난 혼란이다. 시시의 대통령 취임을 뒷받침했던 것은 '과거의 오류'를 수정하고 안정을 바라는 국민의 목소리였다. '6월 30일 혁명' 이후 이집트에서는 안정의 유무가 정치적으로 비상하고도 중요한 쟁점이 되고 있다. 그중에서도 이 장에서는 안정의 유무를 기준으로 하여 이집트 정치를 읽어내 보도록 하겠다. 이 작업을 통해 체제 및 제도가 민주적인지 아닌지 등의 '아랍의 봄'을 둘러싼 통속적인 분석이 아니라, 선거와 의회 정치 등 체제 및 제도의 틀 안에서 전개되는 '제도 내' 정치와, 길 위에서의 항의 활동 등 체제 및 제도의 틀 밖에서 전개되는 '제도 외' 정치가 두 가지 '혁명'을 경험한 이집트에서 어떠한 의미를 지니는지를 분석하고자 한다.

2. 1월 25일 혁명: 권위주의 체제의 붕괴

두 가지 '혁명'이 이집트에 가져온 정치 변동을 검토하기 위해 우선

2 이 연설의 원문은 이집트 정부가 운영하는 사이트에서 열람이 가능하다.

'1월 25일 혁명'에 이르기까지 역대 정권의 통치의 특징을 검토하고, 다음으로 무바라크 정권의 붕괴 과정을 개관한다.

쿠데타에 의해 성립된 공화제

현재 이집트는 대통령이 국가 원수를 맡는 공화제(共和制) 국가다. 그 이전에는 무함마드 알리 왕조(1805~1953)가 통치하는 군주제(君主制) 국가였다. 이스라엘을 상대로 한 제1차 중동전쟁(1948~1949)에서의 패배로 왕제(王制)의 정통성이 현저히 저하되었다.

1952년 가말 압델 나세르를 지도자로 내세운 자유장교단이 쿠데타(7월 혁명)로 왕제를 타도했다. 자유장교단이란 왕제 말기에 나세르가 군내에서 결성한 비밀 조직이다. 쿠데타 이후 나세르는 자유장교단 구성원을 중심으로 혁명평의회를 설립해 권력 장악에 성공했다. 이것에 의해 정치학에서 권위주의로 불리는 지배가 확립되었다. 폭력 장치인 군·치안 기관의 장악을 배경으로 체제를 밑받침하는 정치 주체에게 권력이 분배되고, 반체제파의 정치적인 참가는 원칙적으로 배제되었다. 또한 체제의 안정이 우선시되어, 국민의 정치적 권리는 강력히 제한되었다. 이러한 통치 형태는 시리아와 이라크 등의 국가에서 그 이후 정치체제의 모델과 같은 역할을 수행했다. 1953년 나세르는 왕제를 정식으로 폐지하고 무함마드 나기브(Muhammad Naguib)를 대통령으로 세워 공화제를 수립했다. 그 이후 나세르는 나기브를 실각시키고, 1956년 대통령으로 취임했다. 같은 해에 일어난, 제2차 중동전쟁에서 이스라엘·영국·프랑스에 정치적으로 승리한 나세르는 국내에서의 권력 기반을 강화했다. 외교 방면에서는 아스완하이댐

(Assuan high dam) 건설을 위한 원조를 계기로 친소 노선을 채택하고, 아랍 통일이라는 정치 목표와 농지 개혁으로 대표되는 경제정책을 축으로 아랍사회주의를 추진했다. 또한 이스라엘과의 대결 자세를 견지했다.

나세르가 쿠데타를 통해 구축한 공화제는 출신 모체(母體)인 군(軍)을 기반으로 하는 체제였다. 그는 모든 정당을 해산시키고, 왕제 시기의 의회 제도를 대신하는 '해방 기구'를 조직했다. 국내 여러 세력과 사회 계층을 해방기구로 흡수하고, 위로부터의 정치적 동원을 도모해 국가 운영은 대통령과 혁명평의회에 의해 장악되었다. 그 이후 해방 기구는 조직을 개편했지만, 군은 국가 운영의 핵심으로 계속 존재했다. 또한 나세르는 강력한 도전자로 이집트 최대의 이슬람주의 조직인 무슬림형제단을 불법화해 철저히 탄압하고, 반체제파를 정치적으로 배제하는 통치 체제를 확립했다.

나세르 사망 후인 1970년에 대통령에 취임한 안와르 사다트(1970~1981년 재임)는 나세르 정권 시기의 유력자들을 정권과 군에서 추방하고, 자신의 권력 기반을 확립했다. 사다트 정권하에서는 테크노크라트(technocrat, 기술관료)의 등용이 두드러졌는데, 국방 장관, 주(州) 지사, 각 부처 차관 등의 인사에 군 출신자의 '낙하산' 등용이 계속되어, 정권 내에서 군의 영향력이 저하되지는 않았다(鈴木恵美, 2012: 23). 1976년에는 복수(複數)정당제가 도입되어, 같은 해에 실시된 인민회의(하원) 선거에서 여당인 국민민주당이 압승했다. 일정한 정치적 자유화가 추진되는 가운데 무슬림형제단도 불법 조직의 상태이기는 했지만, 사회봉사 활동을 중심으로 활동 재개를 용인받았다. 외교 방면에서는 친소 노선에서 친미 노선으로 방향을 크게 전환했다. 사다트는 제4차 중동전쟁(1973)에서 미국을 중재자로 개입시키는 데 성공해, 그 이후 대미 관계를 개선하고 더 나아가 대(對)이스라엘 평화조약을 체결(1979)하기에 이르렀다. 경제면에서는 아랍사회주의가 재검토되고, 외자 도입에 의한 문호 개방(인티파흐) 정책이 채택되었다. 미국 등 서양의 국가에서 거액의 외자가 유입되고, 이집트 경제의 성장이 가시화되었다. 그렇지만 빈부의 격차도 확대되어 빈곤층의 불만은 길 위에서의 항의 활동과 폭동으로 표출되었다. 1981년 무력으로 정권 전복을 기도한 지하드단에 의해 사다트가 암살되고, 그의 시정(施政)은 종언을 고했다.

무바라크의 정권 운영

사다트가 암살된 뒤 대통령이 된 무바라크는 기본적으로 사다트의 수법을 답습해 정권을 운영했다. 무바라크 정권하에서는 행정부의 수장인 대통령에게 권한이 집중되고(伊能武次, 2001: 189), 대통령 아래 군, 국민민주당, 치안 기관, 관료 기구, 이슬람교 수니파의 최고 권위인 아즈하르(Azhar) 기구나 기독교 일파인 콥트 정교회 등의 종교 기구, 사법, 국영 대중매체 등으로 구성되는 지배적인 정치 주체가 존재했다. 자유주의파의 신와프드당(New Wafd Party)과 좌파의 사회주의노동당 등 세속주의 정당이 공인 정당으로 활동을 용인받아, 체제에 편입되었다. 한편 강력한 반체제파인 무슬림 형제단은 불법 조직으로서 정치적으로 배제되었다(横田貴之, 2014b). 외교 면에서도 사다트의 정책이 답습되었다. 무바라크는 대이스라엘 평화조약의 유지, 미국 등 서방 국가들과 사우디아라비아 등 친미 아랍 국가들과의 관계를 긴밀히 유지하는 것을 중시했다.

무바라크 정권 아래에서는 한정적인 정치의 자유화가 자주 보이기도 했지만, 권위주의적 정권 운영이 기조였다. 1990년대에는 경제 위기에 대응하기 위해 국제통화기금(IMF)과의 합의에 기초해 구조 조정 정책을 추진했다. 보조금 삭감과 국영 기업 민영화 등 경제 개혁의 결과, 생활이 악화되어 이집트 사회에서 불만이 높아졌다. 그 때문에 1980년대에 한정적으로나마 보였던 정치적 자유화를 후퇴시키고, 국내 문제에 강권적인 자세로 임하게 되었다. 2000년 중반 키파야(kifaya) 운동이 등장해 국내에서 민주화를 요구하는 기운이 높아졌지만(横田貴之, 2006: 183~189), 본격적인 정치의 자유화에는 이르지 못했다.

경제면에서는 구조 조정에 따른 경제 개혁에 의해 공공 서비스의 축소 및 폐지가 추진되었다. 2000년대 중반 이후 서구의 국가들과 걸프 지역 국가들로부터의 외화 투자의 촉진 및 유치를 축으로 하는 경제정책이 채택되어, 2005/2006년도~2007/2008년도에 7%대의 국내총생산(GDP) 성장률을 계속 달성하는 경제 발전을 이루었다. 이러한 경제정책을 주도한 것은 대통령의 둘째 아들로 국민민주당 정책위원회 위원장을 맡고 있던 가말 무바라크(Gamal Mubarak)의 측근 실업가들이었다. 공공 서비스의 삭감 및 폐지를 수반하는 시장주의 경제정책이 촉진된 결과, 국민의 정치적 권리를 제한하는 대신 국가가 국민 생활을 보장한다는 나세르 시기 이래의 국가와 국민 사이의 '사회 계약'(長澤榮治, 2008: 103)이 방기되는 사태에 이르렀다. 국영기업을 불하받거나 외화의 유입을 통해 혜택을 입은 실업가와 부유층이 출현하는 한편, 생활고에 직면하는 이들이 증가했다. 정권 관계자의 부정과 부패에 대한 국민들의 불만도 높아졌다.

무바라크 정권하에서 군(軍)은 체제를 밑받침하는 주요한 정치 주체의 하나였으며, 여전히 예산 방면에서의 우대 조치나 '낙하산' 인사 등이 계속 이어졌다. 그렇지만 정권 후기에 그 이권(利權)이 침해될 수밖에 없는 사태가 발생했다. 그것은 가말이 추진한 시장주의 경제정책에서 비롯되었다. 군은 단순한 국방군이 아니라 그 산하에 식품, 의료, 건설, 부동산, 여행업 등 관련 기업군을 보유한 이집트 최대의 기업체로서의 얼굴도 갖고 있었다. 일부 과장도 있겠지만, 그 규모는 GDP의 10~40%에 달한다고 이집트인은 말한다. 시장주의 경제를 더 추진하려는 가말의 정책은 그때까지 보장되어왔던 군의 경제적인 기득권을 침식할 수밖에 없었다(鈴木恵美, 2012: 31). 또한 가말을 차기 대통령으로 내세운 국민민주당 집행부의 동향도 기득권을 지키고자 하는 군의 입장에서는 우려스러운 상황이었다.

1월 25일 혁명 _ 무바라크 정권의 붕괴

2008년의 세계 금융위기, 이른바 '리먼 쇼크'는 외자에 의존하는 이집트에 심각한 영향을 미쳤다. 이집트에 대한 해외직접투자(FDI)는 크게 감소하고, GDP 성장률도 둔화되었다. 또한 빵과 연료 등 생활필수품의 공급에도 지장을 받는 상황이 되자, 각지에서 생활 개선을 요구하는 항의 활동이 빈발했다.

이집트 최대의 섬유산업 집적지인 마할라쿠브라(Mahalla al Kubrā)에서는 2006년경부터 대규모의 노동쟁의가 발생했다. 2008년 3월, 키파야 운동을 이끈 청년 활동가 아메드 마헤르(Ahmad Maher) 등은 이 지역의 노동쟁의를 지원하기 위해 '4월 6일 운동'을 페이스북에 올렸다. 같은 해 4월 6일, 그들이 호소했던 파업이 이집트 각지에서 결행되어, 청년운동과 노동운동이 연대하는 전국 규모의 항의 활동이 처음으로 조직되었다. 2010년에는 국제원자력기구(IAEA: International Atomic Energy Agency) 전 사무국장 무함마드 엘바라데

이(Muhammad ElBaradei)를 중심으로 한 '변혁을 위한 국민협회'가 결성되어, 자유롭고 공정한 대통령 선거의 실시를 요구하는 캠페인이 전개되었다.

이러한 사태에 무바라크 정권은 기존과 같은 강압적인 자세로 임했다. 항의 활동에 대한 단속을 강화하는 한편, 2007년의 슈라(자문)의회(상원) 선거, 2008년의 지방의회 선거, 2010년의 슈라의회 선거와 인민의회 선거에서는 정권에 의한 대규모의 선거 부정이 반복되었다. 또한 국민들 사이에서 거센 반발을 불러일으킨 가말에 대한 권력 세습도 계속적으로 시도되었다. 이 때문에 국민 사이에서 정권에 대한 불만이 빠르게 쌓여갔다.

이집트 국내에서 불만이 급속히 높아지는 가운데, 4월 6일 운동 등 청년 운동에 함께한 여러 조직은 2011년 1월 25일에 대규모의 반정부 시위를 호소했다. 그 결과 100만 명으로 알려진 사람들이 '자유', '공정', '민주주의'를 내세우며 타흐리르 광장으로 밀려드는 사태가 발생했다. 이 시위의 성공을 계기로 결성된 '1월 25일 청년동맹'이 정권 타도를 내세우며 길거리에서의 항의 시위를 앞장서서 이끌었다. 거기에 무슬림형제단과 여러 야당이 합류해 시위의 규모는 확대되었다. 무바라크 대통령은 치안 기관을 통한 진압에도, 시위대와의 대화에도 실패했고, 사태 수습은 이미 불가능해졌다.

최종적으로는 최후의 방패로 기대되던 군이 무바라크를 단념함으로써, 2월 11일 무바라크 정권은 붕괴했다. 사임을 표명한 무바라크는 군의 헬리콥터를 타고 신속히 시나이 반도의 샤름 셰이크(Sharm el-Sheikh)로 호송되었다.[3] 그리고 무함마드 탄타위(Mohamed Tantawi) 국방 장관을 의장으

3 무바라크는 1월 25일 혁명 당시 항의 시위대에 대한 치안 부대의 발포와 관련해 살인 교사죄로 기소되어, 2012년 6월에 종신형을 판결받았다. 그렇지만 파기원(破棄院)은

로 하는 군 최고평의회가 민정(民政) 이양이 완료될 때까지 실시된 잠정통치를 통해 권력을 장악하게 되었다. 이 사건으로부터 알 수 있듯이, 군은 무바라크에 최후통첩을 선포함으로써 정권과 함께 무너지는 것을 피했을 뿐만 아니라 '2월 25일 혁명' 후의 이집트 정치에서도 가장 중요한 정치 주체로 존재하게 되었다.

3. 군에 의한 잠정통치의 주요 정치 주체: 변화하는 주역

무바라크 정권 붕괴 후의 이집트에서는 군 최고평의회에 의한 잠정통치(2011년 2월~2012년 6월)가 실시되었다. 거기에는 군이 실권을 장악하는 한편, 민정 이양에 따른 선거 등 '제도 내' 정치의 진전에 의해 주요 정치 주체의 명암이 나뉜 시기이기도 했다. 이 절에서는 '1월 25일 혁명'을 선도한 청년운동, 잠정통치 아래 대두하게 된 무슬림형제단 그리고 잠정통치를 담당한 군에 주목함으로써, 이 기간의 이집트 정치의 변화를 검토한다.

청년운동 _ '혁명'의 선구자

'1월 25일 혁명'에서 선도적인 역할을 한 청년운동은 잠정통치하에서 그

재판 절차를 문제 삼아 재심사를 명했다. 2014년 11월, 재심 법정은 절차상의 하자를 이유로 하여, 종신형을 내린 공판 자체를 무효로 하는 판결을 내렸다. 이 판결은 사실상의 무죄 판결을 의미하는데, 이 글의 집필 시점인 2014년 12월 현재 검찰 측에 의한 항소 가능성도 남아 있다.

존재감이 저하되었다. 그 요인은 다음과 같다.

첫째, 여러 청년운동 조직은 통일을 유지할 수 없었으며, 분열 상태에 빠졌다. '1월 25일 혁명' 당시에는 1월 25일에 청년동맹을 결성해 조직 간의 협력과 협조 체제를 확립했다. 그렇지만 무바라크 정권의 붕괴로 공통의 목표를 상실하고 협력 관계에 있던 여러 조직은 분열되었으며, '혁명' 후에는 각 조직이 독자적 이념에 따라 행동하는 상태가 되었다.

둘째, 잠정통치하의 '제도 내' 정치에 순응하지 못했다. '혁명' 이후 여러 청년운동 조직은 민정 이양 과정에서 실시된 국정(國政) 선거에 대한 대응을 둘러싸고 의견이 대립했다. 일부 청년운동은 선거 등 '제도 내' 정치에의 참여를 선택했다. 그렇지만 '4월 6일 운동' 등 많은 청년운동에서는 가두 행동 즉 '제도 외' 정치를 계속했으며, 선거 참여를 미루었다. 잠정통치하에서는 선거를 통한 민정 이양이 추진되었기 때문에, 선거 불참은 민정 이양 이후 새로운 정치체제 내에서의 공적 의사 표명 수단의 상실을 의미했다. 이 결과 2011년부터 2012년에 걸쳐 실시된 인민의회 선거에서 청년운동의 일부가 조직한 '혁명계속연합'은 공선(公選) 의석 498석 중 7개 의석을 획득하는 데 그쳤다.[4] 청년운동은 각 조직으로 본다면 규모와 자금력이 작고 설립 기간도 짧기 때문에 지지 기반이 취약했다. 분열 상태로 임한 국정 선거에서 '제도 내' 정치에 익숙한 정치 세력에 대항할 수 없었다.

셋째, 청년운동의 대다수는 '제도 내' 정치에의 참여를 거부했지만, 이뿐만 아니라 자신을 뒷받침할 정당과 정치가를 옹호하는 것도 불가능했다.

4 인민의회의 의석수는 공선(公選) 498개 의석과 군 최고평의회에서 임명하는 10개 의석 등 합계 508개 의석이었다.

2012년의 대통령 선거에서 좌파 계통 정치가 함딘 삽바히(Hamdeen Sabahi)가 청년층에게서 얻은 일정한 지지를 배경으로 세 번째로 많은 표를 획득한 것은 확실하지만, 그것은 여러 청년운동 조직이 일치단결한 지지는 아니었다.

청년운동의 대다수는 민정 이양의 조기 완료와 혁명의 계속을 요구하는 시위를 조직했지만, 점차 그 동원력은 저하되었다. '1월 25일 혁명'에서 "국민은 체제 타도를 원한다"라는 구호를 내세웠던 청년운동은 정권 타도 자체를 목적으로 해버려, 그 이후의 구체적 전망을 창조할 힘을 결여했다고 말할 수 있다. 그 때문에 '혁명'으로 획득한 자유를 제도로서 구체적으로 정착시키기 위한 발상과 수단이 불충분했다. 청년운동은 무바라크 정권 타도 시에 발휘된 파괴력을 가지고 있으면서도, '혁명' 후의 '제도 내' 정치에서는 새로운 선택지(選擇肢)를 창조하는 힘을 결여했다.

무슬림형제단 _ '혁명'의 수혜자

무슬림형제단의 합법화를 인정하지 않았던 무바라크 정권이 붕괴되자 무슬림형제단은 2011년 6월에 산하 정당인 자유공정당을 설립했다. 비교적 관용적인 군 최고평의회의 통치 아래 합법 정당을 손에 넣은 무슬림형제단의 부상이 두드러졌다. 그 정치적 부상의 요인은 그들이 광범위하게 사회 활동을 전개하고, 확고한 지지 기반을 획득한 데 있었다. 이집트 사회에서 빈부의 격차가 확대되는 가운데 무슬림형제단은 상호부조 조직의 운영, 행정 및 사법 상담, 무상 의료와 교육의 제공, 취업 주선 등 생활을 지원했다(川上泰德, 2012: 161~185). 또한 무슬림형제단은 사다트, 무바라크 양 정권하에서 비록 불법이었으나, 일정 정도의 정치 활동은 묵인되어왔다. 두 정권하에서 실질적인 최대 야당으로서의 활동 경력, 조직으로서의 일체성과 동원력 및 자금력, 청렴한 이미지 등이 부상하는 요인이 되었다. '제도 내' 정치에 쉽게 적응한 점, 이슬람교의 가치에 기초한 사회 개혁이라는 새로운 선택지[5]를 국민에게 제시해왔던 것이 청년운동과의 차이점이었다.

무슬림형제단은 선거에서 두드러진 약진을 이루었다. 2011년부터 2012년에 걸쳐 실시된 인민의회 선거에서는 자유공정당이 이끄는 선거 연합인 이집트민주연합이 235개 의석(전체 의석의 46%)을 획득했다. 그중 이 당이 213개 의석을 획득해 제1당의 자리를 확보했다. 2012년의 슈라의회 선거에서도 제1당이 되었던 것은 이 당으로, 공선 의석의 59%에 상당하는 107석을 획득했다.[6] 양원(兩院)에서 제1당이 된 자유공정당은 이슬람 보수파의 누르(Nour)당과 건설발전당 등의 정당과 협력하며, 의회 운영을 주도했다. 2012년 5월부터 6월에 걸쳐 실시된 대통령 선거는 이집트 역사상 최초로 대통령을 민주적으로 선출했는데, 자유공정당 당수였던 무르시가 아흐메드 샤피끄(Ahmed Shafik) 전 총리를 결선 투표에서 제치고 당선되었다. 6월 30일 무르시는 대통령에 취임했다. 민주적인 새로운 정권의 탄생에 대해 서구 국가 등은 환영의 뜻을 표명했다.

그러나 무슬림형제단의 정치적 부상을 우려한 군 최고평의회는 최고헌법재판소(우리나라 헌법재판소에 해당)가 내린 인민의회 선거의 위헌 판결[7]을 토

---

5 무슬림형제단과 자유공정당은 종교 교육의 강화와 주류 판매의 규제 등 이슬람교의 가치관에 기초한 사회 개혁을 주장했다. 또한 샤리아(이슬람법)의 전면적 시행에 대해서는 종래로부터 '단계적'이라는 신중한 자세를 견지했다(横田貴之, 2010).

6 슈라의회는 공선(公選) 180개 의석과 군 최고평의회의 임명 90개 의석 등 합계 270개 의석으로 구성되었다.

대로 무르시의 당선이 공포되기 직전인 6월 16일에 인민의회를 해산시켰다. 또한 차기 인민의회가 발족할 때까지 군 최고평의회가 입법권을 행사한다는 취지가 담긴 2012년 6월 17일 자 「헌법 선언」을 발표했다. 「헌법 선언」이란 새로운 헌법이 제정될 때까지 헌법을 대신해 효력을 갖는다는 성명이자 문서이다.

대통령에 취임한 무르시는 군 최고평의회와의 대결 자세를 강화하고, 8월에 탄타위 국방 장관 등 군 수뇌를 경질했다. 탄타위의 후임으로 시시가 취임했다. 무르시는 2012년 8월 12일 자 「헌법 선언」을 발표해 군 최고평의회가 유지해왔던 정치적 권한을 박탈하고, 차기 인민의회가 발족될 때까지 입법권을 대통령의 권한으로 삼았다. 그 결과 무르시는 행정권과 입법권을 장악하게 되었다. 또한 무슬림형제단 등 이슬람주의 세력의 주도로 새로운 헌법을 기초했다. 무르시 정권에 반발하는 세속주의 세력이 기초 작업에 참가하지 않은 헌법 초안으로, 2012년 12월의 국민투표를 통해 새로운 헌법 제정에 성공했다.

군 _ 잠정통치의 주역

무바라크 정권 붕괴 후에 권력을 장악한 군 최고평의회는 2011년 2월

7 2012년 6월 14일의 최고헌법재판소에서 내린 위헌 판결을 살펴보면 비례제(332개 의석)와 선거구제(166개 의석)의 병용이 헌법이 정한 법 아래에서의 평등에 위배되는 것으로 간주되었다. 선거구제 선거에는 정당 소속 후보도 무소속 후보도 등록할 수 있었는데, 비례대표제 선거에는 정당 단위로밖에 등록할 수 없으므로, 무소속 후보의 참정권을 침해한다는 판결을 내린 것이다.

13일 자 「헌법 선언」에서 민정 이양 기간 중에 자신들이 직접 잠정통치를 담당한다는 것, 즉 군정을 시행한다는 것을 재차 표명했다. 군은 '1월 25일 혁명' 시에 무바라크를 사임시킴으로써 함께 무너지는 것을 피했으며, 관련 기업의 경제 활동과 군사 예산 및 인사에 대해 정치적으로 개입하지 못하게 하는 등 기득권을 지켰다. 기본적으로 탄타위 국방 장관이 이끄는 군 최고평의회는 권익 유지를 목표로 잠정통치를 추진하고, 자신의 이해(利害)에 따르는 형태로 민정 이양을 시도했다. 길어지는 잠정통치에 대항해 청년운동과 무슬림형제단의 항의 시위가 발생하기도 했지만, 군 최고평의회 주도의 잠정통치 기간 동안에 군은 기득권 유지에 성공했다.

군이 피하지 못한 것은 민정 이양 이후 새로운 정권이 군의 기득권을 제한하는 사태였다. 군에 비판적인 정치 세력이 정권을 장악하더라도 기득권의 침해가 발생하지 않도록 군은 사전 조치로 「헌법 선언」 등 여러 성명과 문서를 자주 발표했다. 앞에서 언급한 무르시 정권 탄생 직전에 발표한 2012년 6월 17일 자 「헌법 선언」도 그중 하나였다. 군 최고평의회로서는 무르시가 행정권을 장악하더라도 입법권을 장악해둔다면 대항이 가능하다는 의도가 있었지만, 도리어 국민 사이에서 군의 강권적인 자세에 대한 비판을 환기하는 상황이 되었다.

이러한 가운데 일어난 것이 무르시에 의한 탄타위 등 군 수뇌의 경질과 시시의 국방 장관 임명이었다. 이집트에서는 이 군 수뇌 인사를 둘러싸고 탄타위 등 고참 간부에 대한 군 내부에서의 불만, 군과 무르시 정권 간의 일정한 협력과 양해가 있었다는 등의 여러 설이 있는데, 중요한 것은 군의 독립성과 기득권이 온존되었다는 점이다. 실제로 무르시 정권은 탄타위 등의 경질에는 성공했지만, 군 내부의 사정에는 그 이상 개입하지 못했다. 이 정권 아래에서는 군에 대한 문민 통제가 실현되지 못했고, 이는 2012년에 시행된 새로운 헌법(2012년 헌법)에서도 마찬가지였다. 또한 군 출신자에 대한 도지사 직위의 배분도 거의 기존대로 행해졌다(鈴木恵美, 2013: 195~196). '1월 25일 혁명'에 의해 군이 밑받침하는 권위주의 체제가 붕괴하고, 군의 영향력이 저하됐다는 견해는 허상이며, 군은 '혁명' 이전과 다름없이 독립성과 기득권을 보유하고 유지하는 데 성공했다는 것이 실상이다.

4. '제2의 혁명'인가, '혁명'이라는 이름의 쿠데타인가?

무르시 정권하의 정치적 혼란은 일반적으로는 "이슬람주의와 세속주의의 정치적 분극화(分極化)"로 표현된다. 이 문맥에서 이집트에서의 이른바 이슬람 과격파의 대두와 콥트교 교도의 습격 사건이 주목되어, 이 장 뒤로 이어지는 시리아와 이라크 정도는 아니지만 종파 대립과 이슬람 과격파의 활동 등이 자주 지적되었다. 또한 2013년 7월의 군에 의한 권력 장악을 '1월 25일 혁명'에 이은 '제2의 혁명'이라 하여 '6월 30일 혁명'으로 부르는 이들이 있는가 하면, 부당한 '쿠데타'로 부르는 이들도 있어, 쌍방이 각기 자신의 정통성을 주장하고 있다.

그러나 이와 같은 분석은 말하자면 허상에 사로잡힌 것이며, 이것으로 시종일관해서는 이집트 정치의 실상에 접근할 수 없다. 무르시 정권의 붕괴는 이데올로기를 둘러싼 투쟁의 결말은 아니다. 또한 '6월 30일 혁명'은 정통성의 유무를 초월한, 더 근원적인 변화를 이집트에 가져왔다. 이 절에서는 '6월 30일 혁명'의 실상을 논구하기 위해 무르시 정권의 '실정(失政)'과 시시 정권의 성립 경위를 고찰해보도록 하겠다.

무르시 정권의 실정

무르시는 취임한 지 겨우 1년 만에 권좌에서 쫓겨났다. 그 이유로서 정치적 요인은 중요하다. 무르시 정권하에서는 무슬림형제단 지지파와 반대파가 격렬하게 대립했다. 이 대립은 자주 이야기되듯이 이슬람주의와 세속주의의 이데올로기 투쟁이 아니라, 무슬림형제단과 무르시 정권의 국정 운영의 옮고 그름을 둘러싼 투쟁으로 이해하는 편이 적절하다.

무슬림형제단은 국정 선거에서 승리를 거두고, '수(數)의 논리'를 배경으로 권력을 장악했다. 선거에서 무슬림형제단에 대항할 수 없었던 신와프드당 등 여러 세속주의 정당은 무슬림형제단에 대한 대항 수단으로 정권과의 대화 거부를 선택했다. 그들은 무슬림형제단 주도의 새로운 헌법 제정 작업에서도 손을 뗐다. 무르시 정권은 무슬림형제단을 비롯해 소수의 우호 정당에 의존할 수밖에 없어, 그들에게 영합하는 정책을 추진했다.[8] 그 결과 무슬림형제단 지지파와 반대파의 정치적 분극화가 더 생겨나, 대화와 협조에 기초한 정치는 기능을 하지 못했다. 이와 같은 정치의 기능 마비가 국민을 실망시켰다는 것은 의심할 바 없다. 또한 무르시는 헌법 제정 과정에서 사법(司法)에 의한 위헌 판결을 피해 무슬림형제단이 주도하는 새로운 헌법

8 예를 들면 협력 관계에 있는 건설발전당 간부인 룩소르(Luxor) 주 도지사에 대한 임명이나, 주류 판매와 해안에서의 수영복 착용 규제의 검토 등을 행했다. 또한 무르시 정권 초기에 협력을 유지했던 누르당과의 관계는 정권 말기에 이르러 이미 깨져 있었다.

을 제정하기 위해, 대통령의 권한은 사법권을 초월한다고 정한 2012년 11월 22일 자 「헌법 선언」을 발표했다. 이와 같은 무르시의 강권적인 행동도 국민의 강한 비판을 초래했다. 그렇지만 이집트에서 세속주의 세력에 대한 지지가 언제나 강했던 것은 아니어서, 정치적 분극화를 가져온 무르시의 정치적 '실정'을 국민의 반(反)무르시 감정의 충분한 이유로 볼 수밖에 없다.

이집트 국민의 반무르시 감정을 검토하기 위해서는 정치적 요인에 더해 국민 생활의 악화라는 경제적 요인을 고려할 필요가 있다. '1월 25일 혁명'에서 보이는 바와 같이 일반 국민을 끌어들인 대규모 항의 시위의 발생에는 경제적 요인도 중요하게 작용했다. 무르시가 직면한 경제 문제의 근원은 '1월 25일 혁명' 이후 이집트에서의 치안 악화와 정정(政情) 불안이었다. 이는 이집트를 방문하는 외국인 관광객의 발걸음을 둔화시켰다. 2011년의 관광객 수는 전년의 1840만 명에서 약 30%가 감소했다. 또한 이집트에 대한 해외직접투자(FDI)는 감소하고, 국외로의 자본 도피는 더욱 심화되었다. 무르시 정권 아래에서는 관광 수입과 해외직접투자라는 외자 수입의 요체가 순조롭지 못했다.

외화 수입 부족은 이집트 정부의 외화 준비고에 직접적인 영향을 미쳤다. '1월 25일 혁명' 직전(2010년 말)의 외화 준비고는 361억 달러(USD)였는데, 그 이후에는 외화 수입 부족을 보충하기 위해 외화 준비고가 무너졌다. 무르시 정권 발족 후에도 외화 준비고는 감소하고, 2013년 6월 말의 외화 준비고는 149억 2000달러로까지 감소했다.[9] 무르시 정권은 외화 부족에

9 당시 이집트의 1개월 수입 총액은 약 50억 달러였는데, 일반적으로 외화 준비 규모의 최저 수준은 3개월분(150억 달러)가량으로 간주된다.

대처하기 위해 국제통화기금(IMF)과 48억 달러의 융자 교섭을 계속했는데, 융자를 받지는 못했다. 외화 부족은 이집트 파운드화의 하락을 초래해, 파운드화의 가치가 급속히 떨어졌다. 이집트는 세계 최대의 소맥 수입국으로 알려져 있듯이 식료와 연료 등의 필수품을 수입에 의존하고 있다. 파운드화의 가치 하락은 수입품의 부족과 가격 인상을 초래했다. 시중에서 식료품 가격이 치솟고, 주유소에는 급유를 하기 위한 자동차의 긴 행렬이 이어졌다. 또한 2013년 2월 이후 물가상승률은 7~8% 수준에서 변동하면서 일반 서민의 생활에 직격탄을 날렸다. 실업률도 12~13% 수준으로, 특히 청년층의 실업이 두드러졌다.

무르시는 정권 발족 직후부터 치안과 물가의 안정 등 국민 생활의 개선을 위한 여러 정책을 실시했는데, 그 어떤 것도 목표를 달성하지 못했다. 또한 외자 부족의 개선을 위해 국제통화기금으로부터 융자를 받는다고 해도, 그 전제 조건으로 제시되는 경제 및 재정 개혁에 착수하는 것은 불가능했다. 선거에 의한 국민의 지지를 정통성의 근거로 삼는 이 정권이, 국민에게 고통을 강요하는 보조금 삭감이나 공무원의 인원 감축을 선택지로 삼을 수는 없었다. 결과적으로 경제 방면에서도 무르시는 속수무책이었다. 무르시의 정치적·경제적 '실정'에 대한 국민의 불만이 높아져, 여론은 점차 반무르시로 기울었다.

'6월 30일 혁명' _ 군의 '구국적' 행동

이러한 가운데 등장한 것이 청년층을 중심으로 조직된 '타마로드(Tamarod, 반란)'였다. 그들은 생활고와 정치적 혼란 등 '여러 악의 근원'은 오직 무르시 정권에 있다고 주장하며, 국민의 불만을 항의 시위로 전화(轉化)시켰다. 2013년 6월 30일 무르시의 사임을 요구하는 서명 활동을 성공리에 추진한 그들은 '국민의 목소리'에 의거하는 형태로 타흐리르 광장에서 대규모의 반정부 시위를 전개했다. 이 항의 활동은 이집트 각지로 파급되어 전 국토에서 수백만 명이 반무르시 시위에 참가했던 것으로 여겨진다. 길거리에서의 항의 시위라는 '제도 외' 정치가 다시 파괴력을 발휘하는 사태에 이르자, 세속주의 세력도 여기에 합류했다. 무르시 정권하에서 주변화되었던 세속주의 세력이 국민에 의한 정권 타도의 목소리에 편승하는 것은 당연한 선택이었다.

군은 항의 시위의 확대에 따라, 정권으로부터 이반하는 자세를 보였다. 7월 1일 시시는 무르시 대통령에게 48시간 이내에 사태 수습을 요구하는 '최후 통고'를 했다. 또한 수습이 이루어지지 않을 경우 군이 개입한다는 생각을 표명했다. 무르시는 군의 부당한 정치 개입이라고 비판하면서, 선거에 기초한 자신의 정통성을 주장했다. 그는 반대파와의 대화를 시도했지만, 시한 내에 사태를 수습하지 못했다. 그 결과 7월 3일 시시가 이끈 군의 '사실상의 쿠데타'에 의해 무르시는 권한을 박탈당했다. 권력을 장악한 시시는, 군은 국민의 요구에 따라 무르시 대통령의 권한을 박탈했던 것이며, 정치적인 권력 찬탈을 의도한 것은 아니라고 강조했다. 타흐리르 광장에 집결한 사람들은 무르시 정권의 막을 내리게 한 군의 행동을 '1월 25일 혁명'에 이은 '제2의 혁명'으로 칭송했다.

이 정변에 대해 군이 국민의 목소리에 따라 어쩔 수 없이 행동했다고 간주하는 것은 허상에 사로잡힌 견해다. 군이 정권 타도를 위해 움직인 최대 요인은 무르시 정권이 장차 군의 기득권에 도전할 가능성이 있다는 점이었다. 무르시는 민주적 선거로 선출된 정통성을 배경으로, 군은 국방에 전념해야 한다고 발언하는 등 군의 기득권에 도전할 가능성을 시사했다. 무슬림형제단 내부에서는 군 관련 기업의 회계를 투명하게 하여 세수의 증대를 도모하려는 움직임도 있었다. 또한 2012년의 무르시에 의한 탄타위 경질은 군의 기득권에 대한 직접적인 제한에는 이르지 않았지만, 장차 군 간부 인사에 대한 문민 통제의 선례가 될 수밖에 없는 사건이었다. 무르시 정권이 장기 안정 정권이 될 경우, 군의 기득권이 제한될 수 있다는 우려가 생겨났다. 위기감을 느낀 군은 무르시 정권에 대한 국민의 지지가 약화되고, '제도 내' 정치에 기초한 정통성이 상실되기를 호시탐탐 노렸다. 무르시의 '실정'에 대한 항의 시위의 급속한 확대는 군에 천재일우의 기회가 되었다. '제도 내' 정치의 장에서는 무르시 정권을 타도할 정통성을 갖고 있지 않았던 군이 항의 시위라는 '제도 외'로부터의 국민의 요구에 응한다는 구도는, 무르시를 배제하는 데 절호의 대의명분이 되었기 때문이다.

'1월 25일 혁명' 후에 대두한 무슬림형제단, 나아가 최초의 문민 대통령인 무르시는 군의 기득권에 대한 최초의 도전자가 될 수 있었다. 무슬림형제단 및 무르시 정권과 기득권의 유지를 도모하는 군은, 늦든 이르든 충돌하게 될 운명이었다. 또한 이집트 사회에서 확고한 지지 기반을 갖춘 무슬림형제단은 군에 대항할 수 있는 거의 유일한 정치 주체다. 군에게 '6월 30일 혁명'은 최대의 도전자인 무슬림형제단을 약체화할 수 있는 기회이기도 했다. 군은 항의 시위와 '사실상의 쿠데타'라는 '제도 외' 정치를 통해 무르시 정권을 타도할 정통성을 획득하고, 자신들의 독립성과 기득권을 유지하는 데 성공했다는 것이 실상이다.

시시 대통령의 탄생을 향하여

'6월 30일 혁명' 이후 권력을 장악하는 데 성공한 군의 주도로 잠정 정권(2013년 7월~2014년 6월)이 발족했다. 최고헌법재판소 소장 아들리 만수르(Adly Mansour)가 잠정 대통령에 취임했는데, 실질적으로 군을 이끄는 시시가 권력을 장악한 군정(軍政)이었다.

잠정 정권은 첫 작업으로 신헌법 기초에 착수했다. 무슬림형제단이 주도한 2012년 헌법은 무르시 정권 붕괴 시에 정지되었다. 제헌위원회(制憲委員會)가 조직되어 2012년 12월에는 신헌법 초안이 완성되었다. 그 이후 2014년 1월에 헌법 초안의 시비를 묻는 국민투표가 실시되어 98.1%라는 다수의 찬성으로 승인되었다. '2012년 헌법'과 비교하면, 이 '2014년 헌법'에는 군, 사법 기관, 아즈하루(Azhar) 기구 등 잠정 정권을 밑받침하는 정치 주체의 기득권이 승인 및 강화되었다. 특히 군에 대해서는 (한시적인 규정이기는 하지만) 국방 장관 인사에 대한 승인권, 군사 예산 작성에 대한 관여, 군사 재판권 대상의 확대 등 유리한 규정이 설정되었다.

군의 강한 독립성과 우위성을 전제로 하는 헌법인 것이다(横田貴之, 2014c: 34). 군의 영향 아래 기초(起草)된 헌법 초안이 승인된 것은 다수의 국민이 군의 권력 장악을 지지하고 있다는 것을 의미했다.

잠정 정권은 군의 권력 장악을 부당한 쿠데타로 비판하는 무슬림형제단에 대해 구성원을 대거 체포하고 자산을 동결하는 등 억압 정책을 취했다. 무슬림형제단의 항의 활동에 대해서도 유혈을 꺼리지 않는 삼엄한 단속을 시행했다. 2013년 8월 카이로 시내의 라비아 아다위야(Rabia al-Adawiya) 모스크 주변에서 연좌시위를 하는 무슬림형제단 단원과 지지자에 대한 강제

진압 작업이 감행되어, 무슬림형제단 측을 중심으로 1000명 이상의 희생자가 발생하는 사태가 발생했다. 9월에 무슬림형제단과 관련 조직의 활동을 금지하는 사법 판결이 내려지고, 10월에 무슬림형제단의 NGO 자격이 박탈되었다. 12월에는 무슬림형제단이 '테러 조직'으로 지정되어, 다시 불법화되었다(横田貴之, 2014a: 15~17). 잠정 정권하에서는 국민의 군에 대한 신뢰를 배경으로, '실정'에 의해 이집트를 혼란에 빠뜨린 무슬림형제단과 그 협력자를 정치적으로 배제하는 것이 기조가 되었다. 그 결과 군에 대한 지지 및 비(非)지지, 혹은 무슬림형제단에 대한 지지 및 비지지를 둘러싸고 이집트 사회의 정치적 분극화가 심화되었다.

시시 국방 장관을 지지하는 포스터
2014년 3월 2일 요코타 다카유키 촬영

잠정 정권하에서 뚜렷해진 것은 시시의 대통령 취임을 바라는 많은 국민의 목소리였다. 이 '시시 대망론'은 '6월 30일 혁명'에서 이집트를 혼란으로부터 구해낸 그의 '실적'이나 출신 모체인 군에 대한 국민의 신뢰감에서 유래했다.[10] 시시를 지원하는 자발적인 운동이 등장했으며, 시중에서는 그를 칭송하는 거대한 포스터도 차례로 출현했다. 이 대망론이 뒷받침하

10 2013년 9월에 실시된 조그비 리서치 서비스의 조사에서 군을 신뢰한다는 대답은 70%였다(Zogby Research Center Service, 2013).

는 형태로 시시는 대통령 선거에 출마했다. 그는 선거운동 중 자주 이집트의 안정화와 치안 및 경제의 회복을 국민을 향해 호소했다. 시시는 2014년 5월에 실시된 대통령 선거에서 약 97%라는 압도적으로 많은 표를 얻어 승리하고, 그다음 달에 대통령에 취임했다. 이것으로 군은 '6월 30일 혁명'으로 얻은 성과를 최종적으로 확정 짓게 되었다.

또한 반(反)무슬림형제단의 입장에서 쿠데타를 지지했던 사우디아라비아, 아랍에미리트(UAE), 쿠웨이트 등의 걸프 연안 국가들은 잠정 정권에 약 120억 달러의 재정을 지원했다. 시시 정권의 성립 이후에도 그 협력적 자세는 계속되었다. 한편 서구 국가 등은 쿠데타에 비판적인 자세를 취하고, 일부에서는 군사 및 경제 지원을 동결하기도 했다. 그렇지만 시시 정권의 성립 이후에는 그것을 완화하는 쪽으로 나아갔다.

5. 마치며: '혁명'은 이집트에 무엇을 가져왔는가?

이집트가 두 가지 '혁명'을 거쳐 도달했던 것은 군인 출신 대통령으로의 복귀, 즉 시시 대통령의 탄생이었다. 이 장의 첫머리에서 언급한 안정도(安定度)라는 기준으로 시시 정권을 고찰해보려 한다.

무바라크 및 무르시와 국민의 지지를 상실한 대통령은 '제도 외' 정치에 의해 최종적으로 실각할 수밖에 없었다. 시시는 그 전철을 밟지 않으려고 안정적인 정권 운영을 위해 노력하고 있다. '6월 30일 혁명' 이후의 잠정 정권과 마찬가지로 시시 대통령은 군을 최대의 지지 세력으로 삼고 있다. 시시 정권하에서는 계속해서 그의 출신 모체인 군, 치안 기관, 관료 기구, 사법 기관, 재계, 아즈하루 기구와 콥트 교회 등의 종교 기관, 대중매체 등 잠정 정권을 지지한 정치 주체가 정권 운영을 밑받침하고 있다. 또한 신와프드당 등 세속주의 정당은 공인 야당으로 편입되어 정권이 허락하는 범위에서 정치 활동을 하고 있다. 한편 시시 정권하에서 반체제적인 무슬림형제단과 관련 조직은 정치적으로 배제되고 있다. 2014년 8월에는 자유공정당의 해산을 명한 사법 판결이 내려졌다. 향후에도 은연중에 힘을 지닌 무슬림형제단에 대해서는 정치적 배제를 철저히 하고, 그들이 다시 부상할 수 없도록 대처할 것으로 보인다. 반체제파의 항의 활동에 대해서는 2013년 11월에 제정된 '시위규제법'에 근거해 단속하고 있다. 무바라크 정권의 붕괴에 선도적인 역할을 했던 '4월 6일 운동'은 반체제적인 항의 활동을 계속했기 때문에 2014년 4월 활동 금지를 명하는 사법 판결을 받았고, '시위규제법'을 위반한 지도자 등이 체포되어 기소되었다. 또한 무르시 정권의 붕괴를 선도했던 타마로드는 시시에 대한 지지를 표명해, 활동을 용인받고 있다.

이와 같이 생각해보면 시시 정권의 통치 체제는 무바라크 정권하의 권위주의 체제와 유사한데, 무바라크 정권보다도 몇 가지 점에서 안정성이 있다고 지적할 수 있다. 첫째, 시시 및 군에 대한 국민의 신뢰다. 부패의 이미지가 붙은 무바라크는 '국민적 인기'라는 혜택을 누리지 못했다. 한편 시시는 국민으로부터 높은 신뢰를 얻고 있는 군을 대표한다는 점, 그에게 부패의 이미지가 없다는 점, 무슬림형제단에게서 이집트를 구한 '실적', 국민이 직접 선출했다는 경위 등으로 국민의 지지를 받고 있다. 둘째, 물리적 폭력의 행사와 위협이다. 시시의 강함은 단순히 인기가 있다는 것뿐만 아니라 군, 치안 기관이라는 폭력 장치를 장악하고 있다는 데 있다. '6월 30일 혁명' 이후 무슬림형제단 등 반체제파에 대한 가혹한 탄압은, 위협에 대한 정권의 단호한 대응의 한 사례가 되었다. 군이 직접 정치에 관여하지 않더라도 군이 뒷배로서 존재한다는 사실은 국민과 정당, 정치 세력이 과도한 반체제적 행동에 나서지 못하게 하는 정치 환경을 양성하고 있다. 셋째, 이집트에는 정권을 담당할 능력자가 군밖에 없다는 현실이다. '1월 25일 혁명' 직후 이집트에는 '부패'와는 일정하게 거리를 두고 있다고 여겨지는, 또한 정권을 담당할 능력이 있다고 기대되는 정치 주체로 무슬림형제단과 군이 존재했다. 그렇지만 무르시의 '실정'에 의해 많은 국민이 품고 있던 무슬림형제단에 대한 기대는 소멸되었다. 무슬림형제단에 기대할 수 없는 지금, 국민의 기대는 시시가 이끄는 군으로 향하고 있다.

'혁명' 이후의 혼란, 특히 무르시 정권 시기의 '오류'로부터의 회복을 바라는 국민은 대통령으로 시시를 선택했다. 그에 따라 '1월 25일 혁명' 이후 3년여에 걸쳐, 이집트는 다시 군 주도의 권위주의 체제로 복귀했다. 또한 민주적인 선거를 거쳐 성립된 무르시 정권의 '실정'과 선거로 획득한 '수의 논리'에 의거한 무슬림형제단의 자세에 대한 반발도 깊게 자리하고 있어, 시시를 지지했던 국민에게는 무슬림형제단 정권의 재집권과 혼란을 초래할 수밖에 없는 민주주의보다는 권위주의적이기는 해도 안정적인 정권 쪽이 바람직했다.[11]

시시는 권위주의적인 정권 운영을 추진하고 있는데, 그 통치 체제는 취약성도 내포하고 있다. '1월 25일 혁명' 이후 무슬림형제단 혹은 군에 대한 지지 및 비(非)지지를 통해 이집트 사회의 분극화가 진행되었다. '6월 30일

11 2014년 5월 22일의 퓨 리서치 센터의 조사에 의하면, 안정적인 정부를 바라는 이집트 국민은 54%, 민주적인 정부를 바라는 국민은 44%였다(Pew Research Center, 2004).

혁명' 이후 이 문제가 심각해진 것은 잠정 정권 및 시시 정권이 이러한 사회적 균열을 정치적인 포섭과 배제의 기준으로 삼았기 때문이다. 군에 반대하는 무슬림형제단과 '4월 6일 운동' 등의 반체제파는 불법화되고, 정치적으로 배제되었다. 여기에서 중요한 것은 반체제의 배제로 인해 그들을 지지하는 얼마간의 국민이 정치적 의사 표명 수단을 상실했다는 점이다. 몇 가지 여론 조사에서 밝혀진 바와 같이 얼마간의 국민이 무슬림형제단과 '4월 6일 운동'을 지지하고 있지만,[12] 반체제파가 정치적으로 배제된 이상 그들은 선거 등의 '제도 내' 정치에서 의사 표명을 할 수 없다.

이것은 두 가지 '혁명'을 거친 이집트에서 불안정화의 불씨가 될 수밖에 없다. 왜냐하면 무바라크와 시시의 두 정권은 선거 등의 '제도 내' 정치가 아니라 국민의 길거리 행동이라는 '제도 외' 정치가 정권 붕괴의 계기가 되었기 때문이다. 특히 무르시 정권의 붕괴는 선거라는 민주적 절차로 선출된 지도자에 대해서도 길거리에서의 항의 행동을 통해 퇴진으로 몰아넣는 '제도 외' 정치의 정통성을 많은 국민에게 보여주었다.

이집트에서는 두 가지 혁명의 결과, 안정의 실현을 공약으로 내세운 시시 정권이 탄생했다. 확실히 초기의 정권 운영에서는 순조로운 활주를 보였을 지도 모른다. 그렇지만 이집트에서는 선거 등의 '제도 내' 정치보다 길

12 예를 들면 주 10)의 조그비 리서치 서비스에 의한 조사에서는 자유공정당의 지지율은 2013년 5월 26%, 7월 24%, 9월 34%였다. '4월 6일 운동'은 마찬가지로 25%, 22%, 20%였다. 또한 시시를 신뢰한다는 대답은 46%, 신뢰하지 않는다는 대답은 52%, 무르시에 대해서는 마찬가지로 각각 44%, 54%였다. 주 11)의 퓨 리서치 센터에 의한 조사에서는 시시를 좋아한다는 대답은 54%, 좋아하지 않는다는 대답은 43%였다. 또한 군과 무슬림형제단에 대한 지지율은 2013년에 각각 73%와 63%, 2014년에 56%와 38%였다.

거리에서의 항의 행동 등 '제도 외' 정치 쪽이 정통성을 얻으며, 이른바 '제도 외' 정치가 '제도화'되었다고 할 상황에 이르렀다. 이러한 상황 아래에서 시시의 정권 운영이 교착 상태에 빠질 경우, '제도 내' 정치에서 의사 표명을 할 수 없는 국민이 다시 길거리에서의 항의 행동에 나설 가능성을 배제할 수 없다. 길거리 정치의 파괴력에 노출된 정권의 취약성은 두 가지 '혁명'을 통한 경험으로 명백해졌다. 또한 실력에 의한 군의 권력 장악 혹은 '사실상의 쿠데타'라는 '제도 외' 정치도 국민의 지지가 있다면, 정통성을 획득할 수 있음이 드러났다. 이집트에서 장차 문민 출신의 대통령이 선출되더라도 국민의 항의 행동과 군의 실력 행사로 인해 정권이 붕괴될 수 있다는 불안이 항상 따라다니게 되었다.

이와 같이 안정을 기준으로 고찰해보면 '혁명'의 정통성 유무나 체제 및 제도가 민주적인지 아닌지 등의 허상에 사로잡힌 논의보다는, 두 가지 '혁명'에 의해 초래된 '제도 외' 정치의 '제도 내' 정치에 대한 우월과 새롭게 구축된 권위주의 체제가 내포하는 취약성에 주목하는 쪽이 이집트 정치의 실상을 이해하는 데 중요하다. '혁명'이나 체제의 시비 등 표층적 견해가 아니라 정치 변동에 의해 초래된 이집트 정치의 변화를 검토하는 것이 허상이 아닌 이집트 정치의 실상을 읽어내는 관건이라고 여겨진다.

제2장

시리아

'진짜 전쟁 상태'가 필요한 '독재 정권'

•

다카오카 유타카(高岡豊)

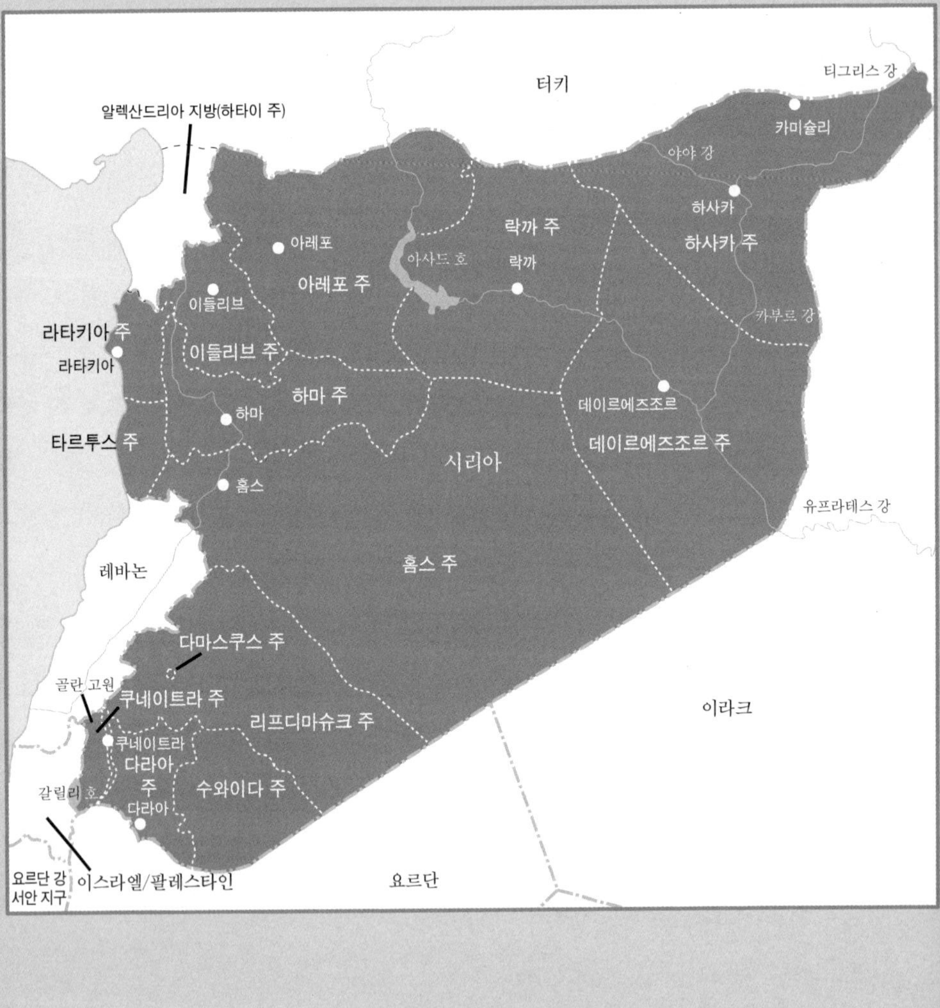
터키
티그리스 강
알렉산드리아 지방(하타이 주)
카미슐리
야야 강
하사카
락까 주
하사카 주
아레포
아사드 호
락까
아레포 주
이들리브
카부르 강
라타키아 주
라타키아
이들리브 주
하마 주
데이르에즈조르
하마
타르투스 주
데이르에즈조르 주
시리아
홈스
유프라테스 강
레바논
홈스 주
다마스쿠스 주
골란 고원
쿠네이트라 주
이라크
리프디마슈크 주
쿠네이트라
다라아
주
갈릴리 호
수와이다 주
다라아
요르단 강
서안 지구
이스라엘/팔레스타인
요르단

1. 시작하며: 아사드 대통령의 3선

2014년 7월 16일 바샤르 아사드 대통령(2000년 취임)은 제3기 정부 수립을 맞이해 취임식장에서 '아랍의 봄'의 모순과 위선을 지적하며 다음과 같이 말했다.

> 당신들(시리아 국민)의 저항이 명예롭지 못한 위선인 '아랍의 봄'에 공식적으로 사망을 선언했으며, 나침반의 바늘을 원래대로 돌려놓았다. 만약 이 봄이라는 것이 진짜였다면 그것은 후진적인 아랍 국가들에서 시작되었을 것이다. 여러 인민의 혁명이 자유, 민주주의, 공정을 획득하기 위한 것이었다면, 혁명은 더 후진적·억압적·전제적(專制的)인 국가들에서 시작되었을 터이다. 이러한 후진적인 국가들 자체가 아랍 민족을 해친 모든 파국, 전쟁의 배후에 있으며, 사상과 종교의 퇴폐와 도덕적 타락의 배후에 있었다.…… 무엇보다 이러한 국가들이 현재 이스라엘의 가지 지구 침략에 대해 취한 태도 자체가 증거다. 이러한 국가들이 시리아와 시리아 인민에 대한 보호라는 미명하에 보여준 태도는 어디에 있는 것인가? 왜 그들은 돈과 무기로 가자를 지원하지 않는 것인가? 지하드에 참여하고 있는 자는 어디에 있는 것인가? 왜 여러 국가는 팔레스타인 인민을 지키기 위해 그들을 파견하지 않는 것인가(Saura, 2014.7.17).

이 연설은 현재 시리아 분쟁의 쟁점이 아사드 정권의 타도와 시리아의 민주화가 아니라는 것과 아사드 대통령의 3선이 당연시되고 있다는 것을 여실히 보여준다. 일본에서는 시리아 분쟁을 '민주화 운동을 앞두고 붕괴할 수밖에 없는 독재 정권의 연명을 위한 쓸모없는 몸부림', '독재 정권의 탄압에 대한 시민의 봉기 및 저항'으로 보는 풍조가 장기간 계속되었다. 그렇지만 이러한 사고방식은 이 분쟁의 추이나 영향을 잘못 읽은 것으로, 분쟁의 실상은 선악의 이분법적 대립이나 권선징악 차원의 이야기에 있지 않다. 이 장에서는 시리아 분쟁의 실상 파악을 방해하는 것은 바로 다양한 선전과 선동을 통해 형성된 허상이라는 이해에 기초해, 분쟁의 경위와 당사자의 대응을 분석함으로써 이 허상을 폭로하고 분쟁의 실상을 밝히고자 한다.

2. '중동의 활단층'의 이용 가치

2011년 이래 시리아 분쟁에서 아사드 정권의 붕괴는 시간문제이며, 대통령의 퇴임은 정해진 수순으로 간주되었다. 그런데도 2014년 6월의 대통령 선거에서 아사드 대통령은 재선(3선)을 달성했다. 왜 아사드 대통령은 당연하다는 듯이 3선을 달성하고, 반체제파나 그 후원자들은 3선을 저지하지 못했던 것일까? 그 답은 아사드 정권 타도를 공언하고 있는 국가들에서조차 아사드 정권은 이용할 만한 일정한 가치가 있었다는 것이다. 그리고 반체제파는 아사드 정권을 대신할 수 있는 역할을 할 수 없기 때문에 아사드 정권의 이용 가치는 감소하기는커녕 높아지고 있다. 아사드 정권의 이용 가치와 역할이란 '중동의 활단층' 등으로 불리는 시리아의 정치·사회를 안정시키는 것과 함께, 인접 국가들에서 일어나는 다양한 분쟁의 발생·격화·진정화·수습의 과정을 일정한 범위 내에서 제어하는 것이다. 이러한 이용 가치와 역할은 이른바 '완충 국가'의 이용 가치와 역할을 상기시킨다. 그렇지만 '아랍의 심장'에서의 또 하나의 '완충 국가'인 요르단과는 다른 양상을 띤다. 제5장에서 다룰 요르단이 주변 국가들의 분쟁의 충격을 교묘하게 흡수해 그 이익을 얻고 있는 것과는 대조적으로, 시리아는 '전선(前線) 국가'로서의 분쟁에 적극적으로 관여해 외교상·안보상의 가치를 창출하려고 했다.

시리아를 둘러싼 투쟁

시리아가 '활단층'에 걸맞게 다양한 마찰과 분쟁의 불씨를 안고 있는 것은 제1차 세계대전 이후에 영국과 프랑스가 이 지역에 존재하는 다양한 종교·종파, 민족·종족 집단, 지연·혈연 등에 의한 사회적 집단을 자의적으로 분할하고 차지한 결과, 현재의 시리아와 그 인접 국가들이 성립된 데 기인한다. 시리아 하면 프랑스 위임통치 시대에 유일하게 이루어진 종교·종파별 인구 통계를 기초로 〈그림 2-1〉에서 볼 수 있는 종교·종파·민족·족군 집단의 분류, 그리고 부족으로 대표되는 지연·혈연 등에 의한 분류가 먼저 소개되는데, 이러한 인식이 분쟁을 유발하는 계기가 되고 있다.

시리아는 인공 국가로서 통합과 국가 건설에 대한 고뇌와 맞물려, 국제적인 마찰 및 분쟁의 무대가 되었다. 현재의 분쟁이 '시아파 대 수니파'의 종파 대립인 것처럼 묘사되는 데는 이러한 배경이 있다. 즉 이란의 테헤란(Teheran)에서 이라크의 바그다드를 거쳐 다마스쿠스, 나아가 레바논의 베이루트로 연결되는 '시아파계 정권'을 통한 이란의 영향력의 신장에 반해, '수니파가 다수인 국가들'이 사우디아라비아의 리야드(Riyadh), 이집트의 카이로(Cairo), 요르단의 암만(Amman)으로부터 다마스쿠스를 거쳐 터키의 앙카라(Ankara)를 연계해 대항한다는 구도다. 이러한 구도는 '시아파 초승달 지대', '수니파의 중추' 등의 용어로 표현된다. 그렇지만 이것과 매우 유사

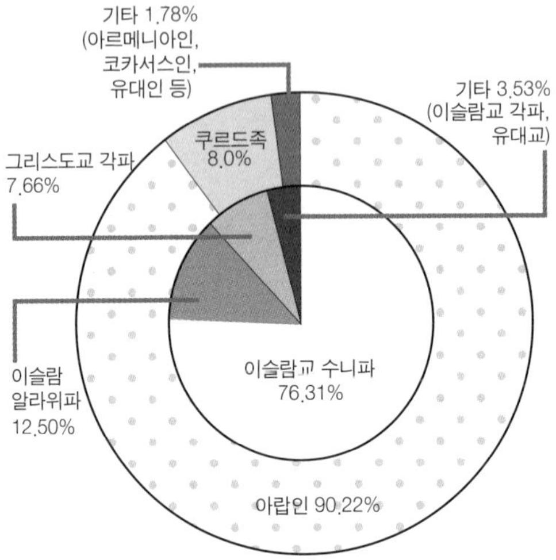

그림 2-1 시리아의 종파·민족별 인구 비율(추정치)

자료: 青山弘之(2012: 2).

한 '시리아를 둘러싼 투쟁'이 1950년대에 종파 대립과 전혀 상관없는 배경에서 벌어졌다. 그것은 「바그다드 조약」[1]을 통해 앙카라에서 다마스쿠스, 다음으로 바그다드를 거쳐 테헤란을 연결해 중추의 형성을 도모하는 친(親)서구 세력과, 아랍 통일을 표방하며 이집트와 시리아의 통합, 즉 카이로와 다마스쿠스를 연결해 중추를 형성하려는 아랍민족주의 세력과의 대립이었다. 이때는 1958년에 벌어진 시리아 국내 정쟁의 결과 '샴의 국가들'이라고 불리는 지역의 통일을 지향하며, 이집트와의 통합에 소극적인 이른바 시리아 민족주의자와, 이라크에 같은 부족의 친족이 많다는 등의 이유

1 1955년 1월에 이라크, 터키, 이란, 파키스탄이 체결한 조약이다. 같은 해 4월에 영국도 가입했다. 이 조약에 의해 공항, 철도, 도로의 사용 등 이라크에서의 영국의 특권이 유지되었다. 이 조약에 반발한 시리아는 1958년 이집트와 합병해 '비옥한 초승달 지대' 통합하겠다는 구상에서 벗어났다.

로 이집트보다도 이라크에 친근감을 느꼈던 시리아 동부의 여러 부족이 정치적으로 배척되면서 아랍민족주의 세력이 항쟁에서 승리했다. 전체적으로 볼 때 이 모든 것이 시리아를 둘러싼 항쟁인데, 중요한 것은 시리아가 아랍 세계의 외교·안보 전략상의 요지로, 많은 당사자의 이해(利害)가 교착되는 곳이었다는 점이다.

이와 같은 요충지인 시리아를 선대의 하페즈 아사드 대통령의 재임 기간(1971~2000)을 포함해, 약 40년에 걸쳐 아사드 정권이 통치해왔다. 아사드 정권은 동아랍 지역을 무대로 하는 다양한 국제 분쟁에서 미국을 비롯한 역외의 대국 그리고 이란, 사우디아라비아, 이스라엘 등 역내의 유력 국가 사이에서 교묘히 처신하며, 분쟁의 범위와 강도를 제어하는 역할을 수행해왔다. 예를 들면 시리아와 미국은 표면상 적대 관계로 보인 반면 동(東)지중해 지역의 안전보장을 둘러싸고는 상호 간의 이익을 최대화하고자 협조적으로 행동해, '우호적 적대/적대적 우호'로 평가되는 관계를 장기간 유지해왔다. 또한 레바논에서는 레바논 내전(1975~1990) 이후 각파의 정쟁에 음으로 양으로 간섭해 '팍스 시리아'라고 불리는 정치적 안정을 실현했다. 이스라엘에 대해서도 헤즈볼라와 팔레스타인의 대(對)이스라엘 강경파를 비호하면서, 그러한 활동을 일정한 범위로 제한했다. 그리고 무엇보다도 시리아는 1982년 이스라엘의 레바논 침공 이후 이스라엘과 정규군을 동원한 대결을 피하면서 '전쟁도 아니고 평화도 아닌' 안정된 적대 관계를 계속 유지했다.

안전보장의 관리와 보수(報酬)

중요한 것은 이러한 시리아의 역할이 아사드 정권 자체의 생존 전략에 그치는 것이 아니라, 동아랍 지역에 이해관계가 걸려 있는 여러 당사자가 자신의 손을 더럽히지 않고 불안정 분자를 통제하고 숙청할 수 있는 편리를 제공했다는 점이다. 그리고 아사드 정권하에서의 시리아가 지역 안보상에서 수행한 역할은 내정이 안정된 데다 대외적으로 어느 정도 강력한 정권으로 보였기 때문에 비로소 수행할 수 있는 것이었다. 그 때문에 미국을 비롯한 역외 대국은 동아랍 지역의 안보 관리를 시리아에 '외주(外注)'하는 한편, 아사드 정권의 비(非)민주적 통치를 묵인해왔다. 시리아에서는 1982년의 하마(Hama) 사건[2]으로 대표되는 국내의 반체제파에 대한 탄압과 무카바라트(Mukhabarat)라고 불리는 치안 유지 조직, 첩보 기관, 비밀경찰을 활용해 정권에 대한 반항에 공포를 느끼게 하는 통치가 이루어져 왔다. 이러한 통치 수법은 이라크에서는 '공포의 공화국'이라고 일컬어진 반면, 시리아에서는 '공포의 문화'라고 야유를 받았다. 아사드 정권에 의한 비민주적 통치는 지역의 안전보장을 시리아 측에 '외주'한 데 대한 '보수'로 보는 것이 실상에 가깝다.

이에 대해 시리아 국민평의회, 시리아 혁명반체제세력국민연립(이른바 시리아 국민연합) 등 재외의 활동가와 저명인사를 주축으로 하는 반체제파의 정치 조직과 '자유시리아군'을 자칭하는 무장 집단은 원래 잡다한 정치적 경향을 지닌 개인과 단체가 함께 모여 있는 것이기 때문에, 내분을 반복할 뿐, 아사드 정권 타도 후의 내정과 외교상의 지침을 제시하지 못했다. 그중에

2 '하마 학살'이라고 불리기도 한다. 1982년 2월 하마에서 시리아 무슬림형제단이 무장봉기하여 한 달간 계속된 전투 끝에 하페즈 아사드 전 정권에 의해 진압되었다. 희생자 수는 수천 명에서 3만 명에 달하는 것으로 알려져 있다.

서도 아사드 정권을 지지하는 이란과 헤즈볼라에 대해 반체제파가 종파주의적인 적의(敵意)를 표명하고 절연(絶緣)을 표명한 것은, '중동의 활단층'에 해당하는 시리아가 지역의 안전보장에 관건이 되는 장소라는 사실을 그들이 자각하지 못했다는 것을 보여주고 있다. 즉 그들은 헤즈볼라 및 이란과의 절연이, 시리아가 이 양자의 동향을 제어함으로써 레바논의 정정(政情)과 이스라엘과의 분쟁을 관리해왔던 종래의 지역질서를 근본적으로 바꿀 수 있다는 것을 인식하지 못했다.

2011년 3월 '아랍의 봄'이 파급되어 시리아의 정치 상황이 혼란스러워지자, 아사드 정권과 관련 국가들 간의 관계는 결정적으로 변화했다. 미국, 유럽연합(European Union, 이하 EU) 국가들, 사우디아라비아, 카타르, 터키 등 그때까지 아사드 정권이 수행해왔던 역할을 통해 이익을 얻은 국가들은, '아랍의 봄'이라는 미명하에 지역 안보의 유지 및 관리를 위한 대체 방안을 결여한 채 아사드 정권의 타도로 방향을 바꾸었던 것이다. 그 결과 시리아에서의 '아랍의 봄'은 내외의 안정을 무시하며 파괴와 살육이 반복되고 있는 '21세기 최악의 인도주의적 위기'와, 2014년 6월 이라크에서 IS(뒤에서 상세히 설명)의 공세로 상징되는 지역질서의 동요를 초래했다.

3. '내전'에서 '진짜 전쟁 상태'로: 화학무기 사용 사건을 둘러싼 패러다임 전환

그렇다면 시리아의 국내적 맥락에서 당초 '(붕괴는) 시간문제'라고 일컬어진 아사드 정권이 현재까지 존속하고 있는 것은 왜일까? 아사드 정권은 알

다마스쿠스 구시가의 하미디야 시장

2012년 12월 23일 다카오카 유타카 촬영

라위파[3]에 의한 소수 종파 정권이며, 다수파인 수니파 국민의 봉기를 앞에 두고 단기간에 붕괴되어야만 하는 것이었을까? 실제로 아사드 정권은 시리아 사회의 일정 부분에 확고한 기반을 구축하고 있으며, 아사드 정권의 붕괴나 타도는 시리아의 분쟁이 심화되면서 현실적인 선택지가 될 수 없었다.

2010년 말 이후 민중 봉기에 의해 튀니지, 이집트에서 연이어 장기간 존속되어왔던 정권이 붕괴하고 리비아와 예멘에서도 반체제 운동이 발생하자, 시리아에서도 민중에 의한 봉기 활동이 왕성해졌다. 그리고 2011년 3월에 남부의 지방 도시 다라(Dara)에서 위성방송의 보도 내용을 그대로 복사해 정권을 비판하는 낙서를 한 소년이 치안 당국에 체포되어 폭행을 당하는 사건을 계기로 민중 봉기가 발생하고, 점차 각지로 확대되었다. 시리아에서의 반체제 운동은 당초에는 튀니지나 이집트와 마찬가지로 소셜 네트워크 서비스(이하 SNS)를 매개로 한 익명의 대중 운동으로 전개되었다. 그것을 본 서구 국가들과 걸프 연안 국가들이 경영하는 알자지라 방송과 알 아라비아 방송 등 유명한 위성방송국은 모두 반체제 운동을 지지·지원하

3 시아파의 일파로 간주되는 이슬람교의 소수 종파로, 시리아의 종파별 인구의 12% 정도를 차지하고 있다. 시리아 국내에서는 해안 지방의 산악부가 역사적인 거주지다. 다만 전통적으로는 그들을 이슬람교도로 간주하지 않는 견해가 강하며, 반체제파 중에서는 멸시하는 뜻에서 '누사이리파'라는 명칭을 사용하는 단체도 많다.

는 입장을 취했다.[4] 이리하여 '아랍의 봄'을 앞두고 아사드 정권의 붕괴는 시간문제인 것처럼 보도되었다.

그러나 실제로는 반체제 운동이 아사드 정권을 타도하지 못했다. 그 원인으로 SNS 등을 통한 봉기 및 선동이 해외에 거점을 둔 이들에 의해 이루어진 것 등을 들 수 있다(青山弘之, 2012: 83~85). 봉기 활동의 장기화와 아사드 정권에 의한 가혹한 탄압의 결과 반체제 운동의 주도자는 재외의 지식인과 활동가, 시리아군으로부터 이탈한 병사들로 구성된 무장 집단으로 변화했다. 아사드 정권에 대한 항의는 대중의 봉기에서 정치가들에 의한 정권 탈취 투쟁으로 변질되었다. 나아가 분쟁이 장기화·군사화되자 사우디아라비아와 카타르가 주도한 아랍연맹, 그 뒤를 이어 서구 국가들이 반체제파를 지원하고, 러시아, 이란, 이라크, 레바논의 헤즈볼라가 아사드 정권을 지원하게 되었다. 시리아의 분쟁은 국제 분쟁으로 변질되었던 것이다. 그 과정에서 서구 국가들과 아랍 국가들의 일부는 아사드 정권을 공격하는 한편, 이슬람 과격파의 활동까지도 장려하고 묵인했다. 이 결과 시리아에서의 전투는 한층 더 격화되고, 정부가 각지를 통제하지 못하는 상태에 이르렀다. 이러한 권력의 공백 지대를 쿠르드 민족주의 세력과 무장한 여러 부족, 이슬람 과격파가 장악하기에 이르렀는데, 당초 봉기를 주도한 활동가들은 분쟁에서 소외되었고 일반 국민은 피난민이 되었으며, 전쟁을 기피하는 분위기가 형성되었다. 한편 아사드 정권은 '정당법'의 시행, 새로운 헌법 제정을 거쳐 형식상으로는 봉기가 발발된 시점에 요구받았던

4 그러나 각종 보도 기관에 의해 반체제파를 지지하는 보도의 내용에는 문제도 많으며, 구니에다(國枝昌樹, 2012: 132~139)가 소개한 바와 같이 완전히 날조된 사례도 있다.

정치 개혁을 달성하는 동시에 외국의 지원을 받는 반체제파와 이슬람 과격파에 대해서는 비타협적 전투에 매진했다. 분쟁의 장기화 및 변질에 관계없이 아사드 정권은 일관되게 완강한 태도를 견지하며 존속했던 것이다. 그리고 분쟁이 몇 가지 국면을 거쳐 그 성질이 변하는 과정에서, 사태는 아사드 정권과 반체제파 간의 권력 투쟁으로서의 '내전'에서 외부의 유력 국가와 정치 세력이 직접 관여하는 '진짜 전쟁 상태'로 전환되었다.

아사드 정권의 속사정

아사드 정권이 붕괴하지 않는 이유는 앞에서 언급한 '공포의 문화'를 통한 통치 때문만은 아니다. 여기에서 중요한 것은 아사드 정권이 대통령 자신과 그 주변 사람들, 치안 기관 간부들에 의한 비민주적 정권인 한편, 그것은 알라위파의 교의(教義)를 정치에 반영한다거나 '종파 공동체'로서의 알라위파 측에 권익을 유도하지 않았다는 점이다. 오히려 아사드 정권은 아랍민족주의를 내세우고, 시리아 사회의 다양한 사회적 균열을 극복하는 것을 정통성의 근거로 삼아왔다. 그 때문에 아사드 정권은 지역, 계급, 부족, 민족, 종족 집단, 종교·종파 등의 다양한 사회 집단에 정치적 권익을 배분하고, 이해(利害) 조정의 그물을 펼쳐왔다. 이를 위한 장치가 '내각과 인민의회(국회)'다. 이러한 기관은 실제로 정치적인 의사를 결정하는 무하바라트 등의 '진짜 권력 장치'에 대해 민주적인 제도와 절차로 위장하기 위한 '명목적 권력 장치'로 간주된다. 그렇지만 내각과 인민의회는 각료와 의원으로의 등용을 통해 사회의 여러 구성 요소를 정권에 편입하는 데 중요한 역할을 수행해왔다. 아르메니아교도, 드루즈파, 부족, 이슬람교 관계의 종교·교육 기관의 일부 등이 이러한 권익을 배분받은 주요 사회집단이다.[5] 또한 국적 박탈 등의 인권 문제가 있었던 쿠르드족도 일부는 인민의회 의원으로 정치적 직책을 배분받고 있으며, 편입의 대상이 되었다. 이에 반해 반체

다마스쿠스 중심가에서 발생한 정부 지지 시위
2011년 11월 12일 다카오카 유타카 촬영

제파는 민주주의 아래에서의 정치적인 다원주의를 종교·종파, 민족·족군 집단 등의 다양성과 혼동해 종파적·민족적 귀속에 기초한 권익 배분을 요구했다. 반체제파는 다양한 집단과의 의견 조정도, 권익을 배분받는 것도 불가능해 내분으로 일관했으며, 시리아 국내에서 거의 영향력을 행사하지 못했다. 시리아 국내에서도 다양한 무장 집단은 눈앞의 이권을 둘러싼 쟁탈전을 반복하고 있어, 통치 기구를 확립하고 있다고 말하기는 어렵다. 시리아 국내의 상황에서도 반체제파는 아사드 정권 타도의 이후를 담당할 태세를 충분히 갖추고 있지 못하다. 그 결과 시리아 사회를 폭넓게 망라하는 틀을 갖고 있으며, 그것을 운영하는 아사드 정권은 한층 더 강건함을 유지하게 되었다. '아사드 정권(의 붕괴)은 시간문제'라는 낙관적 억측은 아사드 정권이 시리아 국내의 권익 배분과 이해(利害) 조정을 포괄적으로 행하고 있다는 사

5 이러한 권익 배분에 대해 포괄적으로 다루고 있는 일본어 문헌은 거의 없는 편인데, 시리아의 북동부 지역에 거주하는 부족에 대한 권익 배분에 관해서는 다카오카(高岡豊, 2011)를, 이슬람교의 종교 및 교육 기관에 대한 권익 배분에 관해서는 다카오카(高岡豊, 2014a)를 각각 참조.

실을 무시하고, 정권 간부의 종파적 귀속을 지나치게 중시하는 결과를 초래했다.

화학무기 사용 사건

분쟁이 장기화·심각화되는데도 아사드 정권은 무너지지 않았고, 그런 상황 속에 2013년 8월 다마스쿠스 근교에서 화학무기가 사용되는 사건이 발생했다. 서구 국가들은 사건 발생 직후에 '화학무기는 아사드 정권이 사용했다'고 단정하고, 무력행사를 위한 행동에 나섰다. 그렇지만 러시아와 중국이 찬성할 리 없었기 때문에 서구 국가들의 무력행사를 인정하는 UN 안보리 결의는 채택되지 않았다. 게다가 미국과 영국에서는 의회와 여론의 반대 때문에 국내에서도 필요한 절차를 밟을 수 없었다. 서구 국가들, 특히 미국은 시리아에 대해 들어 올린 주먹을 휘두르는 것도 내리는 것도 할 수 없는 상태에 빠졌다. 서구 국가들이 체면을 유지하면서 주먹을 내릴 수 있는 기회를 제공한 것이 러시아로부터 제시된 시리아의 '화학무기 전량 폐기' 제안이었다. 이것을 받아들여 시리아의 화학무기금지기구(OPCW: Organization for the Prohibition of Chemical Weapons) 가입, 화학무기와 관련 물질 및 생산 설비의 폐기와 그 기한 등을 정한 UN 안보리 결의 제2118호가 채택되어, 화학무기 사용 사건을 계기로 한 전쟁의 위기는 피한 듯 보였다.

그러나 시리아의 화학무기 폐기와 서구 국가들에 의한 무력행사 회피는 시리아 분쟁의 해결이나 시리아 국민의 고통스러운 형편을 개선하는 데 거의 기여하지 못했다. 서구 국가들과 함께 가담했던 국가들은 '시리아인의 보호', '자유와 민주주의'의 실현을 목표로 하여 아사드 정권을 부정하고 반체제파를 지원한 것이 틀림없다. 그런데도 서구 국가들은 화학무기 폐기를 성과로 하여 아사드 정권을 타도할 유일한 현실적인 수단인 직접적 무력행사의 칼날을 거두어들였다. 그리고 그 이후에도 각국은 사태 해결의 전망을 결여한 채 간섭을 계속했다. 한편 아사드 정권은 화학무기 폐기의 당사자가 됨으로써, 국제적인 지위를 어느 정도 확보하고 외국의 군사 개입에 의한 정권 타도 위협을 해소하는 데 성공했다. 그 반면에 외국의 지원을 받아 시리아 국외에 근거하고 있는 반체제파를 완전히 진압하는 것도 대단히 어렵기 때문에, 승리를 예측하기 어려운 전쟁을 계속하게 되었다.

요컨대 2013년 8월 말부터 9월에 걸쳐 시리아 분쟁의 대의명분은 '시리아인의 보호'와 '자유와 민주주의'에서 '화학무기의 폐기'라는 외부 당사자의 이해득실의 문제로 전환되었던 것이다. 확실히 시리아에서 화학무기 폐기 작업의 당사자는 아사드 정권을 제외하면 존재하지 않는다. 그리고 미국과 EU 국가들 내부에서 시리아의 분쟁에 직접 개입하고, 그 이후 시리아를 재건하고 동아랍 지역의 안전보장을 책임 질 의사와 능력이 없었으며, 게다가 여론의 지지도 없었다. 각국은 시리아의 화학무기 폐기를 군사적 압력의 성과로 삼아 칼날을 거두어들일 수 있었지만, 시리아의 화학무기가 전량 폐기되거나 시리아 분쟁이 타개되더라도 분쟁의 타개를 목표로 삼지 않았으며, '자유와 민주주의'를 실현할 가능성도 추구하지 않았다. 이와 같이 '악의 독재 정권에 대한 정의로운 민중 봉기'라는 분쟁의 허상과 '그 어떤 당사자도 승리에 대해 전망할 수 없는 상태에서 쓸모없는 파괴와 살육만 계속'되는 실상 간의 괴리는 오히려 심각해졌다.

4. '21세기 최악의 인도적 위기'의 허상과 실상: ISIS와 '테러와의 전쟁'의 파탄

그렇다면 왜 시리아의 분쟁은 '21세기 최악의 인도적 위기'라고 일컬어질 만큼 격화되었을까? 시리아에서는 분쟁이 변질되면서 당초의 '독재 정권 대 민중' 등의 권선징악 차원의 이야기도, '아사드 정권은 시간문제'라는 낙관적인 예측도 성립되지 못했다. 그렇지만 이러한 실상과는 반대로 '정의로운 민중 봉기 앞에 악독한 독재 정권은 패하여 도망간다'는 단순한 예정조화적 이미지가 전문가나 보도 기관의 논조를 지배했다. 이 풍조에 편승한 것이 이슬람 과격파였다. 샴의 사람들을 위한 누스라 전선(이하 누스라 전선), 이라크-샴 이슬람국가(통칭 ISIS),[6] 이슬람 전선 등의 이른바 알카에다 계통 무장 집단은 걸프 연안 국가들, 마그레브 국가들, 서구 국가들로부터 사람, 물질, 자금 등의 자원을 풍부하게 조달받고 전장(戰場)의 주역이 되었다. 십자군(서구 국가들의 경우), 시오니스트, 세속주의 세력(아랍민족주의와 각국의 민족주의 등)을 무력으로 배제하고 이슬람법에 기초해 통치를 실현한다는 그들이 내세운 사상·정치적 목표는, 시리아 '정치체제'의 쇄신이라는 당초 반체제파의 목표와 아사드 대통령이 주도하는 정치 개혁의 추진이라는 정권의 사태수습책 중 그 어떤 것과도 서로 어울릴 수 없는 외래의 것이었다.

확실히 시리아의 정치사를 돌이켜보면, 시리아는 이슬람주의를 표방하고 있는 세력에 의한 정치 참여와 반체제 활동을 경험해왔다. 시리아 무슬림

---

6 ISIS는 Islamic State of Iraq and Syria의 약칭이며, Islamic State of Iraq and al-Shām 혹은 Islamic State of Iraq and the Levant 등으로 표기되기도 한다.

형제단을 비롯한 조직은 시리아의 독립(1946)부터 바아스당의 정권 탈취(1963)에 이르기까지 국정 선거에 매번 참가해 의석을 획득했다. 또한 하페즈 아사드 전 정권 수립 후에도 이슬람교와 관련된 종교·교육 기관의 일부는 정치적 권익 배분의 그물망 속에 편입되어, 인민의회에서 의석을 획득했다. 또한 1970년대부터 1982년 '하마 사건'까지의 반정부 무장투쟁은 시리아 무슬림형제단뿐만 아니라 더욱 급진적인 활동가가 '전투전위대'[7]라는 이름의 무장 집단을 결성해 담당했다. 그들은 "비(非)이슬람적인 알라위파가 장악하고 있는 정권을 타도하고, 수니파가 통치의 주역이 된다"라는 종파주의적 언사를 이용해 무장투쟁을 선동했다.[8] 소수파인 알라위파가 다수파인 수니파를 희생시켜 정권을 운영하고 있다는 정권 비판은 시리아 무슬림형제단과 거기에 연계되어 있는 활동가들의 상투적인 구호가 되었다.

그러나 시리아 무슬림형제단 등에 의한 활동은 하페즈 아사드 전 정권의 철저한 탄압으로 좌절되었다. 시리아 무슬림형제단의 간부는 장기간의 해외 망명을 강요받았고, 그 대부분은 현재도 시리아로 귀국하지 못하고 있다. 그들은 2011년 가을에 반체제파의 대동단결을 위한 연합으로 결성된 시리아 국민평의회(SNC: Syrian National Council)의 중심이 되고 있다. 또한 전투전위대 활동가 중 일부는 더욱 과격한 활동을 선택해 아프가니스탄에서 아랍인에 의해 결성된 이슬람 과격파에 합류했다. 그 가운데에서도 시리아에서의 무장투쟁이 실패한 경험에 입각하여 알카에다의 투쟁 방침의

7 1975년 시리아 무슬림형제단의 '반정부 운동' 과정에서 결성된 무장투쟁 조직이다.

8 시리아 무슬림형제단의 성립과 사상적 발전, 반체제 활동에 대해서는 스에치카(末近浩太, 2005) 참조.

일환으로 저술 활동을 했다고 여겨지는 아부 무사브 수리(Abu Musab Suri)가 저명하다.[9] 유의해야 할 것은 시리아 무슬림형제단의 흐름에 연대하고 있는 이슬람주의자들의 활동은 1980년 중반 이후 시리아 국외에서 이루어지고 있으며, 예를 들어 전투전위대 등의 전 활동가가 2011년 이후의 분쟁에서 반체제파에 합류했다 하더라도 그것은 장기간의 망명을 거친 '외부 요소'라는 점이다.

이슬람 과격파의 대두

반체제 무장투쟁의 주역이 외래의 사상과 행동 양식에 의거해 이슬람 과격파가 된 원인은, 시리아 국내에서 발원한 무장 집단 특히 세속적 사상과 목표를 내세우는 무장 집단이 무장투쟁을 담당할 수 없었다는 데 있다. 반체제 무장투쟁은 2011년 여름경부터 활발해졌는데, 당초 이를 담당한 것은 '자유시리아군'이라는 이름을 사용했던 사람들이었다. 자유시리아군은 사령관과 지도부, 참모부 등이 각지에 난립한 데다 조직적으로 연대해 활동한 것은 아니었다. 즉 각지의 무장 집단이 자신의 활동을 정당화하기 위한 간판으로 자유시리아군의 이름을 사용한 것에 불과했다. 각각의 무

9 본명은 무스타파 세트마리암 나사르(Mustafa Setmariam Nasar)다. 1958년에 시리아의 알레포(Aleppo)에서 출생했다. 전투 전위대에 참가해 탄압을 받고 국외로 도망한 이후 알카에다의 활동가가 되었다. 마드리드에서의 폭파 사건(2004), 런던에서의 폭파 사건(2005)에 영향을 준 저작물을 발표해 유명해졌는데, 2005년 말 무렵에 체포된 것으로 알려져 있다. 시리아 분쟁의 발발 이후 아사드 정권이 이슬람 과격파의 위협을 선동하고 정권 측의 입장을 유리하게 만들기 위해 석방했다는 설도 있는데, 이 인물에 대한 소식과 관련해 알카에다 혹은 관련 단체로부터 확인할 수 있는 정보는 없다.

장 집단의 구성원은 아사드 정권에 의한 탄압을 증오했던 군과 무하바라트에서 이반한 장병이나 무력 탄압을 받아 과격해진 젊은이들로 여겨진다. 군부가 이반해 장기간 정권을 이끌었던 튀니지나 이집트에서의 성공 체험을 모방해, 이반한 군과 '혁명'을 이루려고 결연히 일어난 젊은이들이 연대를 한다는 계획이 마련되었다.

다만 군 장병의 이반과 튀니지 및 이집트에서의 이반과는 큰 차이가 있다. 튀니지 및 이집트에서는 군이 조직적 일체성을 유지하며 항의 행동의 진압을 목표로 한 정권의 의향에 등을 돌렸다는 의미에서의 이반이었는데, 시리아의 군과 무하바라트에서는 사단·여단 혹은 무하바라트 지부와 같은 조직을 단위로 한 이반은 발생하지 않았다. 실태는 많아 봤자 수십 명의 장교와 병사가 도망치고, 그중 일부가 반체제 무장투쟁에 합류한 정도였다. 상급 장교들이 이반한 사례도 몇 건 있지만 그들도 지휘하에 있는 부대를 이끌고 아사드 정권에 반기를 든 것은 아니며, 개인적 차원에서 도망친 것이었다. 즉 시리아의 군, 무하바라트로부터의 이반이란 실제로는 개인 단위로 한 '도주'라고 불러야 했다.

이와 같이 장병들이 확고한 조직적 기반을 갖추지 못한 상태에서 무장투쟁에 나선 젊은이들이 합류했기 때문에 자유시리아군은 지역과 집락마다에 존재하는 독립적인 무장 집단이 제각기 '자유시리아군 파루크 대대', '자유시리아군 우마르 여단' 등으로 이름 붙이는 형태가 되었다. 또한 이러한 무장 집단들은 지휘 계통과 규율, 병참 경로(經路)와 자원의 조달 장소를 확립하고 있던 것이 아니었다. 이 때문에 시리아에서의 반체제 무장투쟁은 일찍부터 걸프 연안 국가들로부터 터키, 요르단을 경유해 거액의 원조가 제공되기는 했지만, 그러한 지원은 무장 집단에 효율적으로 공급되지 않았다. 서구 국가들도 반체제파를 전면적으로 신뢰하지는 않았기 때문에, 반체제파에 고성능 무기를 제공하지 않았다. 또한 반체제파가 정치적 연합을 형성하는 과정에서 자유시리아군의 조직화와 통합 사령부의 수립을 시도했으나, 용두사미로 끝났다. 결국 자유시리아군이라는 이름을 사용하는 무장 집단은 조직성, 규율, 병참, 사기 면에서 열악해 분쟁 초기에 민심을 잃었다.

자유시리아군을 대신해 반체제 무장투쟁의 주역이 되었던 것은 이슬람 과격파였다.[10] 시리아에서는 분쟁 발발 전부터 알카에다 계통으로 간주되는 파타 이슬람과 압둘라 아잠 대대의 활동이 의심되었다. 다시 한 번 시리아는 2003년 이라크 전쟁 이후 미군과 이라크 정부에 반대하는 무장투쟁에 합류하려는 비(非)이라크인 전투원의 주요 경유지와 옛 이라크 바아스당 간부들의 잠복 장소로 고려되었다. 특히 외국인 유괴와 참수 및 자폭 공격을 많이 자행해 악명이 높았던 '두 큰 강의 국가의 알카에다(Al-Qaeda in the country of the Two Rivers)'[11]가 비(非)이라크 전투원을 받아들이는 주요 조직이 되었으며, 아사드 정권이 이라크 전쟁에 반대했던 것과 함께 이 정권과 알카에다가 공모 관계에 있다는 설의 근거가 되었다. 한편 이슬람 과격파의 관점에서 볼 때 시리아는 이단 종파인 알라위파가 정권을 장악하고 있

10 '자유시리아군'의 쇠퇴와 이슬람 과격파의 신장에 대해서는 다카오카(高岡豊, 2012b), 아오야마(青山弘之, 2013) 참조.

11 요르단인 아부 무사브 자르카위(Abu Musab al-Zarqawi, 본명: Ahmad Nazal)가 이끄는 집단을 토대로 결성되었다. 2004년까지는 '타우히드와 지하드단'이라는 이름을 사용했는데, 같은 해 10월에 오사마 빈 라덴에 충성을 표하고 알카에다 산하로 들어가 '두 큰 강의 국가의 알카에다'로 개칭했다. 자르카위는 2006년 봄에 미군이 살해했는데, 조직은 존속되어 같은 해 가을에 '무자헤딘 슈라 위원회(MSC)', 같은 해 말에 '이라크 이슬람국가(ISI)'라는 연합을 연이어 결성했다.

는 것으로 인식되었고, 게다가 서구 국가들로부터 원조와 협력을 받지 못하는 까닭에 지하드를 수행할 수 있는 절호의 지역이었다. 그 결과 2011년 이후 이라크로부터 전투원의 '역류'를 포함해, 세계 각지의 이슬람 과격파 전투원이 주로 터키를 경유해 시리아로 유입되었다.

이슬람 과격파의 세력이 신장된 이유로는 그들 중에 아프가니스탄, 체첸, 이라크, 리비아 등에서 지하드에 참가해 전투와 조직 운영에 필요한 경험을 쌓은 이들이 있어 전투에 강했다는 점을 들 수 있다. 또한 그들이 이슬람주의를 내세워, 규율과 도덕성 면에서 우월했다는 것도 중요한 이유다. 그리고 무엇보다 중요한 이유는 중동에서 반체제파를 지원했던 국가와 민간단체 및 개인 중에는 서구 국가들과 세속주의를 국시(國是)로 삼는 터키가 후원하는 자유시리아군이 아니라 이슬람주의를 내세우는 무장 집단에 대한 지원을 선호하는 경향이 지배적이었다는 점이다.

앞에서 언급한 바와 같이 반체제파의 정치 조직과 자유시리아군은 서구 국가들의 비호를 받았지만, 그들이 원하는 만큼 군사적인 지원은 받지 못했다. 이에 반해 이슬람주의를 내세운 무장 집단에는 SNS 등을 통해 공공연히 기부금이 모이고, 풍부한 자원이 제공되었다. 그 결과 시리아의 반체제 무장 집단은 외부로부터의 자원 조달을 용이하게 하기 위해 대부분의 조직들이 어떤 형태로든 조직 명칭과 홍보 활동상의 언사에 이슬람교적 요소를 포함하게 되었다. 이러한 무장 집단 중에는 알카에다 계통의 활동가와 조직도 포함되어 있었다.

그러나 이러한 실상에 대한 국제적인 대응은 무뎠다. 서구 국가들의 정부, 보도 기관, 전문가 대다수는 시리아의 반체제 무장투쟁이 '악의 독재 정권에 대한 정의로운 봉기'라는 허상에서 벗어나지 못했고, 반체제 무장 집단에 대한 인식과 정책은 '반체제 무장 집단과 전투원 가운데 외국인과 이슬람 과격파가 차지하는 비중이 매우 적으며', '서구 국가들의 권익을 침해하지 않는 온건하고 좋은 무장 집단을 알카에다와 같은 과격하고 나쁜 무장 집단과 엄격히 구분해, 전자를 육성하고 후자를 배제하는 것이 가능'하다는 등의 극단적인 낙관주의에 매몰되었다.

이러한 분위기에 편승한 이슬람 과격파가 이웃 나라 이라크에서 2006년에 '두 큰 강의 국가의 알카에다'를 핵심으로 이라크이슬람국가(ISI: Islamic State of Iraq)를 결성했다. 2007년경 외국에 있는 단체와 개인의 극단적인 이슬람교 해석과 잔인한 활동이 원인이 되어, 이라크에서는 이슬람 과격파와 기존 무장 집단 및 부족과의 관계가 악화되었다. 미군과 이라크 정부는 기존 무장 집단과 부족을 회유하고 조직화해 각성평의회(覺醒評議會)를 통해 이들을 이슬람 과격파의 대항 세력으로 삼는 데 성공했다(제3장 참조). 그 결과 이라크이슬람국가의 활동은 현저히 둔해졌고, 그들이 일으키는 폭파 사건도 설사 큰 피해가 발생하더라도 정치적·사회적 반향을 거의 일으키지 못했다.

2011년이라는 시점에 존망의 위기에 처해 있던 이라크이슬람국가에 시리아 분쟁은 세력을 만회할 수 있는 절호의 기회였다. 시리아에서 아사드 정권에 대해 무장투쟁을 행하는 한 '정의로운 봉기'의 일부로 인정받으며, 세계 각지에서 활동을 위한 자금을 조달할 수 있기 때문이다. 이라크이슬람국가는 2011년 가을 무렵에 누스라 전선이라는 별도의 명칭을 사용해 시리아로 진출했다. 누스라 전선은 잦은 자폭 공격 등을 통해 전과를 올렸고, 시리아에서 외국인 전투원을 받아들이는 주요 조직이 되었다. 미국은 누스라 전선을 이라크이슬람국가의 별명에 불과하다고 의심했고, 2012년 말에 테러 조직으로 지정했다. 그렇지만 시리아의 반체제 무장 집단으로 자금이 유입되는 것을 효과적으로 제지할 대책은 강구되지 못해, 누스라 전선의 활동은 갈수록 활발해졌다.

이라크이슬람국가는 누스라 전선의 성공에 크게 고무되어, 2013년 4월 누스라 전선을 자신들의 산하에 두고, 이후 이라크이슬람국가와 누스라 전선을 통합해 '이라크-샴 이슬람국가'로 개칭한다고 발표했다. 그 결과 이슬람 과격파의 사상과 목표를 체현해 시리아와 이라크 사이의 국경을 무시하고 초월하는 일대 세력이 출현했다. 나중에 'IS'로 다시 개칭된 이 조직은 중동, 특히 '아랍의 심장'에 해당하는 시리아와 이라크 등의 국가와 국경이 침략자에 의해 일방적으로 강제되었다고 간주하고 공격과 파괴의 대상으로 삼았다. 이를 위해 그들이 제압하고자 하는 지역은 시리아와 동일한 영역은 아니다. 또한 그들이 내세우는 '이슬람 통합의 실현'이라는 목표는 시리아 '정치체제'의 쇄신을 목표로 하는 것이 분명한 반체제파와 그 지원국의 목표와도 명백히 다르다. IS가 주요한 당사자로 분쟁에 참여하고 있는 이상, 분쟁을 시리아의 '내전'으로 간주하는 것은 명실공히 어려워졌다. 그렇지만 "이슬람교 수니파의 과격파"라는 딱지가 붙은 IS의 존재는 아사드 정권과 이를 지원하는 이란과 헤즈볼라로 구성되는 '시아파 진영'과 걸프 연안 국가들, 터키의 '수니파 진영' 간의 종파 분쟁이라는 이야기의 일부로 해석되어, IS가 원래 갖고 있었던 지역적·국제적인 질서와 안전에 대한 위험성은 간과되었다.

외국인 잠입의 메커니즘

그렇다면 시리아와 이라크로는 어떻게 사람, 물질, 자금 등의 자원이 유입되고 있는 것일까? 개인이 무장 집단의 일원으로 분쟁에 참여하는 것은 대단히 어렵다. 실제로 시리아와 이라크에서 외부의 지원자들을 받아들이고 있는 단체는 IS와 같이 국제적인 단속의 대상이며, 양국의 참상에 의분(義憤)을 느낀 개인이 현지에 가려고 해도 잠입할 수 있을지 의심스럽다. 또한 IS 등이 홍보에 이용하는 인터넷 사이트도 매체의 성질상 적으로부터의 감시와 허위 정보의 범람이 문제가 되어, 자원 조달 경로로 이용되지 못한다. 따라서 중요한 것은 자원의 조달부터 현지로의 잠입, 수용하기로 한 조직에 합류하기까지의 과정에 관여하는 다양한 관계자와 그들 사이의 연대다.

이슬람 과격파에 대한 조사 연구의 성과, 분쟁 지역에 사람을 파견할 경우 실제로 잠입할 사람이 출발하기 전에 현지에서 미리 받아들일지 결정한다. 즉 잠입자는 출신지에서 어떤 식으로든 중개인에게 설득되어 일정한 선발 과정을 거쳐 분쟁 지역으로 출발한다. 출신지를 떠나 잠입까지의 여정이나 잠입 이후의 체류, 여권과 신분증 등의 위조를 도와주는 안내자가, 수용자의 허락을 받은 잠입자가 도착할 때까지의 과정을 지원한다. 그런데 잠입의 성공 여부는 잠입자 본인의 자질이 아니라 중개인, 안내인, 수용자 간에 이루어지는 상호 연대의 교묘함에 달려 있다. 시리아와 이라크의 이슬람 과격파에게 향하는 자원의 이동은 고도로 조직화된 사업이라고 할 수 있다.

따라서 '시리아와 이라크에서 전투를 경험한 자가 귀환해 서구 국가들에 미치는 치안상의 위협'에 대해서도 어느 정도 예측이 가능해진다. IS 등의 수용자가 서구 국가들을 자원의 조달 장소와 이동 경로로 고려하고 거기에서 중개인과 안내인을 활동시키고 있다면, 그들은 그러한 지역에서 폭탄 공격 등과 같은 문제를 일으키지는 않을 것이다. 자원의 조달 장소이자 이동 경로의 정부와 관헌을 자극하는 것은 자원의 조달과 이동 자체를 어렵게 만들기 때문이다. 서구 국가들에서 IS가 조직적으로 공격을 실시하는 것은 서구 국가들이 IS에 대한 자원 조달을 완전히 저지하고자 했던 경우로 한정될 것이다. 그러므로 서구 국가들의 관점에서 진정한 위협이란 '시리아와 이라크로부터의 귀환자'가 아니라 자국 내에 IS와 같은 조직의 자원 조달 네트워크가 확립되는 것이다.

무엇이 '21세기 최악의 인도적 위기'를 초래했는가?

분쟁이 장기화되면서 반체제 무장 집단의 부패가 진행되었다. 반체제 무장 집단의 전투원 대다수는 사상적 신조가 박약해 조직에 대한 귀속 의식이 약한 자도 있고, 신변의 이해득실, 외부로부터의 자원 조달 가능성에 따라 안이하게 이적(移籍)을 반복하게 되었다. 이슬람 과격파 또한 예외는 아니어서 부패 전투원의 성적 욕구를 만족시키기 위해 '결혼 지하드'라는 명목으로 여성을 꾀어내어 사실상 위안부로 시리아에 잠입시키는 사례마저 발생했다. 또한 각 무장 집단은 전투원에 대한 급여 지불과 복리후생 제도를 정비하고 전투원 확보에 노력했다. 그 결과 반체제 무장 집단의 말단 전투원들은 '혁명 전사'나 '지하드 전사(무자헤딘)'에서 '용병', '강도범', '유괴범', '밀수업자' 등의 범죄자로 변질되고 있다. 분쟁 개시 당시에는 아사드 정권 측의 군대 및 무하바라트가 부패와 만행을 저질러 비난받았지만, 현재에는 반체제파 전투원도 비난받고 있다.

이와 같이 조직과 전투원은 자신의 이익을 위해 항쟁을 거듭하며, 일반 시리아인일지라도 거역하는 자에 대해서는 용서하지 않는다. 2014년 7월부터 8월에 걸쳐 데이르에즈조르(Deir-ez-Zor) 현에서 해당 지역의 부족이 IS

에 반항했는데, IS는 그들을 철저히 섬멸하고 수백 명을 처형했다. 반체제 무장 집단의 실상과 '정의로운 봉기'라는 허상 간의 괴리는 심각하며, 아사드 정권과 반체제파, 혹은 반체제파끼리의 항쟁으로 시리아인의 생명과 재산의 안전은 전혀 고려되지 않는 양상이다. 2014년 8월 말 현재, 18만 명 이상의 사망자, 수백만 명의 피난민을 낸 '21세기 최악의 인도적 위기'로서의 시리아 분쟁은 아사드 정권에 의한 가혹한 탄압, 반체제 운동의 변질, 이슬람 과격파의 부상 등이 상호 작용한 결과라고 할 수 있다.

시리아 분쟁의 악영향은 시리아 국내에 국한되는 것이 아니다. 인접한 레바논, 요르단, 터키, 이라크에는 이미 다수의 시리아 피난민이 체류하고 있다.[12] 그뿐만 아니라 치안 면에서도 레바논과 이라크에서 이슬람 과격파의 활동이 활발해지고 있다. 특히 IS는 2014년 6월에 이라크에서 대공세를 가해, 이라크 제2의 도시인 모술을 비롯해 광범위한 지역을 점거하고 패주한 이라크군의 장비와 금융 기관의 현금을 대량으로 탈취했다. IS는 이라크와 시리아 사이의 국경 통과 지점 여러 곳을 파괴하고 기존의 국가·국경의 파괴라는 그들의 목적을 실행에 옮기기 시작했다. 나아가 이슬람교 수니파 세계의 대표를 자처하며 칼리프제의 수립을 선언하고 칼리프 국가를 참칭했다.

2001년 이래 미국이 주도해왔던 '테러와의 전쟁'은 현장에서 테러리스트를 소탕하는 것에 더해 그들의 자원 조달을 봉쇄하는 것을 축으로 한 것이 틀림없다. 그렇지만 시리아 분쟁에서 반체제 무장 집단을 향한 자원 제

12 UNHCR(2014a)에 의하면, 난민 등록을 기다리는 시리아인이 256만 명 이상이며, 약 650만 명이 국내 피난민이 되었고, 아울러 2014년 말에는 레바논에 체재하는 시리아인 피난민이 160만 명에 달할 것으로 예상되고 있다.

공이 묵인되고 장려된 결과, '테러와의 전쟁'의 주적이라고 할 만한 IS가 윤택한 자원을 얻고 말았다. IS가 서구 국가에도 중대한 위협이 된 것은 시리아를 배제한 채 수행된 '테러와의 전쟁'이 파탄 난 결과라고 할 수도 있다.

5. 마치며: 허상을 넘어서

지금까지 검토한 바와 같이 시리아는 미묘한 지역 및 국제 정세 속에서 지역 안정보장의 질서와 국내의 안정을 유지하면서 존속해왔다. 그 방향키의 조정을 담당한 것이 아사드 정권이었으나, '아랍의 봄' 이후의 정치 정세 속에 그러한 역할이 부정되고 서구 국가들은 아사드 정권의 타도를 목표로 삼았다.

확실히 아사드 정권은 늘 인권 침해, 모략, 정의롭지 못함 등의 인상을 주었으며, 대통령을 포함한 소수의 간부가 국정을 농단하는 정권이고, 현재 세계의 기준에 따르면 낙제점을 받아야 할지도 모른다. 그렇지만 '시리아인의 보호'와 같은 대의명분과는 정반대로, 항의 행동 및 반체제 무장투쟁과 서구 국가들에 의한 대(對)시리아 정책은 본래 보호해야 할 시리아인의 생명과 권리, 자유와 민주주의를 무시하는 미증유의 분쟁을 일으켰다.

이러한 사태는 '소수 종파가 장악하고 있는 독재 정권에 대한 다수파의 혁명', '악의 독재 정권 대 정의로운 민중 봉기', '시아파 대 수니파의 종파 분쟁'이라는 허상에 사로잡힌 나머지, 아사드 정권의 성립과 기능 및 지역의 안전보장을 유지하는 틀이라는 실상이 별로 고려되지 못한 결과라고 해도 과언이 아니다. 요컨대 현재 시리아의 정세는 자유, 존엄, 공정 등 현대

사회에서 중요한 권리와 이념을 추진하고자 했던 결과, 그러한 권리와 이념의 기초가 되는 안정과 안전보장을 크게 요동치게 해버리는 이율배반적 상태에 처해 있다.

아사드 정권을 타도해야 한다는 입장을 취했던 국가들의 정부와 보도기관, 일부 전문가는 아사드 정권을 공격하고 있는 한 그 주체의 출신과 사상 및 신조를 불문하고 그것들을 '정의로운 반체제 운동'이라고 긍정했다. 이러한 풍조의 최대 수혜자가 IS를 비롯한 이슬람 과격파였다. 국제적인 단속의 대상인 알카에다 계통의 무장 집단이라도 아사드 정권을 공격한다면 세계 각지를 무대로 거의 제약 없이 자원을 조달할 수 있게 되었다. 그 결과 이슬람 과격파 중에서도 특히 과격하며 편협한 사고 및 행동 양식을 특징으로 하는 IS가 일거에 세력을 확대했다. IS의 세력 확대에 따라 이슬람 과격파나 그 지지층에 대한 세계적 관심과 자원의 유입은 현재 시리아와 이라크에 집중되고 있다. 그리고 본래 이스라엘 및 서구 국가들과의 대결을 반드시 함께 감안해야 하는 IS의 활동은, 시리아와 이라크에서의 파괴와 살육으로 왜소해지고 있다. 그 증거로 IS는 이슬람 과격파의 사상에서 최대의 관심사라고 할 수 있는 팔레스타인 문제에 대해 의견을 명확히 표명하지 않고 있으며, 2014년 7월 가자 전쟁(이 책의 제6장 참조)이 발발했을 때도 거의 반응하지 않았다는 점을 들 수 있다.

시리아 분쟁과 아사드 정권, IS에 대해서는 세계적으로 높은 관심이 모이고 있는데도, 그 실상에 대한 분석과 고찰은 이루어지지 않는 듯하다. 분쟁으로 고통을 겪고 있는 시리아 인민의 어려운 처지를 타개하기 위해서도 단순한 이야기나 이미지에 기초한 허상을 배척하고, 반드시 실상에 다가가려는 노력을 다해야만 한다.

제3장

이라크

민주화의 차질과 종파 대립이라는 망령

•

야마오 다이(山尾大)

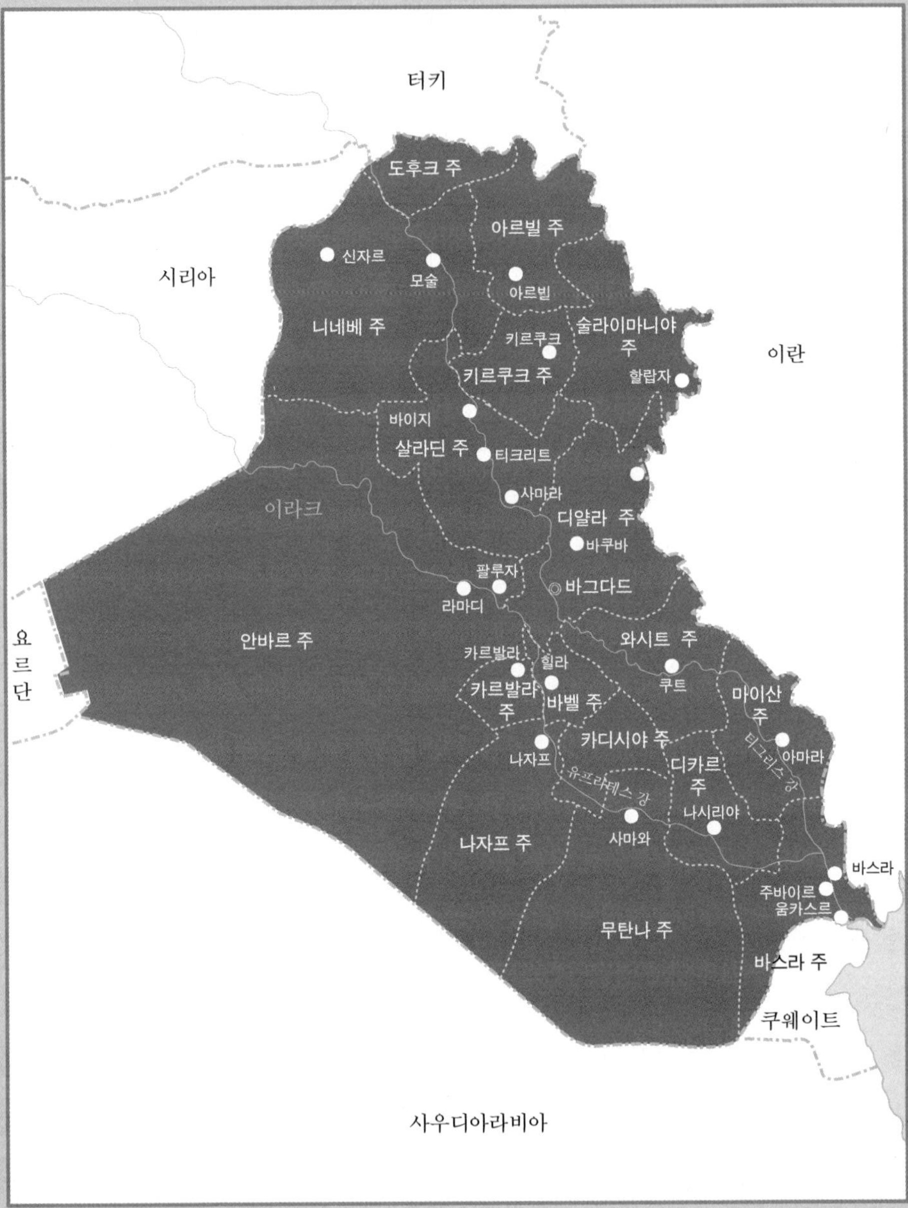
터키
시리아
이란
요르단
쿠웨이트
사우디아라비아
이라크
도후크 주
아르빌 주
신자르
모술
아르빌
니네베 주
술라이마니야 주
키르쿠크
키르쿠크 주
할랍자
바이지
살라딘 주
티크리트
사마라
디얄라 주
바쿠바
팔루자
라마디
바그다드
안바르 주
와시트 주
카르발라
힐라
카르발라 주
바벨 주
쿠트
마이산 주
카디시야 주
나자프
아마라
티그리스 강
유프라테스 강
디카르 주
나시리야
사마와
나자프 주
바스라
주바이르
움카스르
무탄나 주
바스라 주

1. 시작하며: 폭력이 불러온 종파 대립

이란·이라크 전쟁(1980~1988), 걸프 전쟁(1991), 이라크 전쟁(2003). 이는 이라크가 경험한 세 번의 큰 전쟁이다. 이라크 전쟁에서는 35년간 계속되어온 바아스당 정권이 붕괴되고, 기존의 반체제파를 중심으로 한 새로운 정권이 성립되었다. 그런데 곧이어 내전이 발발해 다시 전화(戰火)가 확산되었다.

내전과 정치 대립이 더 격렬해지면서 정국(政局)은 극심한 혼란에 빠졌다. 이런 가운데 전후 이라크의 정치는 이슬람교 수니파와 시아파 및 쿠르드족 간의 대립, 즉 종파 대립으로 설명된다.[1] 배제된 수니파와 소수파인 쿠르드족이 시아파가 주도하는 정권에 저항하고 있다는 것이다. 물론 종파 대립이란 각 종파의 교의와 신학을 둘러싼 대립은 아니다. 오히려 종파와 민족이라는 원초적인 사회적 귀속이 정치 대립과 정치 동원에 사용되어, 종파와 민족에 대한 귀속의 차이가 쟁점이 되는 정치 대립을 말한다. 이러한 종파 대립은 이라크 정치를 설명하는 주요한 틀로서 통설로 군림해 왔다.

그런데 이런 단순화된 통설이 이라크 정치의 실태를 어느 정도 설명할 수 있을까? 이 문제에 대해 생각해보기 위해, 우선 종파 대립을 드러내 보인 충격적인 사건으로 이 장의 논의를 시작해보려 한다.

1 종파 대립의 시각으로 분석한 연구로는 마(Marr, 2004), 벤지오(Bengio, 2008), 앤더슨과 스탠스필드(Anderson and Stansfield, 2005)의 연구가 대표적이다.

2. 모술 함락

2014년 6월 9일 이라크 북부에 위치한 제2의 도시 모술이 이라크-샴 이슬람국가(이하 IS)의 습격을 받아 이튿날 함락되었다. 공항과 시의 청사, 은행과 감옥을 비롯해 모든 공공시설이 점거되고, "알라 외에 신은 없다"라고 적힌 IS의 검은색 깃발이 게양되었다. 습격을 받은 은행에서 대량의 예금이 강탈되고, 감옥에서 범죄자들이 속속 '석방'되었다.

물론 모술에는 수만 명 규모의 이라크군이 주둔하고 있었다. 그런데도 병사들은 수천 명 규모의 IS의 급습 앞에 별 도리 없이 무너져 군복을 벗어버리고 뿔뿔이 흩어졌다. 경찰도 그 뒤를 이었다. IS는 군과 경찰의 중무기와 경무기를 전부 빼앗았다. 이리하여 이라크 제2의 도시는 겨우 24시간도 버티지 못하고 함락되었다. 이 사건은 영토 내에서 배타적 주권을 행사하는 근대 국가에 무장 집단이 '국가 내 국가'를 건설하려 했다는 점에서 전 세계에 충격을 주었다.

왜 이런 사건이 일어났던 것일까? 그 답은 이 장의 마지막 부분에서 다루기로 하고, 우선 IS란 무엇인지 살펴보도록 하자. IS는 제2장에서 언급된 바와 같이 시리아 분쟁으로 알카에다에서 파생해, 2014년 초에 이라크로 회귀한 세력이다. 비(非)이라크인이 과반수를 차지하기 때문에 이라크 국내에 기반이 없었다. 그런데도 단기간에 모술을 함락시킬 수 있었던 것에는 물론 이유가 있다. 그것은 IS 중에 이라크 국내를 잘 아는 옛 바아스당 정권의 간부와 전 장교가 연합하고 있기 때문이다. 이러한 구체제 세력(옛 바아스당 간부와 전 장교)은 이라크 전쟁 후에 숙청되어 시리아로 망명했다(이 장 4절 참조). 그로부터 10년의 세월이 지나, 구체제 세력은 IS와 함께 이라크로 돌아온 것이다. 그 핵심 인물이 사담 후세인 정권의 '이인자'였던 잇자트 이브라힘 두리(Izzat Ibrahim al-Douri) 전 혁명지도평의회 부의장(겸 바아스당 이라크 지역 지도부 부서기장)과, 그가 이끄는 낙쉬반디야(Naqshbandiyyah) 교단군이었다.

그런데 그 당시 IS는 모술과 그 주변의 여러 도시에 '점(點)의 지배'를 확립한 것에 불과했다. 나아가 기존의 국가를 파괴하고 칼리프제에 기초한 '이슬람주의 국가'의 수립을 지향하는 IS와, 이라크라는 기존 국가의 파괴에 부정적 세속주의자인 구체제 세력 간의 연합이 계속되지 않고 있는 것은 당초부터 명백했다. 그렇다고 해도 이라크 제2의 도시가 단기간 내에 함락되었다는 것은 커다란 충격을 주었으며, "시아파를 죽여라"라고 외치면서 수도 바그다드로 육박해가는 기세를 보인 IS는 국가 존망의 위기로 인식되었다.

이러한 상황에 대해 6월 10일 시아파 종교계의 최고 권위 알리 시스타니(Ali al-Sistani)가 "조국 방위를 위해 무기를 들고 군과 치안 기관을 지원하라"라는 파트와(fatwa: 법학 재정)를 냈다. 이것은 이라크 전체 영토의 보호를 호소한 것이다. 게다가 13일 금요 예배의 설법에서는 시아파의 울라마('ulamā: 이슬람 학자)가 시아파 성지의 보호를 중시하는 발언을 했다. 이와 같은 파트와와 금요 예배를 감안해 무끄타다 사드르(Muqtada al-Sadr)가 이끄는 사드르파와 이라크·이슬람최고평의회(ICSI) 등의 시아파 이슬람주의 정당이 민병을 재결성했다. 주민도 의용군을 조직해 IS와의 전투로 향했다. 물론 의용군 조직에는 시아파뿐만 아니라 많은 수니파 부족도 가담했다. 그렇지만 "시아파를 죽여라"라고 외치는 IS에 대해 "시아파를 지켜라"라는 목소리가 점차 커졌다.

이리하여 종파 대립과는 관계가 없었던 모술 함락 사건이 수니파 중 과격파와 이라크를 지키기 위해서 일어난 시아파 민병이라는 종파 대립의 양상을 드러냈다. 이에 더해 모술 함락 사건의 간접적 원인이 시아파에 의해 독점된 누리 말리키 정권(2006~2014년 재임)의 종파주의적 정권 운영에 있었다는 비판이 미국 정부와 반체제파에서 분출되자,[2] 2007년 내전 종결 후 일단 잠잠해졌던 종파대립론이 다시 확산되었다.

그런데 과연 이와 같은 종파대립론은 이라크 정치를 설명하는 유용한 도구일까?

3. '인공 국가'와 권위주의 체제

이 질문에 답하기 위해 우선 이라크에 근대국가가 세워지는 역사를 살펴보겠다. 그리고 바아스당 정권(1968~2003)의 지배 구조를 개관함으로써 종파 대립이 반드시 이라크 현대 정치의 쟁점은 아니었다는 사실을 부각시켜보려 한다.

'인공 국가'로서의 근대 국가 이라크

이라크에 근대 국가가 형성된 것은 1920년에 열린 산레모 회의(Conference of San Remo)에서 영국의 위임통치 아래로 들어가는 것이 결정된 때의 일이

2 예를 들면 하심 전 부통령은 터키에서의 기자 회견에서 모술 함락은 말리키 정권에 대한 수니파 아랍인의 폭동이라고 주장했다(*al−Ḥayāt*, 2014.6.17). 한편 척 헤이글(Chuck Hagel) 미 국방 장관은 6월 18일 상원위원회에서의 증언에서 모술 함락의 배경에는 수니파를 배제하고 시아파를 우대한 말리키 총리의 정책이 있었다고 하며, 격렬히 비판했다(*al-Ḥayāt*, 2014.6.19).

다. 자주 지적되는 바와 같이 이라크라는 국가는 모술과 바그다드, 바스라 등 오스만 제국의 세 개 주(州)가 통합됨으로써 성립되었다.

이 세 개 주는 역사적으로 다른 지역 개념으로 대별되었다. 북부의 모술을 중심으로 하는 '자지라(Jazira)' 지역과, 바그다드 주변에서 남부까지를 포함하는 '비옥한 메소포타미아' 지역이다. 전자는 시리아 북부의 알레포 경제권의 연속선상에 있으며, 후자는 걸프 만(페르시아 만)에서 인도양으로 연결되는 경제권의 일부를 형성했다. 게다가 이라크에 있는 시아파 성지 네 곳[사마라, 카지미야(바그다드 북부), 나자프, 카르발라]은 순례자 네트워크에 의해 이란과 확고히 연계를 맺었다. 19세기에는 시아파 성지에 시체를 매장하는 전문업자가 이란 사이를 오갈 정도였다(Nakash, 1994: 187~194). '샴의 국가들'이라고 불리던 지역이 분할되어 시리아와 레바논 등의 국가가 성립된 것과 대조적으로, 이라크는 두 개의 경제권을 초월하는 오스만 제국의 세 개 주를 합쳐 만들어진 것이다.

이는 다시 말하자면 이라크가 역사적 일체성이 없다는 것을 의미한다. 당시의 영국·인도 정청(政廳)의 행정관은 "이라크는 긴 역사를 통해 대단히 이질적인 영역을 보여주는 용어로 사용되어왔다"(Longrigg, 1925: v)라고 적절히 지적했다.

그뿐만이 아니다. 현재의 이라크를 구성하는 지역에는 다양한 민족·종족 집단과 종교·종파 집단이 섞여 거주했다. 민족 및 종교별 인구 조사가 마지막으로 이루어진 1947년의 데이터를 살펴보자. 〈그림 3-1〉에서 알 수 있듯이, 민족별로 보면 70%가 넘는 아랍인에 더해 20% 정도의 쿠르드족이 있다. 종교적으로는 이슬람교도가 90%를 넘는데, 기독교도를 비롯해 소수파도 일정 정도 거주하고 있다. 종파와 민족을 합치면 시아파 아랍인이 50% 남짓,

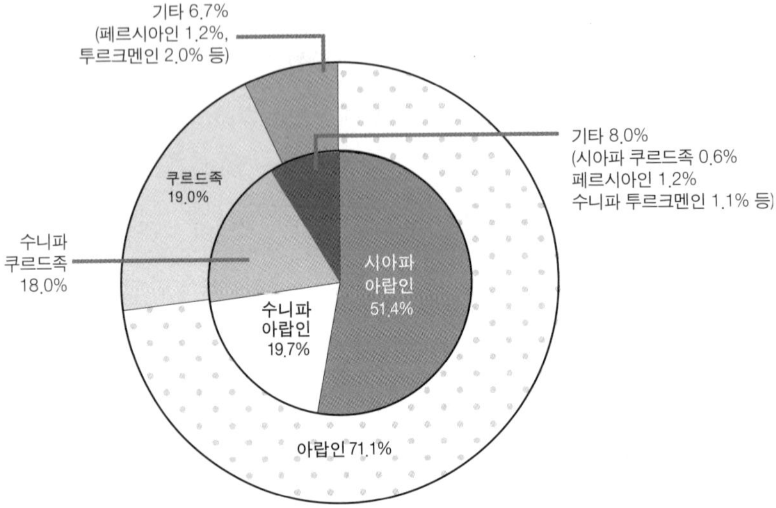

그림 3-1 이라크의 종파·민족별 인구 비율(추정)

바타투(Batatu, 1978: 40), 자바르(Jabar, 2003: 55), 마(Marr, 2004: 12~18)를 기초로 필자가 작성

수니파 아랍인과 수니파 쿠르드족이 각각 20% 정도가 된다. 이처럼 민족과 종파는 오스만 제국의 유력 정치가나 군인의 과반수를 차지했던 수니파 아랍인이 이라크 건국 후에도 정치의 중심을 계속 독점하면서 이목을 집중시켰다. 소수파인 수니파 아랍인이 다수파인 시아파 아랍인을 지배하고, 쿠르드족은 독립 국가를 지향하며 활동을 계속해왔다(Marr, 2004)는 것이다.

민족과 종파에 더해 부족과 지연(地緣)에 기초한 집단도 이라크에서는 중요하다. 부족은 공통의 조상과 유대의식을 갖고 있는 느슨한 형태의 자율적 집단이며, 다양한 가족이 모여 거대한 부족 연합을 만들고 있다. 일본을 예로 들면 거대 재벌과 같은 것이다. 지연 집단은 문자 그대로 지역 출신자의 집합이며, 후세인 정권 시기에는 대통령과 같은 티크리트(Tikrit) 출신자가 정권의 중추를 차지했던 것으로 유명하다.

이상과 같이 역사적 일체성이 없는 지역의 다양한 민족과 종파, 부족과 지연 집단을 외부로부터 통합함으로써 성립된 이라크는 '인공 국가'라고 일컬어져 왔다.

이것은 다음과 같은 논의가 덧붙어 설명된다. 요컨대 이라크는 인공 국가이기 때문에 동일한 정체성을 지닌 국민을 형성하기 어렵다. 그것은 수니파 아랍인과 시아파 아랍인, 쿠르드족이 민족과 종파마다 이해관계에 기초해 대립을 반복해왔기 때문이다. 그런데 국민의식이 취약한 국가에서 사람들을 통합하기 위해서는 강권적 권위주의 체제가 위에서 아래로의 방식으로 지배할 수밖에 없다. 그 때문에 바아스당 정권과 같은 권위주의 체제가 계속되는 것이다. 그 외에는 이라크 국가를 하나로 통합할 방법은 없다고 하는 논의다.[3] 이러한 인공국가론 자체가 종파 대립으로 이라크 정치를 설명하는 논의의 전제가 되고 있다.

물론 여기에는 반론도 있다. 동일한 민족과 종파 집단 내에서 의견이 일치한다고 가정하는 것은 비현실적이다. 예를 들면 시아파 아랍인이 집단으로서 공통의 이해관계가 있는 것은 아니다. 또한 역사를 돌이켜보면 민족이나 종파 집단이 대립하는 경우는 희박했다. 오히려 종파나 민족 간의 통혼은 일반적이며, 뒤섞여 사는 경우도 늘어가고 있었다. 또한 정치가가 자신의 종파를 대표하는 언동을 하는 경우도 거의 없었다. 따라서 종파 대립의 틀로 이라크 정치를 분석하는 것은 적절하지 않다는 것이다.[4]

---

3 인공 국가로부터 기인하는 종파 대립의 관점에서 권위주의 체제와 관련해 논의를 전개하는 대표적인 연구는 벤지오(Bengio, 1999; 2008) 참조.

4 구체적으로는 오스만 제국 말기에 발전한 통상 네트워크가 이라크의 틀을 형성했다는 논의(Fattah, 1997), 종파나 민족이 아니라 부족 및 지연 관계 등의 네트워크의 중요

인공 국가를 지배하는 권위주의 체제

바그다드의 타흐리르 광장

2003년 6월 23일 야마오 다이 촬영

여기서 잠깐 인공 국가라는 성격에 주목해 역사를 되돌아보도록 하겠다.

민족과 종파마다 공통된 이해관계가 있다는 전제는 현실감이 없기는 하지만, 이라크 정치에서 "영역 지배의 정당성을 어떻게 고정화된 국가 영역 속에 정착시킬 것인지가 중심적인 과제였다"(酒井啓子, 1995: 104)는 말은 사실이다. 그러니까 1932년 형식적인 독립을 달성했기 때문에, 역대 이라크 정권은 역사적 일체성이 없는 다민족·다종파 국가를 어떻게 통합할지를 놓고 고심해왔던 것이다. 그것은 왕정하(1932~1958)의 이라크에서도, 1958년에 일어난 '공화혁명' 후의 군사 정권에서도 마찬가지였다. 특히 1968년 이후 바아스당 정권이나 1979년에 발족한 후세인 정권에서는 위로부터의 국민 통합을 강요하는 정책이 두드러졌다.

가장 전형적인 것이 고대 문명의 유산을 이용한 국민 통합이었다. 바아스당 정권은 1970년대 중반 이라크인의 기원을 메소포타미아 문명에서 찾는 정책을 펴기 시작했다. 이라크는 번영이 정점에 달했던 메소포타미아

성을 지적한 연구(Batatu, 1978), 바스라에 출현한 분리 운동이 민족주의로 승화되었다는 것을 지적한 연구(Visser, 2005)가 있다.

문명의 중심지다. 그 메소포타미아를 공통의 조상으로 하는 이들이 바로 현대의 이라크 국민이라고 주장해 국민에게 자존심을 불어넣은 것이다.

여기에서 우선 행해졌던 것이 주(州) 명칭의 변경이다. 아시리아 왕국의 중심지였던 모술 주는 그 수도의 이름을 본떠 니네베(Nineveh, 아랍어로는 니나와)로, 바빌론 제1왕조가 있었던 힐라(Hillah) 주는 바빌론(Babylon, 아랍어로는 바빌)으로 각각 개명했다. 또한 후세인 대통령은 신바빌로니아의 2대 왕 네부카드네자르(Nebuchadnezzar)를 자신들과 동일시해, 정통과 동시에 위대한 지도자상을 만들어냈다. 그는 아케메네스조 페르시아(Achaemenid Persia)의 키루스 2세(Cyrus II)의 침략에 저항한 왕으로, 이란·이라크 전쟁 중에 이란과의 싸움에서 사기 고양을 위해 이용하기에 안성맞춤인 상징이었다. 1989년에 열린 바빌론 국제 페스티벌에서는 "네부카드네자르 왕부터 후세인 대통령까지"라는 표어를 내세웠다.

메소포타미아 문명을 국민 통합의 상징으로 삼음으로써 다른 데서도 이점이 생겼다. 그것은 이슬람교가 크게 번성하기 이전인 메소포타미아 문명을 국민 통합의 핵심으로 삼음으로써 이슬람교도나 비(非)이슬람교도(기독교도와 예지드파) 등의 종교, 수니파와 시아파 등의 종파 그리고 아랍인·쿠르드족·투르크멘인 등의 민족적 차이가 무의미해진다는 점이다.

이러한 상징에 의한 국민 통합을 밑받침한 것이 비대화한 관료제와 바아스당의 감시망에 의한 강권적인 지배였다. 후세인 정권은 1970년대 후반 이후 급증한 석유 생산으로 거둬들인 거액의 국가 예산을 이용해 많은 국민을 공무원으로 고용했다. 바아스당이 정권을 장악한 1968년에 약 5만 8000명이던 공무원은 1980년에는 약 82만 8000명으로 증가했다. 이는 당시 인구 1700여 만 명의 약 4.9%를 차지하며, 노동력 인구의 15%를 넘는

수치다(アブドゥルジャッバール, 1998). 많은 수의 국민을 국가 기구에 편입시킴으로써 인공 국가의 통합을 추진했던 것이다.

나아가 바아스당 조직의 감시망에 의한 지배 체제를 강화했다. 바아스당은 아랍 민족 지도부와 이라크 지역 지도부를 정점으로 하는 강력한 위계질서 구조를 갖췄으며, 가장 아래의 '세포'라고 불리는 두세 명 단위의 조직이 사회의 말단에까지 뿌리를 뻗게 설계되었다. 기존의 당 조직에 더해, 노동조합 총연합과 이라크 여성총연합, 이라크 학생청년국민연합 등 생활에 밀착된 다양한 조직이 만들어졌다. 그리하여 이라크 사회 구석구석까지 그물망처럼 퍼지게 된 당의 네트워크는 시민의 생활을 일상적으로 동원하고 감시하는 장치로 기능했던 것이다. 게다가 그물망 같은 당 네트워크로 들어와서 국민을 감시하는 역할을 담당했던 것이 무하바라트다. 무하바라트는 치안 유지 조직, 첩보 기관, 비밀경찰의 총칭으로, 바아스당 조직을 이용해 국민을 당국에 밀고했다. 밀고는 결국 시민 사이에서도 횡행했다. 서로가 서로를 감시하게 된 이라크는 '공포의 공화국'이 되었던 것이다(Makiya, 1998).

이와 같이 인공 국가를 지배하기 위해 구체제는 다양한 강권적 정책을 구사해왔다. 그렇다고 해도 거기에서 중요한 것은 종파나 민족 등의 사회적 균열이 아니었다. 확실히 독립 후 이라크에서는 정치인 가운데 수니파 아랍인의 비율이 높았다. 이것은 통설대로다. 그렇지만 극도로 집권화된 바아스당 정권하에서는 종파나 민족의 차이가 아니라 대통령과의 직접적인 관계가 중요한 의미를 지니며, 다양한 사회적 균열을 횡단하기 위해 상징 조작에 기초한 국민 통합이 추진되어왔다. 오히려 "종파에 기초한 정체성을 정치 무대에서 명확히 하는 것은 바아스당 정권 아래에서는 기본적으로는 회피된"(酒井啓子, 2003: 37~38) 것이다.

4. 민주주의의 교착과 격화되는 정치 대립

강권적으로 지배해왔던 바아스당 정권은 2003년 이라크 전쟁으로 타도되었다. 이를 대신해 정권을 담당하게 된 것은 구체제하에서 반체제 활동을 전개해왔던 기존의 망명 세력이었다. 우선 간단히 전후의 이행 과정을 검토해보고, 그다음으로 말리키 정권 8년간을 간략하게 살펴볼 것이다. 이를 통해 정치 대립이 종파나 민족의 사회적 균열에 의해 발생한 것이 아님을 규명해보려 한다.

외부 개입에 의한 정권 교체와 분권적 민주주의 도입

4월 9일 바그다드가 함락되자 35년 동안 계속되었던 바아스당 정권이 붕괴했다. 이어서 미국을 중심으로 하는 유지연합이 이라크 통치를 개시했다. 주체가 되었던 것은 연합군임시행정처(Certified Public Accountant, 이하 CPA)이다. CPA는 이라크인의 대표에 의한 정부의 존재를 강조하기 위해 이라크 통치평의회를 임명했다. 그렇지만 이 평의회는 거의 권한이 없었을 뿐만 아니라 구성원 25명 가운데 18명이 국내에 기반이 없는 이전의 망명 정치가였다.

그 때문에 이러한 '괴뢰 정권'에 반대해 이라크인을 실제로 대표하는 정부의 형성을 호소하는 목소리가 커졌다. 이에 대응하는 형태로 CPA는 이라크 통치평의회를 대신해 이라크 과도 이행정부를 결성했다. 과도 이행정부의 총리에는 미국과의 연계가 강한 세속파의 이야드 알라위(Ayad Allawi)가 임명되었다. 이 알라위 정권에 2004년에 통치권이 이양되자, 이듬해의 제

파괴된 바아스당 본부(바그다드)
2003년 6월 25일 야마오 다이 촬영

헌 의회 선거를 향한 준비가 시작되었다. 제헌 의회 선거에서는 장기간 망명을 계속했던 다와당(Dawa Party), 사드르(Sadr)파, 이라크 이슬람 최고평의회(Islamic Supreme Council of Iraq, 이하 ISCI) 등의 이른바 시아파 이슬람주의 세력의 정당 연합이 승리하고, 이라크 역사상 최초로 이슬람주의 정당이 정권의 중추로 약진했다. 이어서 이 정권은 헌법의 기초에 나섰다. 우여곡절 끝에 2005년에는 새로운 헌법의 승인을 놓고 국민투표가 실시되었다. 일부에서 뿌리 깊은 반대가 있기는 했지만, 어쨌든 승인된 신헌법 아래 정식으로 제1차 국민의회(국회) 선거가 실시되었다. 그렇지만 그 이후 2006년 2월에 발생한 시아파 성지 사마라(Samarra)에서의 폭탄 테러 사건을 계기로 사망자 수가 엄청나게 증가하고, 이라크는 내전 상태에 빠졌다.

이상과 같은 이라크 전쟁 이후의 이행 프로세스를 이해하는 데 분권적 제도의 도입과 탈바아스당 정책이라는 두 가지 정책이 결정적으로 중요하다. 순서대로 살펴보도록 하겠다.

첫째, 권력을 분산시키는 민주주의 제도가 도입된 것이다. 구체적으로는 대규모 정당에 의석이 집중되는 것을 피하기 위해 비례대표제가 채택되었다. 또한 소규모 정당이 불리하지 않도록 '보상(補償) 의석'이 설치되었다. 의회에서는 수반(首班) 지명이나 조약을 체결하는 데 단지 과반수 이상의 찬성이 필요하다는 조항을 추가했다. 이러한 제도 설계는 다양한 민족과 종파가 존재하는 인공 국가 이라크에서 다수결이 아닌 합의에 기초한 민주주의의 실현을 목표로 한 것이다. 즉 외부로부터 국가의 기구를 파괴한 후에 정치권력을 분산시키면서 국가를 재건한다는 매우 지난(至難)한 계획에 착수한 것이었다.

그렇지만 실제로 선거가 실시되자 정치가 사이에 격렬한 대립이 시작되었다. 말할 필요도 없이 선거에는 정당 조직이 필요하다. 망명 활동이 길었던 시아파 이슬람주의 세력은 이미 몇 개의 정당 조직을 가지고 있어, 선거가 개시되자 순조롭게 동원에 착수할 수 있었다. 걸프 전쟁 이래 정당 활동을 활발히 펼쳐온 쿠르드족도 마찬가지였다고 할 수 있다. 그렇지만 구체제하에서 이러한 조직적인 정치 활동의 경험을 일절 갖지 못했던 사람들은 선거가 도입되자 자신들의 정치적 대표를 낼 수가 없었다. 그들의 대다수는 수니파였다. 바로 그렇기 때문에 그들의 불만이 축적되었던 것이다.

둘째, 탈바아스당 정책이 실시되어 군과 경찰 기구가 해체된 것이다. 점령 통치를 개시한 CPA는 우선 처음에는 바아스당을 불법화하고, 당 간부를 행정과 사회의 책임 있는 자리에서 해임시키는 공직 추방을 강행했다. 그 결과 약 30만 명의 당원이 공직에서 추방되고, 약 6000명에서 1만 2000명이나 되는 교사가 배제되었다(Stover et al., 2005). 탈바아스당 정책에 이어 이루어진 군의 해체는 약 35만 명이나 되는 실업자를 만들어냈다. 탈바아스당 정책과 군·경찰의 해체를 합치면, 60만 명 이상의 사람들이 직업을 잃었다는 계산이 나온다.

이리하여 공직에서 추방된 사람들은 시리아 등으로 망명하거나 반미 투쟁을 시작했다(이 세력의 일부가 앞에서 언급한 2014년 6월에 일어난 모술 함락 사건에 깊숙이 관여하게 된다). 특히 군인은 무기고에서 무기를 들고 나가, 처음에는 반미 투쟁, 반체제 운동에 점점 가담하게 되었다. 이리하여 내전이 발발했다. 2006년부터 2007년에 걸친 내전의 주요 원인은 새로운 국가의 건설을 둘러싼 정치 대립에서 명백히 드러난다. 쟁점은 신체제에 대한 관여 여부에 있으며, 종파나 민족의 차이는 아니었다. 그런데도 분쟁이 확대되면서 종파 대립의 측면이 강조되었다. 이렇게 말하는 것도 구(舊)바아스당 정권의 핵심을 차지했던 수니파 아랍인이 시아파 이슬람주의 정당이 이끄는 신체제에 내해 반내 운동을 전개한다고 할 만한 구도가 이루어졌기 때문이다.

이와 같이 분권적 제도와 탈바아스당 정책은 정치 대립을 격화시켰다. 그것이 종파나 민족의 차이에 연원을 둔 것은 분명 아니지만, 점점 종파 대립의 틀에 구속되었다. 그리고 이러한 이행 프로세스의 정치는 민주주의 체제의 제도가 아니라 신체제에서 배제된 세력에 의한 '제도 외'의 움직임(폭력을 이용한 반체제 운동)에 의해 규정되었다고 말할 수 있을 것이다.

제1차 말리키 정권과 반복되는 정당 연합의 재편

그러나 제1차 말리키 정권이 성립(2006년 6월)된 후에는 이러한 '제도 외' 정치에 점차 어두운 그림자가 드리웠다. 이를 대신해 정치의 중앙 무대에서 전개된 것은 '제도 내'의 대단히 복잡한 정치 대립이었다.

제1차 말리키 정권이 발족한 것은 내전 발발 직후였다. 그 때문에 말리키 정권은 거국일치 체제를 펼치며, 치안 회복 정책을 우선시했다. 그것에는 강한 군과 경찰이 필수적이다.

그렇지만 군도 경찰도 치안을 회복할 능력이 없었다. CPA가 군과 경찰의 재건에 실패했기 때문이다. 여기에는 물론 이유가 있었다. 확실히 CPA

는 거액의 자금을 투입해 군인이 나 경찰관 수를 급격히 증가시키는 데 성공했다. 그러나 CPA가 군과 경찰 기구의 재건에 착수했던 바로 그때 앞에서 언급한 바와 같이 반미 투쟁이 격화되었던 것이다. 그 때문에 반미 투쟁에 대한 대응에 온 힘을 기울이게 되면서 새로운 병사나 경찰관의 훈련은 뒷전이 되었다. 군인과 경찰관의 수는 증가했지만 충분히 훈련받지 못하고 지휘 계통도 확립되지 않았기 때문에, 작전 수행 능력이 없었던 것이다(山尾大, 2013).

일본 방문 당시 연설하는 말리키 총리

2011년 11월 21일 야마오 다이 촬영

한편으로 지방 공동체 내부로 들어온 반미·반체제파를 쫓아내는 것은 미군에게조차 불가능한 것이었다. 궁지에 몰린 미군은 지방 공동체에 영향력을 행사하는 부족에 대해 자금과 경(輕)장비를 대주며 각성평의회라는 조직을 형성하게 하여, 미군과 이라크군 대신에 치안 유지 임무를 떠맡겼다. 각성평의회는 구체제 세력과 반미 운동 계획에 참가했던 '알카에다' 계통의 무장 집단을 억눌렀다. 이것이 효과를 거둬 단기간에 치안이 뚜렷한 회복세를 보였다. 성공의 비결은 미군이 고액의 급여를 부족민에게 뿌린 것이었다. 이것은 다른 문제를 초래했지만,[5] 치안의 회복에는 성공했다. 이렇게 하여 이라

5 치안을 회복하면서 영향력을 확대한 각성평의회는 우선 정치 참여를 시작했다. 그 결과 기존의 정당과 지지 기반을 둘러싸고 격렬한 경합이 발생해, 무력을 수반한 대립으로 발전했다(山尾大, 2013). 이 장의 5절 참조.

크는 내전 상태에서 벗어났으며, 치안의 회복은 제1차 말리키 정권의 큰 업적 중 하나가 되었다.

이와 같이 치안이 안정되자, 정치의 중심이 '제도 외'의 폭력에서 '제도 내'의 대립으로 옮겨졌다. 그렇다고 해도 의회 정치 내의 격렬한 대립은 주로 다음의 두 가지 문제를 초래했다.

첫째, CPA 주도로 도입된 분권적 '제도 내'에서의 격렬한 정치 대립으로 정국이 마비된 것이다. 비례대표제로 다당제 경향을 현저히 부추겨, 그 어떤 정당도 단독으로는 과반수를 획득할 수 없었다. 안정된 과반수 세력이 존재하지 않는 의회에서는 정치 결정을 할 수가 없다. 그것을 피하기 위해 각 정당은 연합을 형성해 선거에 참여해야 했다. 그렇지만 선거 전에 형성된 정당 연합이 선거 후에 차례차례 재편되었던 것이다. 빈번하게 일어나는 정당 연합의 재편은 말리키 정권의 정책에 반대하는 세력에 하나의 효과적인 전술을 제공했다. 즉 보이콧 전략이다. 그것은 몇 개의 정당이 연동해 의회를 보이콧함으로써 정부의 정책에 반대하고, 자기 파의 요구가 실현되도록 하는 전략이다. 안정적 과반수를 유지할 수 있는 정당이 없기 때문에 의회를 보이콧하는 정당이 생기면 의회 자체가 성립되지 못한다. 이렇게 되면 정권의 정통성이 현저히 저하된다. 그 때문에 제1차 말리키 정권은 보이콧 세력을 방치할 수만은 없었다. 이리하여 보이콧 전략이 효과를 발휘했던 것이다.

그 가장 전형적인 예가 말리키 총리와 조지 부시 대통령의 치안 협력 합의에 반대한 사드르파가 2007년 4월에 국민의회를 보이콧하고 모든 각료를 불러들인 사건이다. 사드르파에 이어 '야당'[6]도 보이콧 전략을 개시했다. 이렇게 사드르파와 '야당'은 미군에 의존했던 치안 유지 정책을 수정하게 만들었다.

이리하여 정국은 극심한 혼란 속에 빠지고 민주주의는 기능하지 않는 사태가 발생했다. 또한 정당 연합의 격렬한 재편과 보이콧 전략에 의해 이라크 정치는 더욱더 복잡해져, 외부에서 무엇이 일어나고 있는지 파악하는 것이 쉽지 않아졌다.

둘째, 권한을 점점 강화하는 말리키 총리에 대한 반발이 강했다는 것이다. 정권 발족 시 말리키 총리는 어디에도 기반을 두지 못해, 유력 정치가는 아니었다. 그러나 비록 미군과 부족의 힘을 빌리기는 했어도 내전에서 벗어났고, 이라크 민족주의를 내세워 중앙집권적인 국민 통합을 추진한 말리키 총리가 점차 국민의 지지를 얻게 되었다. 말리키 총리의 국민 지도자로서의 이미지는 2008년 3월에 자신과 같은 시아파인 사드르파 민병의 활동을 억제하고 그 이후 민족주의를 내세우며 제2차 지방선거(2009)에서 큰 승리를 거둠으로써 확실해졌다. 이에 자신감을 얻은 말리키 총리는 총리실의 예산을 확대하고 그것을 이용해 지지 기반이 된 부족에게 자금을 배분하고, 이에 더해 치안 기관이나 군에 총리실로부터 직접 연결되는 지휘 계통을 만들었다. 이렇게 말리키 총리는 점차 권한을 강화해갔다.

그렇지만 이러한 권력의 강화에 대해 점점 비판의 목소리가 높아졌다. 제2차 국민의회 선거(2010년 3월)가 가까워지자, 말리키 총리의 연임을 저지하기 위해 '야당' 세력이 규합해 '이라키야(Iraqiya)'라고 불리는 정당 연합을

6 이 장에서 야당에 작은따옴표를 붙여 표기하는 것은 말리키 정권은 거국일치 내각의 형식을 취하고 있으며, 엄밀히 말하면 야당이 존재하지 않기 때문이다. 실제로 제2차 말리키 정권하에서는 수니파 '야당'에서 전후 최대의 각료가 나왔다.

결성했다. 중심이 된 것은 이라크 이행정부(2004)의 총리를 맡았던 알라위다. 한편 그때까지 하나의 정당 연합으로 합쳐져 있던 시아파 세력도 말리키 총리를 지지하는 법치국가동맹(SLA: State of Law Alliance)과 그에 반대하는 이라크 국민동맹 등 두 개로 분열했다.

그 결과 제2차 국민의회 선거에서는 이라키야가 제1당의 자리를 빼앗았다. 그렇지만 8개월에 걸친 정당 연합의 재편을 거쳐 선거 전에 분열된 시아파 세력이 재통합되고, 최대 정당 연합을 형성해 말리키를 총리로 지명했다. 이리하여 다수파 공작에 승리한 말리키 총리가 제2차 정권을 성립시켰다.

제2차 말리키 정권과 기능 마비를 일으킨 민주주의

제2차 말리키 정권은 이상과 같은 경위를 거쳐 성립되었기 때문에 당초부터 정당성이 취약하고, 문제가 산적해 있었다. 행운인지 불행인지 제2차 말리키 정권이 발족했을 당시에는 '아랍의 봄'이 한창이었다. 그 여파로 인해 이라크 국내에서도 개혁을 요구하는 시위가 확산되었다. 선거로 제1당이 되었는데도 정권을 잡지 못한 이라키야의 주요 세력은 이 시위에 편승해 말리키 총리에 대한 반대 운동을 시작했다. 이라키야는 국민의회를 보이콧하고, 말리키 정권의 다양한 정책을 저지하고자 했다. 보이콧 전략이 다시 확대되기 시작했다.

이에 분노하게 된 말리키 총리는 2011년 12월 말 이라키야의 중진인 타리끄 하시미(Tariq al-Hashimi) 부통령(2006~2011년 재임)에게 구속 영장을 발부하는 '변칙'을 사용했다. 국민의회 의사당 앞에서 일어난 폭파 사건에 관여했다고 하는 혐의였다. 사건의 진위는 명확하지 않다. 부통령이 실제로 무장 집단과 연결되었다는 보도도 있다. 그렇지만 중요한 것은 말리키 총리가 사법 수단을 이용해 정적을 배제하려는 것으로 보였다는 점이다. 말리키 총리를 후세인 전 대통령으로 비유하며 독재자라고 비난하는 목소리가 나왔던 것도 이 무렵부터다. 말리키 총리를 독재자로 비판하는 세력은 2012년 4월에 총리 불신임 결의안을 획책하기 시작했다.[7]

또한 2012년 말에는 안바르(Anbar) 주의 중진 라파 에사위(Rafa al-Essawi) 재무 장관의 경비원이 구속되는 사건이 발생했다. 이 사건도 말리키 총리가 뒤에서 조정하고 있다고 여겨졌다. 그 때문에 말리키 정권의 타도를 외치는 시위가 재무 장관의 출신 지역인 안바르 주로 확대되었다. 이리하여 정치 엘리트에 더해, 일반 시민들에게서도 말리키를 반대하는 목소리가 불거지게 된 것이다. 반체제 시위가 확대되는 가운데 2013년 4월과 6월에는 어쨌든 제3차 지방선거가 실시되었는데, 연말이 되자 안바르 주는 시리아로부터 유입된 IS와 이라크군이 공방을 반복하는 처참한 전쟁터로 변했다.

그런 가운데 2014년 4월에 실시된 제3차 국민의회 선거에서 말리키 총리는 승리를 거둘 수 있었다. 이는 많은 정당이 분열을 반복하는 가운데, 말리키 총리는 법치국가동맹 세력을 유지하며 국가의 자원을 마구 뿌릴 수 있었기 때문이다. 선거 후 내각을 구성하기 위한 교섭에서는 말리키 총리의 3선을 저지하고자 하는 세력과 말리키 총리를 지지하는 세력이 격렬히 거듭 대립했는데, 그 와중에 IS가 모술을 함락한 것이다.

이와 같이 제2차 말리키 정권 아래 정치 대립이 반복되고, 그것에 따라

7 미군 철수 이후 정치 대립의 경위에 대해서는 야마오(山尾大, 2012) 참조.

치안도 다시 악화되었다. 그 결과 민주주의는 기능 마비를 일으키고, 일단은 '제도 내'에서의 대립으로 수렴되는 듯 보였던 이라크 정치의 중앙무대에, '제도 외'의 폭력적인 이의신청이 다시 등장하게 되었다.

여기에서 중요한 것은 전후의 민주주의를 기능 마비로 만든 것은 종파 대립이 아니라 '제도 내'와 '제도 외' 쌍방에서 전개된 격렬한 정치 대립이었다는 점이다. 이러한 대립은 종파나 민족의 이해를 반영하거나 그러한 균열에 따라 전개된 것이 아니라, 어디까지나 권력 투쟁의 측면이 강했다.

5. 국가 건설의 실상

그런데도 제2차 말리키 정권 후반에는 시아파를 중심으로 하는 정권이 수니파를 배제하고 독재화하고 있다는 논의가 불거졌다(ドッジ, 2014). 모술 함락 사건이 발생하자, 이러한 종파대립론은 더욱 과열되기 시작했다. 그렇지만 종파대립론은 대개의 경우 과녁에서 확실히 빗나갔다.

종파대립론이라는 허상

그것은 왜 그럴까? 종파 대립을 뒷받침하는 현상이 존재하는 것은 분명하기 때문에 종파 간에 분쟁이 발생한다는 설명은 일견 이해하기 쉽다. 아울러 종파 대립이 전혀 존재하지 않는다고 주장하려는 의도는 없다. 예를 들면 내전 시에는 실제로 종파 대립을 선동하는 말이 유포되었다. 사드르파나 ISCI의 민병이 수니파 주민을 공격했던 일도 있었다. 또한 선거의 매크로 데이터를 살펴보면, 종파와 민족 등의 사회적 균열에 따른 동원 및 투표 행동을 부정하기는 어렵다. 즉 이제까지 세 차례 실시된 국정 선거에서는 시아파를 중심으로 하는 정당 연합의 득표율은 시아파 주민이 많은 바그다드 이남에서 높았다. 반대로 수니파를 중심으로 하는 정당 연합은 수니파 주민이 많은 주에서 높은 득표율을 과시하고 있다. 마찬가지로 쿠르드족 정당은 쿠르디스탄(Kurdistan) 지역 정부를 구성하는 주 세 곳에서 거의 모든 표를 획득하고 있다.

이렇게 보면 이와 같은 종파 대립이나 종파 및 민족에 따른 선거 행태는 종파나 민족의 차이 그 자체에서 비롯된 것은 아니며, 보편적인 현상도 아니다. 내전의 근본적인 원인은 앞에서 언급한 바와 같이 CPA가 도입한 탈(脫)바아스당 정책과 군이 해체되면서 새로운 체제에서 배제된 세력에 의한 '제도 외'에서의 이의신청에서 찾을 수 있다. 달리 표현하자면 종파의 차이는 부차적인 요인에 불과하며 종파주의적 말이 이용된 결과 폭력으로 귀결되었던 것이다. 선거에서 종파와 민족의 편중이 노정되는 것도 2005년의 국민의회 선거 이래 종파·민족별 정당 연합이 형성되어 종파나 민족에 따라 표가 동원되는 경로가 만들어져, 민족이나 종파 집단을 기반으로 하는 정당만이 우위 정당이 되었기 때문이다. 즉 선거라는 이벤트에서 표를 모으기 위해 일시적인 정치적 수단으로 종파나 민족 등의 사회적 균열이 이용되는 것에 불과하다. 이와 같이 모든 정치 대립을 종파나 민족의 틀로 설명할 수는 없다.

이밖에도 종파 대립으로 이라크 정치를 설명할 수 없는 이유가 더 있다.

첫째, 이라크에서는 갈수록 종파 대립이 대단히 부정적인 것으로 받아들여지고 있다는 점이다. 필자를 중심으로 하는 연구팀이 2011년 10월에

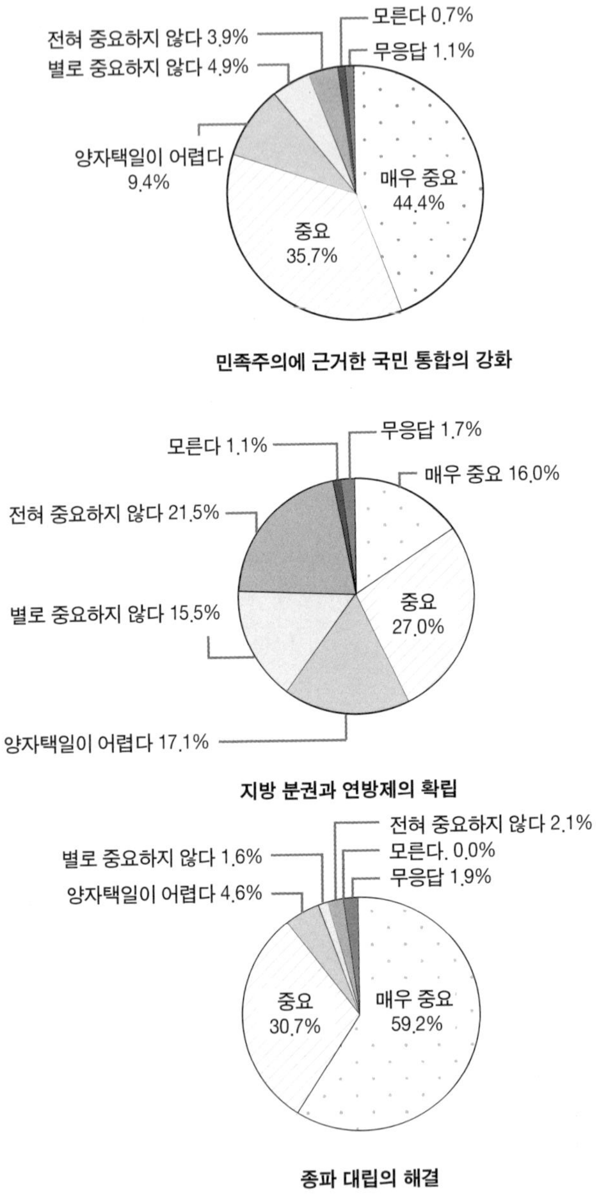

그림 3-2 **종파 대립에 부정적인 이라크 여론**

아마오 외(山尾大 外, 2012)를 기초로 필자가 작성이라크 국내에서 실시한 여론 조사의 결과를 정리한 〈그림 3-2〉을 살펴보도록 하자. '이라크의 정치사회의 안정을 위해 다음의 것이 어느 정도 중요한가'라는 질문에 대해 이라크 민족주의에 기초한 국민 통합이 매우 중요하다고 답한 사람이 44.4%였다. 중요하다고 답한 35.7%를 합치면 80.1%가 되며, 압도적 다수가 종파나 민족의 장벽을 초월하는 국민 통합을 지지하고 있다는 것을 알 수 있다. 거꾸로 지방분권에 기초한 연방제를 무척 중요하다고 생각한 사람은 16%에 머물렀으며, 부정적 답변(54.1%)을 한 쪽이 많았다. 종파 대립의 해결에 대해서는 매우 중요하다가 59.2%, 중요하다가 30.7%로 합이 89.9%가 되어, 응답자의 90% 정도가 종파 대립의 해결을 중요시하고 있다. 이를 토대로 고찰해보면, 종파 대립을 용인하는 경향이 이라크인 사이에 정착되고 있다고 생각하기는 어렵다. 그것에 더해 실제의 선거에서도 중앙집권적인 국민 통합을 지지하는 결과가 나오고 있다. 앞에서 논한 바와 같이 제2차 지방선거(2009)에서는 종파의 차이를 초월해 이라크 민족주의나 중앙집권화를 주장한 정당에 표가 모였다. 시아파에서는 말리키 총리가 이끄는 법치국가동맹과 사드르파, 수니파에서는 살레 무틀라끄(Saleh al-Mutlaq)가 이끄는 이라크 국민대화전선이나 부족을 중심으로 한 각성평의회가 민족주의와 이라크의 통일을 주장해 득표수를 늘린 것이다(山尾大, 2009). 이와 같이 종파나 민족 등의 사회적 균열에 따른 정치 동원을 대단히 부정적으로 받아들인다는 점이 중요하다.

둘째, 선거 이외의 장(場)에서는 자신의 종파와 관계가 없는 정당을 지지하는 유권자가 일정 정도 존재한다는 점이다. 앞서 말한 2011년 여론조사에 나타난 정당 지지 결과를 응답자의 종파 및 민족별 귀속과 교차시킨 〈표 3-1〉을 사용해 설명하도록 하겠다. 이 중에서 시아파 구성원의 반수를 차지

표 3-1 이라크에서의 지지 정당과 유권자의 출신 당

(단위: 명, 괄호 안은 %)

	유권자의 종파·민족						합계
	수니파	시아파	기독교	쿠르드족	투르크멘족	기타	
다와당	0	29(90.6)	0	0	2(6.2)	1(3.1)	32
ISCI	0	30(96.8)	0	1(3.2)	0	0	31
사드르파	2(3.5)	54(94.7)	0	0	0	1(1.8)	57
이라키아	38(37.6)	34(33.7)	8(7.9)	1(1.0)	5(5.0)	15(14.9)	101
이라크 국민대화전선	6(37.5)	10(62.5)	0	0	0	0	16
쿠르디스탄 동맹	3(3.0)	3(3.0)	10(10.0)	75(75.0)	8(8.0)	1(1.0)	100
기타 정당	2(3.3)	18(30.0)	15(25.0)	19(31.7)	1(1.7)	5(8.3)	60
투표 불참	37(21.6)	71(41.5)	20(11.7)	21(12.3)	3(1.8)	19(11.1)	171
알 수 없음	27(32.5)	24(28.9)	7(8.4)	15(18.1)	2(2.4)	8(9.6)	83

* 야마오 외(山尾大 外, 2012)를 기초로 하여 필자가 작성

하는 정당은 다와당(말리키 총리가 이끄는 정당)·ISCI·사드르파 등 세 개, 수니파가 구성원의 과반수를 차지하는 정당은 이라키야·이라크 국민대화전선 등 두 개, 쿠르디스탄 동맹은 쿠르드족 세력이다. 수니파 유권자가 시아파 이슬람주의 정당을 지지한다고 답한 비중은 사드르파 지지의 두 명(3.5%)뿐이며, 대단히 적다. 마찬가지로 쿠르드족 대부분도 같은 종족 세력을 지지하고 있다. 그렇지만 시아파 유권자 중에는 수니파 정당을 지지하는 자가 상당한 비중으로 존재하고 있다는 것을 알 수 있을 것이다. 이라키야 지지자 중 시아파의 비중이 33.7%, 이라크 국민대화전선 지지자 중 시아파의 비중이 62.5%로, 시아파 지지자가 많이 포함되어 있다. 이와 같이 유권자가 반드시 종파에 의해 지지 정당을 결정하고 있는 것이 아님을 알 수 있다. 덧붙여 수니파 정당이나 정치가의 배제가 반드시 수니파 유권자의 주변화와 동의어는 아니다. 즉 종파 대립이라는 설명은 지나치게 단순화된 견해라는 것이다.

셋째, 동일 종파·민족 내부에서 더 심각한 대립이 인식되고 있다는 점이다. 예를 들면 시아파 내부에서는 정책과 이데올로기를 축으로 살펴보면, 민족주의와 중앙집권화를 중시하는 말리키 총리의 법치국가동맹(다와당) 및 사드르파와 지방분권에 의한 연방제를 강력히 지지하는 ISCI가 대립했다. 다와당과 사드르파는 역사적으로 보아도 ISCI와 자주 대립을 반복해왔다(山尾大, 2011).

한편으로 미군에 가장 강력히 반대해왔던 사드르파는 미군의 주둔을 어쩔 수 없이 받아들여 온 말리키 정권이나 ISCI와 격렬히 대립했다. 앞에서 말한 바와 같이 사드르파는 대미 정책을 둘러싸고 말리키 총리를 가장 강력하게 비판했으며, 2011년 말에는 미군의 완전 철수를 실현했다. 말리키 총리가 사드르파와의 대립을 감안해 2008년에 사드르파의 민병을 봉쇄한 것은 앞서 말한 대로다. 그것에 더해 제2차 말리키 정권하에서 총리불신임 결의안 작성(2012년 4월)의 핵심을 담당했던 것도, 말리키 총리의 3선에 가장 강력히 반대했던 것도 같은 시아파의 사드르파였다. 제1차, 제2차 말리키 정권 시기를 통해 가장 격렬했던 것이 시아파 내부의 정치 대립이었다는 것은 의심할 바가 없다. 또한 말리키의 총리 3선을 저지하고, 2014년 8월 11일 하이다르 압바디(Haider al-Abadi) 정권의 발족을 준비했던 것도 시아파 이슬람주의 정당이었다. 이러한 정권 교체극에서 시아파 내부의 대립이 가장 격렬한 형태로 노정되었다고 할 수 있다.

대립의 발생은 수니파에서도 마찬가지다. 애초 수니파 사람들이 정치 세력으로 통합된 적은 한 차례도 없었다. 이라크 전쟁 이후 수니파가 구성원의 다수를 차지하는 정당으로 기대를 모은 당은 이라크 무슬림형제단을 모체로 한 이라크이슬람당이었다. 그렇지만 내전 중에 미군의 지원을 받아 치안의 회복에 성공했던 각성평의회가 선거에 참여하게 되자, 이라크 이슬람당과 격렬히 대립하기 시작했다. 표밭을 둘러싼 경합이 시작되었기 때문이다. 또한 제2차 국민의회 선거에서 다양한 세력을 규합해 성공을 거두었던 수니파 중심의 이라키야도 말리키 총리에게서 정권의 자리를 빼앗는 것만을 공통의 목표로 했던 위태롭고 연약한 대연합이었다. 바로 그렇기 때문에 선거 직후부터 분열되기 시작해 정당 재편 과정에서 대다수 세력이 이탈하여 말리키 총리가 이끄는 법치국가동맹과의 연합을 선택했다. 이렇게 하여 정권 탈취에 실패하고 제3차 국민의회 선거에서는 다시 복수의 정당으로 분열되었던 것이다.

쿠르드족의 사이에서도 심각한 대립이 확인되었다. 구체제하에서는 걸프 전쟁 후에 형성된 쿠르디스탄 지역 정부 내에 쿠르드 민주당(Kurdistan Democratic Party, 이하 KDP)과 쿠르드 애국동맹(Patriotic Union of Kurdistan, 이하 PUK)이라는 두 개의 큰 세력이 충돌해 내전으로 발전한 역사가 있다. 이라크 전쟁 후에는 헌법의 기초와 선거에서 KDP와 PUK가 일치단결하는 언동을 취해왔는데, 제2차 국민회의 선거에서는 결국 PUK로부터 골란이라 불리는 분파가 나왔다. 골란을 향해 표가 모이자 그때까지 유지된 PUK와 KDP의 2대 정당제가 붕괴되었다. 제2차 말리키 정권하에서는 강경 정책을 취한 KDP에 대해 PUK가 그것을 견제하는 움직임을 보이기까지 했다. 일체성이 강하고 많은 면에서 안정되어 보이는 쿠르드 세력일지라도, 결코 하나의 바위는 아니었던 것이다.

이렇게 보면 같은 종파나 민족 집단 내부에서도 격렬한 대립이 존재한다는 것을 알 수 있다. 이라크 정치를 구체적으로 조망해보면 시아파 내부의 대립처럼 종파 간의 대립보다도 종파 내부의 대립이 더욱 심각하며, 정치적 과정을 좌우하는 결정적 요인이 되고 있음이 부각된다. 일견 알기 쉬운 종파 대립은 실제로는 과도한 단순화일 뿐만 아니라 대부분의 사례를 설명할 수 없는 허상이라고 할 수 있다.

국가 건설 과정의 권력 투쟁 _ 이라크 정치의 실상

그렇다면 어떠한 시각으로 이라크 정치를 보면 좋을까?

2003년 이전의 이라크를 논할 때 종파 대립을 비판하는 논자가 원용했던 것이 사회 계층이나 부족, 지연 등을 조합해 설명하는 틀이었다.[8] 그렇지만 이라크 전쟁 후 이라크의 정치에서 사회 계층은 그다지 중요하지 않았다. 부족이나 지역적 연계가 의미 있는 경우는 많지만, 결정적이라고 말할 수는 없다.

오히려 새로운 국가를 만드는 과정에서 정치나 경제 자원을 관리 및 배분하는 권한과 정치적 지위 등 국가 자원을 어떻게 독점할지를 둘러싼 경합의 장으로 이라크 정치를 파악하는 시각이 중요하다.

이 장에서 서술해왔듯이 공직에서 추방된 구바아스당 간부나 군의 장교는 자신의 복권을 위해 '제도 외'에서 폭력을 이용해 이의 신청을 반복해왔다. '제도 내'의 정치 참여를 제한받고 있으므로, IS 등의 무장 집단과 연대해서라도 국가 자원을 획득하는 것을 목표로 삼았다.

한편 '제도 내'에서는 새로운 국가 건설에서 최대한 많은 국가 자원을 획

8 예를 들면 바타투(Batatu, 1978), 슬루글릿과 파룩슬루글릿(Sluglett and Farouk-Sluglett, 1990), 사카이(酒井啓子, 2003) 참조.

득하기 위해 종파나 민족을 불문하고 경합이 반복되어왔다. 앞에서 언급한 바와 같이 이라크에 도입된 분권적 민주주의 체제하에서는 안정적으로 과반수를 획득하는 세력이 생겨나지 않았다. 그 때문에 선거로 최대한 많은 표를 모으고, 의회에서 다수파를 형성하기 위해 정당끼리 연합을 형성하기 시작했다. 선거 전에 형성된 정당 연합은 선거 후에 선거 결과를 뒤집는 형태로 재편되었다.[9] 의회에서도 정책 과제마다 매우 단기적으로 연합을 편성했다. 달리 말하면 그때그때 가장 유리한 연합에 의해 다수파를 형성하는 정치 게임이 계속 반복된 것이다.

이리하여 종파 대립이 아니라 정당 연합의 재편을 통한 '다수파 형성 게임' 자체가 전후 이라크 정치를 규정하는 가장 중요한 틀이 되었다. '다수파 형성 게임'이 시작되자, 선거는 민의를 묻는 민주적인 이벤트가 아니라 어떻게 다수파를 형성할지를 놓고 싸우는 게임이 되었다. 다수파를 형성하기 위한 격렬한 정치 대립에 의해 민주주의는 그 기능이 마비되었다.

6. 마치며: 허상은 실체화되는가?

이상과 같이 이라크 전쟁 후 정치를 종파 대립으로 이해하는 것은 적절하지 않다. 물론 종파 대립은 실제로 존재하지만, 대부분의 정치 과정은 종

9 제2차 국민회의 선거에서는 제1당이 된 알라위가 선거 후에는 정당 연합의 재편에 의해 정권을 장악하지 못했고, 제3차 국민회의 선거에서는 제1당인 말리키 총리가 같은 이유로 정권을 장악하지 못했다.

파 대립으로 설명할 수 없다. 오히려 국가 건설 과정에서 '제도 외'의 무장 투쟁과, '제도 내'의 '다수파 형성 게임'을 둘러싼 쟁탈전이 전개되고 있다고 판단해야 한다.

이 장 첫머리에서 지적한 모술 함락 사건도 이 시각을 통해 보면 제대로 이해할 수 있다. 즉 이 사건은 종파 대립과는 관계가 없는 다음의 요인에 의해 발생했던 것이다.

첫째, CPA에 의해 해체된 군과 경찰 기구가 충분히 재건되지 못한 상태로 방치된 결과였다. 이 장에서 지적한 바와 같이 지휘 계통과 작전 수행 능력을 지닌 군과 경찰은 재건되지 못하고, 구체제 세력과 IS의 연합에 의한 습격으로부터 조국을 방위할 수 있는 국민군은 여전히 존재하지 않았다.

둘째, 제2차 말리키 정권하에서 '제도 내'의 정치 대립이 격화된 결과, 기존의 이익 배분에 큰 불만을 품게 된 세력이 '제도 외'로 흘러가게 된 것도 하나의 요인이다.

셋째, CPA의 탈(脫)바아스당 정책과 군의 해체에 의해 공직에서 추방된 구체제 세력이 말리키 정권의 타도와 자신의 복권을 추구하며 수면 아래에서 활동을 유지했던 점이다. 바꾸어 말하면 모술 함락 사건은 구체제 세력이 IS와 연합해 일으킨 '쿠데타'였다. 그 결과 제2차 말리키 정권하에서 격화된 '제도 내' 대립이 만들어낸 공백에 '제도 외'의 폭력적 활동이 다시 고개를 들었던 것이다.

이러한 몇 가지 요인이 거듭되는 가운데 시리아로부터 유입된 IS가 구체제 세력과 일시적으로 전략적 연합을 형성해 모술을 함락시켰다. 이 사건 또한 종파 대립과는 관계가 없는 '국가 자원'을 둘러싼 쟁탈전의 일부였던 것이다.

그렇지만 IS의 반(反)시아파 선전 활동과 그에 대한 시아파 의용군의 형성은 정권을 장악하는 시아파와 억압받는 수니파를 대표하는 IS의 전투라는 종파 대립상(像)을 재생산했다. 또한 쿠르디스탄 민병대인 페시메르가(Peshmerga)가 혼란을 틈타 분쟁 지역인 키르쿠크(Kirkuk)를 실효 지배하고 자민족의 이해를 우선시하는 행동을 보였던 것도, 종파 대립상의 첨예화를 촉진했다. 이리하여 종파와 민족 등의 사회적 분열에 따른 종파 대립이라는 허상이 바로 그때 실체화된 것처럼 홀로 움직이기 시작했던 것이다.

물론 IS가 이라크의 수니파를 대표한다는 것은 사실이 아니다. 그 증거로, 주민을 공포로 지배하는 IS에 대한 비판은 그 수를 헤아릴 수 없으며, 기독교도 등의 소수파에 대한 박해도 나날이 격화되었다. 무엇보다도 모술이 함락된 지 한 달도 채 되지 않아 IS와 낙쉬반디야 교단군의 분열이 노정되고, 모술은 양자 간에 숙청을 놓고 접전이 전개되는 처참한 전쟁터가 되어버렸다. 복권을 목표로 하는 구체제 세력이 이라크 그 자체의 파괴를 지향하는 IS와 서로 양립할 수 없다는 것은 그 누구의 눈에도 명백하게 보인다.

바로 그렇기 때문에 많은 수니파 부족이나 주민이 자경단(自警團)을 형성해 IS와의 전투를 시작했다. 많은 정치가들은 종파 대립을 위한 동원을 비판했다. 이러한 가운데 말리키 정권은 IS를 테러리스트로 규정해 군사적으로 공격하는 한편, 퇴역 장교나 자신의 정책을 지지하는 부족에게 혜택을 베푸는 정책을 발표해 양자 간의 분리를 도모하고자 했다. 압바디 정권으로 정권 교체가 실현된 이후에도 '제도 외'에서 무장투쟁을 전개하는 세력의 '제도 내'로의 편입 여부는 예측을 불허했다. 그렇지만 이것 또한 '국가 건설' 과정에서 발생한 국가 자원을 둘러싼 경합에 지나지 않는다.

제4장

레바논

'결정하지 않는 정치'가 지탱하는 연약한 자유와 평화

스에치카 고타(末近浩太)

오론테스(아시) 강
아카르 지역
미니예 지역
트리폴리 지역
북부 주
즈가르타
디니예 지역
헤르멜
쿠라 지역
즈가르타 지역
헤르멜 지역
지중해
브샤리 지역
바트룬 지역
아르살
주바일 지역
마운틴레바논 주
바알베크 지역
레바논
케세르완 지역
주니예
바알베크
베이루트 주
메튼 지역
자흘레 지역
바브다
바브다 지역
자흘레
알레이
츠타우라
베카 주
알레이 지역
안자르
무크타라
서베카 지역
추프 지역
시돈 지역
제진 지역
라샤이야 지역
남부 주
가지예 지역
시리아
나바티예 지역
하스바야 지역
마르제이운
리타니 강
키암
수르(티레)
마르제이운 지역
카나
빈트 주바일 지역
셰바 농장 (이스라엘 점령 중)
수르(티레) 지역
빈트 주바일
이스라엘군 점령지(~2000년, 검정색)
UN 레바논 평화유지군 활동 지역(사선 부분)
이스라엘/팔레스타인

1. 시작하며: 레바논의 자유와 평화의 성립을 생각한다

레바논의 수도 베이루트. 과거 '중동의 파리'로 불린 이 아름다운 항구 도시는 지중해로 지는 석양을 바라보는 고층 맨션이 빽빽이 들어서 있으며, 서구의 고급 브랜드 매장이나 다채로운 요리 및 술을 제공하는 호화로운 레스토랑이 즐비하다. 아름다운 지중해 해안과 험준한 레바논 산지의 스키장을 같은 날 즐길 수 있는 리조트 거리도 있다. 자유로운 언론 활동을 보장받는 중동 제일의 문화 중심지이기도 하다.

이러한 범세계적 베이루트의 모습이 상징하는 것은 레바논이라는 소국(小國, 일본 기후 현과 거의 같은 면적이다)이 향유해왔던 자유이며, 장기간에 걸쳐 강권적 정치가 이어져 온 '아랍의 심장'에 있는 국가 중에서 유달리 이채로움을 발산하고 있다.

베이루트의 자유를 채점한 '통지표'를 살펴보자. 미국의 비정부기구(NGO) 프리덤하우스는 세계 193개 국가와 지역의 정치적·시민적 '자유도'를 매년 점수로 환산해 '자유', '부분적 자유', '부자유' 등 세 가지 범주로 구분하고 있다. 그 2014년도 보고서에 의하면 '아랍의 심장'에 있는 국가 중에서 레바논만 유일하게 '부분적 자유'로 평가받았고, 기타 국가들은 모두 '부자유'로 분류되었다(프리덤하우스 홈페이지, http://www.freedomhouse.org/report-types/freedom-world#.U-NUJFZR4Vo). 확실히 레바논에서는 정기적으로 선거가 실시되고 있으며 그 결과에 따라 정권 교체도 일어난다. 또한 2010년 말부터 '아랍의 심장'에서는 민주화와 정치 개혁을 요구하는 시민 주도의 시위가 거의 일어나지 않았다. 이는 레바논의 시민이 민주주의에 기초한 자유로운 정치를 향유하고 있다는 것을 시사한다.

레바논의 '자유'(베이루트 중심가에서의 시위)
2006년 2월 14일 스에치카 고타 촬영

그런데 그렇지 않다. 보도를 통해 눈과 귀에 들어오는 레바논은 전쟁, 분쟁, 테러, 난민 등 정정(政情) 불안에 관련된 것들뿐이다. 그중에서도 잘 알려진 것이 15년간이나 전개된 레바논 내전(1975~1990)일 것이다. 내전은 종식되었지만 레바논이 평화를 확립하고 있다고 말하기는 어렵다. 정치가와 유력자를 노린 테러나 암살 사건이 끊이지 않고, 일반 시민들 간의 무력 충돌, 조직범죄 그룹이나 알카에다 계통의 무장 집단에 의한 습격 사건도 일어나고 있다.

또한 역사적으로 주변 국가들의 분쟁에 영향을 받음으로써, 레바논에서는 수차례에 걸쳐 평화가 훼손되어왔다. 그러한 분쟁의 대표 격이 팔레스타인 문제이며, 22년 동안 국토의 10% 이상에 해당되는 남부 일대가 이스라엘에 의해 점령되기도 했고, 오늘날까지 적어도 다섯 차례의 군사 침공을 받아왔다. 2006년 이스라엘군에 의해 감행된 육·해·공에서의 전면 공격으로 레바논 국민 네 명 중 한 명이 실제로 피난민이 되는 전례가 없는 위기가 초래되었다. 또한 최근에는 거의 보고되고 있지 않지만 2011년부터 시작된 시리아 분쟁이 파급되면서 국내 치안이 악화되고 있고, 국경 지대에서는 시리아로부터 유입된 무장 집단과 군 및 치안 부대 사이에 격렬한 전투가 계속되고 있다.

이처럼 레바논은 국내의 정치 대립과 국외 분쟁의 파급 및 외부의 여러 국가들에 의한 개입이라는, 이른바 내우외환 상태에 놓임으로써 평화를 계속 위협받고 있다.

자유를 구가하는 레바논, 평화를 확립하지 못하고 있는 레바논, 어느 쪽이 허상이고 어느 쪽이 실상일까? 이에 대한 물음이 이 장의 목적은 아니다. 실제로는 그 어느 쪽도 오늘날 레바논의 모습과 다르지 않다.[1] 오히려 여기에서의 관심은 왜, 어떻게 해서 이와 같은 왜곡된 상황이 발생되고, 또한 유지되고 있느냐에 있다. 즉 이 장의 목적은 레바논은 정치적 내우외환에 계속 처해 있으면서도 왜 이라크나 시리아처럼 '대붕괴'하지 않는가라는 질문에 답하는 것이다. 그러면 '자유'와 '평화'라는 두 가지 핵심어에 관해 논해보기로 하자.

2. 종파제도의 빛과 그림자

레바논은 '아랍의 심장' 중에서, 넓게는 중동 가운데서도 특히 다종다양한 종교와 종파가 혼재되어 있는 국가다. 레바논은 어떻게 해서 이렇듯 복잡한 사회에 자유와 평화를 확립시키려고 했으며, 또한 어떠한 과제와 문

1 내전 종결 이후 특히 시리아에 의한 실효 지배가 종언을 고한 뒤인 2005년 이후의 레바논 정치의 비민주적 측면을 지적한 연구는 많다. 예를 들면 하자르(Hajjar, 2009), 마크디시 외(Makdisi et al., 2011), 살루크(Salloukh, 2009) 등은 정치 엘리트에 의한 권력 독점과 뿌리 깊은 종파주의, 여러 외국에 의한 개입이 레바논에서의 자유를 침해하고 있다고 파악한다. 그렇지만 이러한 연구들은 민주주의의 결여를 지적하는 데 주력하고 있기 때문에 실제로 레바논의 국가와 사회가 어떻게 운영되고 있는지, 혹은 내전의 재발을 계속 피할 수 있을지에 대해서는 논하지 못하고 있다.

제에 직면하고 있을까? 이 절에서는 우선 레바논 정치의 구조와 역사를 개관해보도록 하겠다.

'중동의 스위스'의 자유와 평화 _ 제1공화제(1943~1975)

오늘날 레바논이 누리는 자유의 기원은 20세기 초, 이 국가의 성립기까지 거슬러 올라간다.

레바논은 제1차 세계대전 이후 유럽 열강에 의해 구(舊) 오스만 제국령이 분할 지배(위임통치)되던 시기에, 이슬람교도가 인구의 대부분을 차지하는 중동에서 비(非)이슬람교도가 다수파를 이루는 형태로 세워진 국가다. 이 지역에는 역사적으로 많은 기독교도가 거주해왔는데, 그들이 인구의 과반수를 차지하도록 국경이 획정되었던 것이다. 이런 의미로 보면 레바논은 중동에서 비(非)이슬람교도(유대교도) 국가인 이스라엘과 '쌍둥이' 같은 존재다(小杉泰, 1998: 172~176). 그렇지만 이스라엘이 유대교도를 사실상의 지배자로 삼았던 데 반해, 레바논은 서로 다른 종교 및 종파 간의 공존을 지향했다는 점에서 차이가 난다.

레바논은 서로 다른 종교 및 종파 간의 공존을 어떻게 실현해왔던 것일까? 신앙을 달리하는 사람들 간의 평등과 공평을 실현하기 위한 이념으로 오늘날 세계의 기준이 되고 있는 것이 세속주의일 것이다. 세속주의에 기초할 경우 정치는 '모두의 것'(공적 영역), 신앙은 '개인의 것'(사적 영역)으로 간주된다. 그리고 양자를 법 제도적으로 구분함으로써 한쪽이 다른 한쪽에 개입하는 것이 제한된다. 이것은 뒤집어 말하자면 신앙의 자유를 보장하는 틀이며, 신앙 자체를 부정하는 것이 아니다.

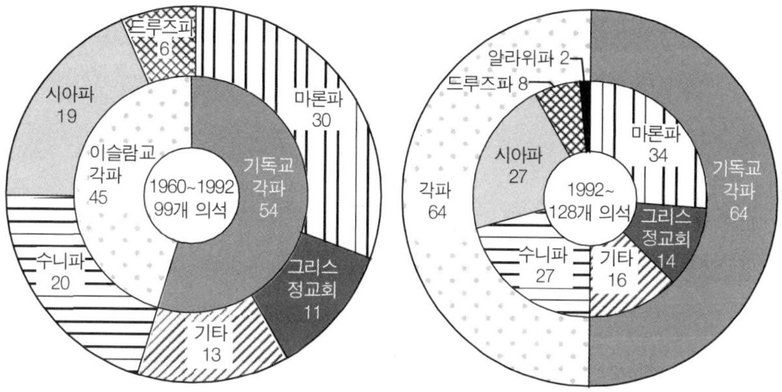

그림 4-1 레바논의 공인 18개 종파와 국민의회 의석수

레바논에서 공인된 종파는 그림에 표시된 종파 외에도 그리스 가톨릭, 아시리아 정교회, 아르메니아 가톨릭, 프로테스탄트, 카르디아 정교회, 라틴 교회, 시리아 교회, 시리아 가톨릭, 콥트 교회(1990년 헌법 개정으로 18번째 종파로 공인됨), 이슬람교 알라위파, 이스마일파, 유대교, 기독교 각파 등이 있다.

자료: 末近浩太(2013: 79).

레바논의 정치 제도도 기본적으로는 이 세속주의 이념에 기초하고 있다. 다만 종파를 제도화해 정치를 움직이는 단위로 삼은 점에서 전 세계적으로 유사한 사례를 찾아볼 수 없다.

더 상세히 살펴보도록 하자. 레바논은 1943년 독립한 이래로 17개(1990년 헌법 개정 이후 18개로 확대)의 '공인 종파'를 정하고, 그러한 균형 위에 국내 체제를 유지하고자 했다. 이 틀을 '종파제도(al-Naẓām al-Ṭā'ifī)'라고 한다. 1943년 독립 시에 기독교 마론파와 이슬람교 수니파 사이에서 교환된 불문율인 「국민협약」에 근거해, 정치적 직책과 공직을 종파의 인구 비율에 따라 배분하는 제도였다. 프랑스 위임통치 기간인 1932년에 실시된 센서스(인구조사)를 기초로 주요 세 개 종파에 대해 살펴보면, 총인구 중 마론파가 28.8%, 수니파가 22.4%, 시아파가 19.6%로, 기독교도인 마론파가 인구 면에서 최대 종파였다(Salamey, 2014: 25).

레바논은 의회제 민주주의를 채택했기 때문에 국민의회(국회)의 의석도 인구 비율에 기초해 각 종파에 할당되었다. 1990년 개정될 때까지, 1932년의 센서스에 의거해 기독교 각파와 이슬람교 각파의 의석수는 6 대 5로 배분되었다(<그림 4-1> 참조).[2] 원수직 등 중요한 정치적 직책에 관해서는 대통령은 마론파, 총리는 수니파, 국민의회 의장은 시아파 출신이 취임하는 관례가 형성되었는데, 실질적인 권력이라는 측면에서 보면 대통령이나 총리에 비해 국민의회 의장은 명예직에 불과했다(Harris, 2006: 129~137).

여기에서 주목해야 할 것은 이 종파제도에서 레바논인은 누구나 신앙의 깊이에 관계없이 반드시 어떤 종파에 속하게 된다는 점이다. 즉 종파는 마음속 내면의 문제가 아니라 사회적 지위의 문제이며, 레바논인은 출생하면서 반드시 어떤 종파에 귀속되고 그에 기초해 정치적 지위나 공직의 배분 등이 결정된다는 것이다. 그런 의미에서 종파제도를 종파의 관점에서 논하자면, 이는 일종의 '이권(利權) 집단'이라고 할 수 있다(末近浩太, 2002: 183~184).

네덜란드의 정치학자 아렌트 레이파르트(Arend Lijphart)는 이 레바논 특유의 다(多)종교 및 종파 공존의 틀을 '다극공존형' 민주주의의 좋은 사례로 평가했다(レイプハルト, 1979: 189~191). 다극공존형 민주주의란 다수결형 민주주의에 대치되는 민주주의의 한 유형이며, 정치의 대표자와 권력자가 의

2 취약한 종파 간의 균형 위에 성립된 국가인 레바논에서는 1932년 이래로 센서스가 실시되지 않고 있다. 오늘날 이슬람교 각파의 총인구가 기독교 각파의 총인구를 상회하고 있는 것은 주지할 만한 사실이다. 프랑스 위임통치 시기(1920~1943)인 1932년에 실시된 센서스도 친(親)프랑스적 자세를 보여온 기독교 마론파를 다수파로 삼기 위해 자의적으로 만들어낸 숫자일 가능성이 높다(Maktabi, 1999).

사 결정의 체결을 다수결(수의 논리)이 아니라 합의(合議)에 의한 합의(合意) 형성에 따라 행하고 생각하는 방식과 구조다. 다양한 민족과 종교가 존재하는 국가에서 다수결형 민주주의는 적합하지 않다. 수의 논리에 기초한다면 처음부터 승패가 명백하며, 그 결과 소수파의 목소리는 항상 등한시되어버리기 때문이다.

그렇다고 한다면 레바논과 같은 다종교 및 종파를 포함한 국가에서는 다수결이 아니라 합의(合議)에 의한 합의(合意) 형성이 중요해진다. 레바논에서는 그 어떤 종파도 단독으로 과반수를 형성할 수 없기 때문에 누구나 소수파가 된다. 그 소수파 누구나가 자신의 의견을 정치에 반영할 수 있도록 종파제도는 정비되었다. 즉 종파 간의 인구 비율에 기초해 사전에 국가 권력의 배분을 결정하는 것, 즉 정치학에서 말하는 권력 배분을 추진함으로써 종파 간의 이해관계를 조정하고 쓸모없는 권력 투쟁을 억제하고자 했던 것이다.

그 결과 독재나 권위주의, 전쟁과 분쟁, 군사 쿠데타, 그리고 그에 수반되는 사회 개발과 경제 발전의 정체로 채색된 아랍의 국가들 중에서 레바논은 유일하게 민주 정치가 개화한 국가로, 자유로운 정치와 사회 속에서 금융업 과 서비스업을 주축으로 활발한 경제 활동을 벌여 1950년대부터 1960년대에 걸쳐 '중동의 스위스'라고 불릴 만큼 급속한 근대화와 경제 발전을 이룩했다.

제도에 의한 권력 배분에서 무력에 의한 권력 투쟁으로

레바논 내전(1975~1990)

그렇지만 레바논의 번영은 장기간 지속되지 못했다. 이 장의 첫머리에서 언급한 바와 같이 레바논은 15년간이나 이어진 처참한 내전(레바논 내전)을 경험했다. 내전의 발발로 종파제도에 의한 다종교 및 종파의 공존은 완전히 붕괴되었다. 종파와 지역에 뿌리를 내린 무수한 민병 조직이 끊임없이 전투를 전개했고, 그전까지 좋은 이웃이던 시민들이 서로를 죽였다. 수도 베이루트도 전쟁터가 되어 아름다운 길거리는 말 그대로 쓰레기더미의 폐허로 변해버렸다. 15년간의 내전은 12~15만 명이나 되는 사망자와 100만 명이 넘는다고 하는 피난민을 발생시켰다. 레바논에서 자유와 평화가 모두 사라졌다.

• 내전은 왜 일어났던 것일까?

내전 발발의 원인은 역설적이지만 종파제도에서 찾을 수 있다. 앞에서 논한 바와 같이 이 제도는 종파를 단위로 인구 비율에 따라 권력 배분을 추진함으로써 권력 투쟁의 완화를 실현했던 것이다. 거꾸로 말하자면, 그것이 기능했을 때 각 종파는 국가 이권의 배분을 정당한 것으로 간주했다. 그렇지만 인구 동태가 시대와 함께 변화했기 때문에, 그에 따른 배분을 조정하지 않는다면 종파 간의 공평성은 유지될 수 없다. 구체적으로 보면 이슬람교도의 출생률은 기독교도보다 높고, 그 결과 독립한 지 30년이 지난 1970년대에는 인구 면에서 이슬람교도가 기독교도를 상회했다. 그런데도 기독교 각파와 이슬람교 각파의 의석수 배분은 6 대 5인 상태 그대로였다(Harris, 2006: 83).

여기에서 공평성을 둘러싸고 견해의 차이가 발생했다. 이슬람교도 대다수는 분배가 인구 비율에 상응하지 못한다고 불만을 품게 되었다. 한편 (기독교도들은) 비록 인구가 증감한다고 하더라도 제도에 따르는 것 자체가 공평한 것이라는 태도를 보였다. 이러한 견해의 차이는 종파제도를 둘러싼 개혁파와 현상유지파의 대립을 낳았다. 이권 배분과 이해 조정을 실행해왔던 종파제도의 존재 방식 그 자체가 쟁점이 되었던 것이다.

여기에서 주의해야만 하는 것은 이 대립을 '종파 대립'이나 '종파 분쟁'으로 부르는 데 따른 위험성이다. 앞에서 언급했듯이 종파제도에서는 종파가 이권 집단으로서의 의미를 띤다. 그 때문에 그 어떤 정치적 이해도, 이권 배분을 둘러싼 대립도 종파의 차이에 따라 뚜렷이 나타나는 경향이 강하다. 그렇지만 그것은 신앙의 핵심 내용을 둘러싼 싸움이 아니며, 레바논 국내에 한정되어 이권 집단 사이에서 벌어지는 투쟁이다. 즉 종파가 분쟁의 주요 주체가 되었다고 해도, 레바논 내전은 어디까지나 권력 배분이 파탄 난 끝에 발생한 권력 투쟁의 폭력적 발로였던 것이다(Hanf, 1993).

• 그렇다면 왜 레바논 내전은 장기화되었을까?

내전 장기화의 원인을 고려할 때 중요해지는 것은 국내뿐만 아니라 국외의 권력 투쟁, 즉 국제 정치의 동향이다. 레바논은 역사적으로 국제 정치의 동정에 민감하고 취약한 국가였다. 유럽 열강에 의한 국가 창생(創生)부터 시작해, 독립 후에도 이스라엘과 시리아 등 국경을 접한 이웃 국가뿐만 아니라 프랑스와 미국 등 서구 국가들의 동향에도 농락되어왔다.

문제를 더 심각하게 한 것은 레바논에 일관된 외교 방침이 결여되어 있었다는 점이다(Najem, 2012: 100~102). 합의(合議)에 의한 합의(合意) 형성이 중시되는 레바논의 의사 결정에서, 외교는 항상 큰 난제(難題)였다. 자국에 어떤 국가가 우호적인 국가이며, 어떤 국가가 적(敵)인지를 묻는 질문에 대한 답이 종파에 따라 크게 달랐기 때문이다. 프랑스를 예로 들면 기독교 마론파의 입장에서는 자신들과 같이 기독교를 신봉하는 국가로 친근함을 느끼는 대상인 반면, 이슬람교도의 관점에서 본다면 자국을 식민지화했던 유럽 열강 중 하나였다. 그 결과 레바논 국내의 각 종파 및 지역에 뿌리를 둔 정당 및 정치가는 각각 다른 외국 세력을 정치적·경제적·군사적 비호자(patron)로 삼고, 독자적인 외교 루트를 열었다. 이것이 국내의 권력 투쟁과 폭력화로 연결되었던 것이다. 정치학자 마이클 커(Michael Kerr)는 다극공존형 민주주의에서는 권력 배분에서도, 권력 투쟁에서도 국내 정치와 국제 정치의 연동이 일어나기 쉽다고 주장한다(Kerr, 2005).

레바논에 가장 큰 혼란을 불러일으킨 국제 정치 문제는 팔레스타인 문제였다. 1970년에 PLO의 부대가 레바논 남부 지역으로 이주함으로써 종파 간의 세력 균형이 훼손되었다. 또한 이스라엘은 이 PLO 소탕을 빌미로 레바논에 대규모 군사 침공(1982~1985년, 레바논 전쟁)을 단행해, 내전으로 피폐해진 국토를 더욱 황폐하게 만들었다. PLO이든 이스라엘군이든 레바논에서는 이들을 적으로 볼 것인지 아니면 우호 세력으로 볼 것인지를 놓고 정당과 정치가 간에 일치하는 견해가 없었다. 이것이 PLO와 이스라엘로 하여금 레바논에 개입하게 만들었다고 여겨진다.

팍스 시리아나 _ 제2공화제(1990~2005)

국내 정치와 국제 정치가 결부되면서 진흙탕이 된 것이 레바논 내전이다. 그 정도로 복잡한 양상을 노정했으면서도, 그것은 어떻게 종결될 수 있었을까?

내전 종결과 그 이후 레바논 정치의 존재 방식에 큰 영향을 미친 것이 이웃 국가 시리아였다. 이러한 배경하에 레바논에는 자유를 희생한 평화가 구축되었다. 이에 관해 상세히 살펴보자.

레바논의 '평화'(베이루트 교외)
2012년 8월 5일 스에치카 고타 촬영

우선 내전이 종결로 향했던 것은 종파제도의 시비(是非)를 둘러싼 국내 대립이 일단 결판났기 때문이다. 1989년 10월, 외부 여러 나라의 중재로 정전 합의인 「타이프 협정」이 체결되었다. 이 합의에서는 종파제도를 내전의 원인으로 단죄하고, 종파제도의 철폐를 레바논의 국가 목표로 삼았다. 다만 그것은 어디까지나 점진적으로 시행되어야 한다고 간주되어, 내전 후의 레바논 정치는 종파제도의 철폐를 추구해가는 '이행기'로 규정되었다. 그 때문에 종파제도는 수정되는 형태로 잔존했다. 구체적으로는 인구 동태의 변화를 감안해, 기독교 각파와 이슬람 각파의 의석수 배분을 6 대 5에서 1 대 1의 동등한 비율로 만들었다(<그림 4-1> 참조). 이리하여 각지에서 전투가 수습되기 시작했고, 레바논은 서서히 평화를 회복했다.

이 평화를 확고히 한 것은 이웃 국가 시리아였다. 시리아는 UN의 승인을 받은 '평화유지군'으로 자국의 군을 레바논 각지로 파견해, 압도적인 군사력으로 민병 조직들의 전투를 종결시키는 데 공헌했다. 그리고 이것은 다른 외부 여러 나라의 개입과 간섭의 약화를 초래해, 국내 권력 투쟁의 폭력화나 진흙탕화에 제동을 걸었다(Harris, 2006: 279~313).

그러나 시리아는 '권력의 이원적 구조'로 불리는 실효 지배의 틀을 구축함으로써 레바논으로부터 자유를 빼앗았다. '권력의 이원적 구조'는 '눈에 보이는 권력'과 '숨겨진 권력'이라는 두 가지 권력으로 구성되며, 각각의 담지체(擔持體)를 '명목적 권력 장치'와 '진짜 권력 장치'라고 부를 수 있다. '명목적 권력 장치'란 레바논 국가의 통치 기구를 구성하는 대통령부(府), 내각(총리, 각료), 국민의회(의장, 의원) 등의 공적 제도였다. 그렇지만 이러한 공적 제도는 시리아의 실효 지배라는 현실을 은폐하려는 색채가 강했고, 실제로 정치를 좌우한 것은 시리아였다. 레바논 정부의 의사 결정 대부분은 시리아 대통령이나 정부 및 군의 간부라는 '진짜 권력 장치'에 의해 비공식적으로 주도되었다. 시리아가 행사한 이 '숨겨진 권력'은 레바논이라는 주권 국가의 영역과 제도적·법적 틀이라는 양면을 초월하는 형태로 행사되었다(青山弘之·末近浩太, 2009: 序章)

다만 아무리 자유가 제한되었다고는 해도 '권력의 이원적 구조'를 시리아에 의한 일방적인 레바논 억압으로 파악할 수는 없다. 왜냐하면 레바논의 각 종파와 지역에 뿌리를 내린 정당과 정치가 간의 이해 조정을 시리아가 담당했기 때문이다. 즉 '권력 중개인'으로서 역할을 한 것이다. 사실 레바논에서는 내전 종식 이후에도 국내 대립의 불씨가 계속 피어올랐고, 정당과 정치가 간의 합의(合議)에 의한 합의(合意) 형성은 때때로 불발로 끝났다. 즉 시리아는 '숨겨진 권력'을 적극적으로 행사함으로써 정치 대립의 폭력화를 저지했을 뿐만 아니라, 결과적으로 '결정되지 않는 정치'가 만연하는 것을 억제했다. 그것은 특히 정당 및 정치가의 이해(利害)를 표출하기 쉬운 대통령과 총리·내각의 인사, 국민의회 선거 때 행사되었다. 이런 가운데 레바논의 다양한 정당 및 정치가가 시리아와의 관계를 이용함으로써, 자신의 정치적 발언권이나 영향력을 확대하려 했다.

어쨌든 시리아에 의한 실효 지배 아래 놓인 내전 후의 레바논은 권력의 존재 양태도, 정부의 의사 결정도 시리아에 크게 위임했다. 이를 통해 이 시기의 레바논은 형식적으로는 민주주의적 의회 정치의 체재(體裁)를 갖추고 있으면서도, 시리아와 일부 정당 및 정치가가 독재적인 권력을 행사했다는 점에서 권위주의 체제로 분류할 수 있다. 사실상의 권위주의 체제가 탄생함으로써 레바논은 자유를 대신해 평화를 회복했던 것이다. 이러한 왜곡된 형태의 자유 없는 평화는 '팍스 시리아나'(시리아의 지배하에서의 평화)로 불렸다(el-Hussein, 2012).

앞에서 설명한 종파제도에 의한 권력 배분, 레바논 내전이라는 권력 투쟁, '팍스 시리아나'를 역사적으로 살펴보면 오늘날 레바논의 정치적 내우외환은 종파제도가 안고 있는 구조적 문제가 발단이며, 이것은 국내 정치와 국제 정치의 연동 속에서 역사적으로 만들어졌다는 것을 알 수 있다.

2. 레바논의 '백향목 혁명'과 그 후 차질을 빚은 민주화

'팍스 시리아나'가 15년째 되던 2005년 초, 라피크 하리리(Rafic Hariri) 전 총리(1992~1998년, 2000~2004년 재임)가 베이루트 중심부에서 누군가에 의해 폭살되었다. 전 총리는 1970년대부터 1980년대에 걸쳐 사우디아라비아에서 건설업으로 성공해 엄청난 부를 축적한 사업가로, 내전으로 황폐해진 레바논의 부흥에 크게 공헌한 대물 정치가 중 한 명이었다. 이 사건을 계기로 레바논은 민주화의 길을 걷게 된다. 이 절에서는 그 과정과 귀결에 대해 살펴보도록 하겠다.

라피크 하리리 전 총리의 암살이 기폭제가 된 민주화

라피크 하리리 전 총리를 살해한 것은 누구였을까? 바로 용의 선상에 오른 것이 사건이 발생하기 수개월 전부터 전 총리와 관계가 악화된 시리아였다. 시리아는 이를 전면 부인했다.

사건의 진상이 무엇이든 간에 중요한 것은 이 암살 사건이 레바논 시민의 반(反)시리아 감정을 폭발시키는 도화선이 되었다는 점이다.[3] 레바논 국내에서는 이 사건을 계기로 국민 사이에 반시리아 감정이 폭발해, 베이루트에서 "주권, 독립, 민주주의, 자유"를 구호로 내걸고 사건의 진상 규명과 시리아에 의한 레바논 실효 지배의 종언을 요구하는 100만 명 규모의 시위가 벌어졌다. 한편 국제 사회는 '유죄가 추정되는' 시리아에 맹비난을 쏟아냈다. 시리아는 국내외로부터의 압력에 굴복하는 형태로, 레바논에 주둔하고 있던 시리아군을 4월 말까지 모두 철수할 수밖에 없었다. 이리하여 암살 사건이 발생한 지 겨우 70여 일 만에, 1990년부터 15년간 지속된 레바논에 대한 시리아의 실효 지배가 종말을 고했다.

이 일련의 정변을 레바논 국가의 상징인 레바논 백향목의 이름을 본떠 '백향목 혁명'이라고 부른다(다른 명칭인 '독립 인티파다'도 자주 사용된다). 그로부터 한 달 뒤인 제17기 국민의회 선거가 예정대로 실시되었다. 이로써 시리아에 의한 '권력의 이원적 구조'가 특징인 권위주의 체제는 종말을 고하고, 레

3 라피크 하리리 전 총리와 그 후 일어난 일련의 정치가 암살(미수) 사건에 대한 진상 규명을 목적으로, 레바논 특별 법정이 2009년 3월 UN의 주도로 설치되었다(소재지는 네덜란드 헤이그). 2011년 6월 이 법정은 기소 내용을 공표하고, 전 총리 암살 사건의 용의자가 시리아가 아니라 헤즈볼라 대원 네 명이라고 밝혔다(Knudsen, 2012).

바논은 명실공히 민주화를 향한 길을 걷게 된다. 내전의 종결과 '팍스 시리아나'를 거쳐 상실했던 자유를 간신히 되찾은 것이다.

그런데 이 선거를 통해 발족한 푸아드 시니오라(Fouad Siniora)를 총리로 하는 새로운 내각(2005~2009)은, 이제까지의 레바논 정치에서 볼 수 없었던 새로운 사태에 직면해 국정을 주관할 수 없게 된다. 여기서 말하는 새로운 사태란 대화를 통한 합의의 형성을 지향하는 다극공존형 민주주의가 아닌 수의 논리에 기초한 다수결 민주주의가 실시된 것이다. 구체적으로는 모든 정당 및 정치가와 그 지지자가 친시리아파와 반시리아파로 양분되어, 갑자기 양자 간에 권력 투쟁이 발생한 것이다. 그리고 대화가 아닌 수의 논리에 의한 정치가 표면화됨으로써, 국민의회나 내각에서의 인사 및 정책 결정이 어려워졌다.

그렇다면 왜 시리아와의 관계가 레바논을 양분시키는 쟁점이 되었을까? 그것은 '팍스 시리아나'가 종식된 후에도 시리아와의 관계가 자기 이익으로 직결되는 정당이나 정치가가 여전히 존재했기 때문이다. 누구나가 소수파인 다극공존형 민주주의에서는 그 어떤 정당 및 정치가도 권력을 확대하기 위해서는 다른 종파와 지역에 기반을 둔 정당 및 정치가와 동맹을 맺어 다수파를 형성하든지, 그렇지 않으면 해외 세력을 비호자로 삼아 정치적·경제적(내전 시에는 군사적) 지원을 받음으로써 경쟁자들을 압도하는 수밖에 없었다.

그런데 2005년의 '백향목 혁명'은 레바논 국내의 정당 및 정치가 간의 세력 지도를 크게 변화시킨 사건이었다. 이 '혁명'을 주도했던 반시리아파가 부상하고, 반대로 그때까지 시리아를 비호자로 삼아 권세를 휘둘러왔던 친시리아파는 발언권이 약해졌다. 시리아와의 관계는 단순한 외교

정책상의 정책 과제(어젠다)가 아니라, 레바논에서 누가 권력을 장악하고 있는가라는 문제와 직결되었다.

즉 '백향목 혁명'으로 되찾은 자유는 레바논을 민주화하는 한편, 그 민주적인 제도 속에서 권력 투쟁을 일으켰던 것이다(安武塔馬, 2011).

정치 대립이 일으킨 '제도 내' 정치의 마비

친시리아파와 반시리아의 형성과 양자 간의 대립은 다극공존형 민주주의의 생명선인 합의에 의한 합의 형성을 파탄냈다. 친시리아파의 필두는 시아파 이슬람주의 조직이자 정당인 헤즈볼라(신의 당)다. 헤즈볼라는 1980년대 초 결성된 이래 시리아로부터 지원을 받았다. 한편 시리아 측에서 볼 때 헤즈볼라는 원수 이스라엘과의 전투에서 함께 투쟁하는 동료이며, 또한 레바논을 실효 지배하기 위한 교두보였다. 헤즈볼라는 라피크 하리리 전 총리 암살 사건을 계기로 분출한 반시리아 감정의 고조를 감안해, 국내의 친시리아 정당 및 정치가와 함께 정당 연합(3월 8일 세력)을 결성해 '백향목 혁명'에 맞서 '반(反)혁명'을 추구했다. 이를 통해 반시리아를 내세우는 정당 연합(3월 14일 세력)에 권력이 집중되는 것을 견제하고 자신들에게 불리한 정치 환경 등이 형성되는 것을 저지하고자 했다.

또한 시리아에 의한 실효 지배의 종식이 만들어낸 권력의 공백 상태는 외부 여러 국가의 레바논에 대한 관여와 간섭도 조장했는데, 그것이 친시리아파와 반시리아파의 대립을 한층 더 격화시켰다. 시리아와 이란이 친시리아파에 의한 세력 확대를 음으로 양으로 지원한 반면, 프랑스·사우디아라비아·이집트·아랍연맹은 반시리아파를 지원했다.

이리하여 '백향목 혁명' 이후 레바논 정치에서는 모든 정책 과제가 반시리아나 친시리아의 입장으로 수렴되었고, 정당 및 정치가에 의한 비타협적 정치 자세가 만연했다. 국민의회에서는 법안이 가결되지 못했을 뿐만 아니라 의원의 보이콧으로 심의 자체가 공전했다. 한편 내각은 장관의 인사를 둘러싼 대립으로 발족마저 불가능한 사태를 맞았다. 레바논에서는 "종파는 내각을 조직할 때 공정히 대표된다"(제95조)라는 헌법 규정에 따라 내각의 구성은 선거의 승패, 여야의 구별, 정책의 상이함에도 불구하고, 원칙적으로 국내의 모든 정당 및 정치가의 합의에 의해 진행되고 있다. 그렇지만 정치 대립이 격화된 상태에서 장관의 인사를 둘러싼 합의 형성은 대단히 곤란해지기 마련이다.

이리하여 '백향목 혁명'으로 민주화의 길을 걷게 된 레바논이었지만, 국가를 양분하는 격렬한 정치 대립으로 국민의회와 내각 모두 기능 마비 상태에 빠져버렸다.

'제도 외' 정치의 확대와 내전 재발의 위기

국민의회와 내각에 의한 '제도 내'에서의 정치가 마비된 레바논이지만, 정당과 정치가는 권력 투쟁을 멈추지 않았다. 그 결과 정치는 '제도 외'로 새어 나오게 된다. 그것은 초법규적 조치와 길거리 항의 행동이라는 두 가지 형태를 취했다.

우선 초법규적 조치부터 살펴보자. 레바논의 정당 및 정치가는 국민의회도 내각도 기능 마비 상태에 빠진 가운데, 그것을 대신할 새로운 합의 형성의 장을 모색했다. 그러한 노력은 2006년 3월 국내의 주요 정당 및 정치가 14명으로 구성된 국민대화(National Dialogue) 회의의 설치로 결실을 맺어, 레바논이 직면하고 있는 여러 과제를 논의하기 위한 토론회를 여러 차례 개최했다. 그렇지만 이 시도도 친시리아파와 반시리아파 간의 격렬한 정치적 대립을 해소하기에는 역부족이었다. 그뿐만 아니라 '대화'를 내세우면서도 물밑에서는 정치가와 유력자 암살(미수) 사건을 잇따라 일으켜, 레바논 정치는 더욱더 혼탁한 색채를 띠어갔다.

교착 상태에 빠진 국민대화 회의는 다른 형태의 '제도 외' 정치를 일으켰다. 바로 길거리 항의 행동을 통한 실력 행사다. 그 포문을 연 것이 '백향목 혁명' 이래 후퇴전(後退戰)을 강요받아온 친시리아파였다. 친시리아파는 자파 출신 장관을 포함한 거국일치 내각의 성립을 요구하는 길거리 항의 행동을 감행해, 2006년부터 2007년에 걸쳐 수십 만 명 규모의 시위를 반복했다.

이렇게 하여 초법규적 조치에 따른 정치적 불화 때문에 길거리 항의 행동에 의한 정치가 확대되면서 반시리아파와 친시리아파의 대립은 '제도 내'에서 '제도 외'로 그 장을 옮기는 동시에, 정당 및 정치가에서 일반 시민으로 그 주체가 변화했다. 2006년 말부터 레바논 각지에서는 각 지배자 간에 작은 경합이 빈발했고, 12월 베이루트 서부 상점에서 발생한 방화사건(사망자 1명, 부상자 20명), 이듬해 1월 총파업에서의 무력 충돌(사망자 3명, 부상자 약 130명), 또한 대학생들의 논쟁에서 촉발된 총격전(사망자 4명, 부상자 약 160명)이 잇따라 일어났다. 두 진영 지지자 간의 충돌은 무장한 시민과 민병이 등장하면서 본격적인 무력 충돌로 발전해, 2008년 5월에 일어난 '균형 붕괴의 전투'로 불리는 격렬한 전투로 국내의 거의 모든 지역이 전쟁터가 되어버렸다. 이 전투에서 두 진영 합쳐 80명 이상의 사망자와 200명 이상의 부상자를 냈고, 1990년에 내전이 종결된 이래 최악의 국내 무력 충돌로 기록되었다. 레바논은 내전이 재발할 위기에 내몰렸다(青山弘之·末近浩太, 2009: 第7章).

이때를 기점으로 '백향목 혁명'이 계기가 된 레바논의 민주화는 좌절되었다고 말할 수도 있다. 레바논은 2005년에 분명 자유와 평화를 되찾았다. 그렇지만 시리아와의 관계가 쟁점이 된 격렬한 정치 대립은 국가를 양분하고 '제도 내' 정치를 마비 상태로 만들었다. 국민의회와 내각의 공전에 더해 2007년 11월에는 임기 종료를 앞둔 에밀 라후드(Émile Lahoud) 대통령(1998~2007년 재임)의 후임자 선출이 좌절되어 대통령직마저 공석이 되었다. 레바논은 국민의회, 내각, 대통령의 '삼중 공백'이라는 미증유의 사태에 빠졌다.

이상에서 살펴본 바와 같이 레바논은 정치 무대를 '제도 외'로 옮겨 사태를 타개하고자 했지만, 결과적으로는 민주적인 절차를 거쳐 얻은 자유를 손수 결딴내버리고 말았다. 그뿐만 아니라 정치 대립이 시민에게 파급됨으로써 국내 치안이 급속히 악화되어 평화마저도 상실되고 말았다.

3. 내전 재발을 피하기 위한 '합의'

다시 국가 붕괴의 깊은 수렁에 빠진 레바논이지만, 어쨌든 거기서 멈춰섰다. 상실되고 있었던 평화는 어떻게 회복된 것일까? 또한 그것은 레바논의 자유에 무엇을 가져왔을까? 이 절에서는 이러한 질문에 대해 고찰하고자 한다.

외부 개입이라는 양날의 검

레바논의 정당 및 정치가는 정치의 혼란과 치안의 악화를 더는 멈출 수 없었다. 오히려 그들은 스스로 '삼중 공백'을 만들어내고 시민들 간의 대립을 선동한 장본인이었다. 평화의 열쇠를 쥐고 있던 것은 레바논에 관여해 온 외부의 여러 국가였다.

앞에서 논한 바와 같이 반시리아파와 친시리아파의 대립은 외부 여러 나라의 내정 관여에 의해 조장되었다. 프랑스, 사우디아라비아, 이집트, 아랍연맹이 전자(반시리아파)를 지원한 반면, 시리아와 이란은 후자(친시리아파)의 세력 확대를 음으로 양으로 지지했다. 그렇지만 레바논을 내전 재발의 위기에서 구한 것 역시 외부의 여러 나라였다. 레바논의 국내 대립을 조장해온 것이 이러한 외국의 여러 나라였다고 한다면, 그 대립을 완화하는 역할을 수행해냈던 것도 이 국가들이다(Kerr, 2006).

레바논 각지로 확산된 '균형 붕괴의 전투'는 2008년 5월 21일에 카타르와 아랍연맹 각료위원회가 주도한 「도하(Doha) 합의」로 수습되었다. 이 합의는 레바논 국내 11개 그룹의 대표자가 참가한, 카타르의 수도 도하에서 열린 국민대화 회합에서 조인되었는데, 반시리아파와 친시리아파의 비호자였던 외부의 여러 나라도 이를 승인했다. 2007년 11월 이후 공석으로 있던 대통령 자리에 미셸 술레이만(Michel Suleiman) 군 사령관을 임용(2008~2014년 재임)하기로 합의했다.

즉 레바논에 촉수를 뻗치던 외국 여러 나라는 레바논 자체가 붕괴하는 것까지는 바라지 않았다. 레바논의 다극공존형 민주주의에 대한 외국 여러 나라의 간섭은 불안정과 안정 그 어떤 것에도 작용하는 양날의 검이다.

레바논은 스스로 지니고 있던 의사 결정의 자유를 여러 외국에 맡기는 형태로 평화를 되찾을 수 있었다.

2009년 선거와 그 후의 정치적 교착

이렇듯 외국 여러 나라의 움직임에 의해 레바논은 일단 내전 재발의 위기에서 벗어났다. 레바논은 이 상태 그대로 자유와 평화를 되찾게 될 것인가? 그 시금석이 된 것이 2009년 6월에 투개표가 진행된 제18차 국민의회 선거였다.

이 선거는 한때 무력 충돌로까지 발전할 정도로 관계가 악화되었던 반시리아파와 친시리아파가 민주적 제도를 통해 자웅을 겨루는 싸움이 되었다. 선거 결과는 128개 의석 중 반시리아파가 71개 의석(무소속 2개 의석 포함)을 획득해 14석 차로 친시리아파(57개 의석)를 압도하며 집권 여당의 자리를 지켰고, 이 세력의 대표인 사드 하리리(Saad Hariri: 암살된 라피크 하리리의 아들)가 신임 총리(2009~2011년 재임)로 취임했다. 장기간의 격렬한 대립에도 두 진영이 민주적 절차를 존중하면서 정권 교체를 판가름하는 선거를 실시하는 데 합의한 것은, '활발하고 성숙된 레바논의 민주주의가 기능하고 있다'는 증거로 평가받았다(Hajjar, 2009: 262)

그렇지만 그 후 레바논 정치는 다시 기능 마비 상태에 빠졌다. 지금까지 반복해서 말했듯이, 다극공존형 민주주의에서 의사 결정은 다수결(수의 논리)이 아니라 어디까지나 대화에 의한 합의 형성을 통해 이루어진다. 그렇지만 반시리아파와 친시리아파 간의 제로섬 게임이 계속되는 상태에서는 대화에 의한 의사 결정 등은 바랄 수도 없었다. 그것을 상징적으로 보여준 것이 선거 후 있었던 내각 구성을 둘러싼 인사의 난항이다. 사드 하리리 신임 총리는 선거에서 승리한 자기 진영의 반시리아파 출신들이 중심에 포진하기를 바랐지만, 친시리아파는 "종파는 내각을 조직할 때 공정히 대표된다"(제95조)라는 헌법 규정을 방패 삼아 상당수의 장관직 배분을 요구했다. 결국 5개월 이상의 공방 끝에 새로운 내각이 발족했지만, 종파제도에 기초한 종파 간의 권력 배분 원칙을 존중한 거국일치 내각을 통해 선거에서 패한 것이 분명한 야당 세력, 즉 친시리아파 장관을 많이 포함하게 되었다(末近浩太, 2012).

각자 살아남기 위해 격렬히 대립하는 여당과 야당으로 구성된 사드 하리리 내각은 대다수의 예상처럼 곧 좌초하고 말았다. 시리아와의 관계를 중심으로 한 다양한 정책을 둘러싸고 반시리아파와 친시리아파는 격렬한 대립을 반복했다. 각각의 비호자인 사우디아라비아와 시리아 사이에 레바논 정세를 안정시키기 위한 조정 노력도 시도되었지만, 그것도 곧 결렬되었다. 그 결과 2011년 1월 친시리아파 출신 장관 10명이 사임함으로써 사드 하리리 내각은 붕괴됐다('레바논 헌법' 제69조 제1항에 의하면 각료의 3분의 1이 부재할 때 그 내각은 법적 근거를 상실한다).

그 이후 차기 총리를 지명하기 위한 국민의회의 자문 과정에서 친시리아파는 무소속 및 중도파 의원을 영입해 의석의 과반수를 차지하고 자신들과 가까운 나지브 미카티(Najib Mikati)를 신임 총리(2011~2013)로 지명하는 데 성공했다. 이리하여 친시리아파는 2009년 국민의회 선거에서 반시리아파에 패배하고 야당의 자리에 만족해야 했음에도, 레바논 정부를 주도하는 상황을 이끌어낸 것이다. 이 선거가 있은 지 1년 반 만에 전 총리가 되어버린 사드 하리리는 친시리아파에 의한 이 일련의 행위를 '정치적 쿠데타'라고 하며 격렬히 비판했다.

이처럼 2009년의 국민의회 선거를 계기로, 레바논은 내전 재발의 위기에서 벗어나 자기 손으로 민주주의적 정치를 되찾은 것처럼 보였다. 그렇지만 실제로는 반시리아파와 친시리아파 간의 정치 대립이 해소된 것은 아니었으며, 또한 그 대립에 의한 제도의 마비나 합의 형성의 실패가 계속되면서 '결정되지 않는 정치'가 다시 현저해지는 양상을 띠었다. 레바논은 평화를 회복했지만, 자유를 되찾지는 못했다.

시리아 '내전'의 여파

이처럼 자유를 향한 발걸음을 계속한 레바논이지만, 더욱 심각한 난관에 직면해야 했다. 2011년부터 시작된 시리아 '내전'이 그것이다.

시리아에서 일어난 반정부 항의 시위의 확대와 그 후의 '내전'화는 레바논 국내의 친시리아파와 반시리아파의 대립이라는 불씨에 기름을 퍼부었다. 시리아에서의 '아랍의 봄'은 반시리아파 쪽에서 보면 레바논에 대한 시리아의 간섭을 종식시키는 것인 한편, 친시리아파에게는 강력한 정치적·경제적·군사적 비호자의 상실을 의미했다. 사실 반시리아파와 친시리아파는 격렬한 설전을 거듭했을 뿐 아니라, 관계를 맺고 있는 시리아의 반체제파 또는 바샤르 아사드 정권에 각각 지지를 표했다.

시리아 '내전'에 대한 대응을 놓고 불거진 국내의 대립은 외국 여러 나라의 대립에 의해 조장되었다. 미국, EU, 사우디아라비아 등은 아사드 대통령에게 퇴진을 요구했다. 반면 이란, 러시아, 중국은 아사드 대통령의 지도 아래 정치적으로 해결할 것을 고집했다. 즉 장기간에 걸친 시리아와의 관계가 규정해온 레바논 정치는, 시리아 자체가 국제 정치에서 큰 쟁점이 되자 다시 외국 여러 나라 간의 대립 속으로 빨려 들어갔고, 그 결과 「도하 합의」 시기에 국내외에서 보여준 융화의 기운은 과거의 것이 되었다(카타르 자체가 시리아 반체제파의 강력한 비호자가 되었다). 다시 정치 대립의 색채가 짙어진 레바논은 자유에서 더욱 멀어졌다.

그뿐만이 아니었다. 회복으로 향하고 있던 평화마저도 다시 위기에 내몰리게 되었다. 친시리아파인 헤즈볼라는 아사드 정권을 지원하기 위해 군사를 시리아 국내로 파견해 반체제파와의 전투에 뛰어들었다. 한편 반시리아파를 형성하는 정당 및 정치가는 반체제파에 대해 주로 병참 부문을 지원한 것으로 알려진다. 그때까지 시리아에 의한 관여가 특징이던 레바논의 정치가 반대로 시리아에 관여하는 양상을 띠기 시작하는, 이른바 역전 현상이 일어났던 것이다(末近浩太, 2013: 第10章).

두 진영에 의한 이러한 군사적 관여는 시리아 국내에서 활동하는 다양한 반체제파와 알카에다 계통 무장 집단의 레바논 국내로의 유입을 초래해, 레바논을 시리아와 지역적으로 연계된 전쟁터로 변화시킬 위험을 수반하고 있었다. 사실 시리아와의 국경에 인접한 아르살 지역에는 시리아로부터 자유시리아군이나 샴의 사람들을 위한 누스라 전선 등의 전투원 유입이 일상화되고 있으며, 그들과 레바논의 군 및 치안 부대와의 전투가 빈발하고 있다. 2014년 중반부터는 이라크와 시리아에서 부상한 IS에 충성을 맹세하는 집단의 존재가 확인되기도 했다. 또한 시리아 국내의 치안이 악화되면서 '내전'이 시작된 지 3년 만에 100만 명이나 되는 피난민이 레바논으로 유입되었다. 피난민은 레바논 총인구의 약 4분의 1을 차지해 사회경제적 불안을 유발하고 있다(UNHCR, 2014b).

이처럼 2011년부터 시작된 시리아 정세의 악화는 레바논의 자유를 향한 발걸음을 둔화시켰을 뿐만 아니라, 2008년 국내외에서의 융화를 향한 발걸음 속에 일단 회복되었던 평화를 다시 상실할 위기로 몰아넣었다.

'결정되지 않는 정치'에서 '결정하지 않는 정치'로

이리하여 내전 종결 이래 자유와 평화 양방에서 위기에 몰렸던 레바논은 이 상태 그대로 붕괴의 길을 걷고 말 것인가? 시리아 '내전'이나 국제 정치의 추세가 레바논의 장래를 크게 좌우하는 것은 틀림없다. 그렇지만 한편으로 레바논인 스스로가 시리아라는 압도적인 정치 세력 및 군사력의 퇴장, 종파제도 아래 빚어진 민주화의 차질 그리고 내전 재발의 위기를 거친 이후 자국을 다시 붕괴의 나락으로 빠져들지 않게 하는 메커니즘을 만들어내고 있는 것으로도 보인다. 이렇게 말할 수 있는 이유는 무엇인가?

사드 하리리 내각의 총사퇴를 초래한, 앞에서 언급한 2011년 초 친시리아파에 의한 '정치적 쿠데타'는 2005년에 일어난 '백향목 혁명' 이래 레바논의 민주화에서 대단히 중요한 전환점이 되었다. 국내 정치의 관점에서 보면 2005년 '백향목 혁명'을 계기로 부상한 반시리아파가 후퇴하고 시리아와의 관계 강화를 추구해온 친시리아파가 주도하는 내각이 탄생했다. 국제 정치의 관점에서 보면 반시리아파를 지지해온 미국과 EU, 사우디아라비아에 대해 시리아와 그 동맹국인 이란이 반전(反轉) 공세를 강화하는 형태가 되었다. 즉 이 시점에서 레바논은 '팍스 시리아나' 시대로 역행했던 것이다.

다만 친시리아파가 영향력을 회복했기 때문이라고는 해도, 강력한 중개인으로서의 시리아는 레바논 국내에 더는 존재하지 않는다. 그 때문에 그 어떤 진영이 우위에 선다 해도 합의(合議)에 의한 합의(合意)의 형성을 통하지 않고서는 권력의 행사가 절대로 불가능하다. 종파제도에 기초한 다극 공존형 민주주의가 안고 있는 약점이 극복된 것은 아니었으며, 오히려 레바논 국내에서의 계속된 대립과 그것을 자극하는 시리아 정세의 악화를 감안해보면 레바논 정치의 기능 마비나 의사 결정의 정체는 심각해졌다. 그 때문에 친시리아파가 추대한 미카티 총리도 2013년 3월 정권 운영의 지지 부진을 이유로 어쩔 수 없이 사임했다.

이 사임극(劇)이 있고 얼마 지나지 않아 탐맘 살람(Tammam Salam)을 총리(2014년 취임)로 세우는 것에 친시리아파와 반시리아파 두 진영이 합의했다. 그렇지만 이 합의에는 함의가 숨어 있다. 즉 2009년의 선거 결과는 등한시한, 불과 2개월 뒤로 예정되어 있는 제19차 국민회의 선거까지 이른바 '가교 역할'로서의 잠정 조치였던 것이다. 정치의 제일선에서 물러난 노령의 살람 총리는 '독도 약도 될 수 없는' 인물로 발탁되어, 강한 정치적 태도나 주장이 없어 국내 융화에 활용될 수 있을 것으로 기대되었다. 즉 총리가 리더십을 발휘하지 않는 것에 합의한 것이다.

그 이후 6월로 예정된 제19차 국민의회 선거도 시리아 정세의 악화에 따라 '정치적 지지부진과 이웃 나라 시리아의 내전'을 이유로 내세워, 1년 6개월 뒤로 잠정 연기하는 결정에 합의했다. 그때까지 모든 정책 과제를 둘러싸고 대립해온 국민의회 의원들은 임기 종료 직전에 자신들의 임기를 17개월간 연장한다는 초법규적 조치에 합의했다. 또한 1년 6개월의 연장 기한인 2014년 11월이 다가오자 그들은 자신들의 임기를 2017년 6월까지 재연장하는 법안을 비준해 찬성 95표, 반대 2표의 압도적인 표차로 가결했다. 이러한 조치는 당연히 레바논 국내의 시민단체뿐만 아니라 EU 등 외부의 여러 국가로부터 민주주의에 반한다는 비난을 받았다.

그렇지만 의원들은 시리아 '내전'이 자국에 미칠 여파, 그에 따른 국내 대립의 심화, 그리고 시리아와 이라크에서의 IS의 부상 등을 이유로 이것을 정당화했다.

국민의회는 또한 2014년 5월 술레이만 대통령의 임기 종료를 앞두고 차기 대통령을 선출하는 데 실패했다. 레바논의 대통령 선거는 국민의회 의원의 투표로 정해지는데, 128명의 의원 중 3분의 2가 투표에 참여해야 하며 그 과반수 이상이 찬성하면 당선된다. 제1차의 투표에서는 그 어떤 후보자도 과반수를 상회하지 못해, 신임 대통령 선출이 무산되었다. 여기에서 주목해야 할 것은 레바논의 '임기가 종료된' 국민의회 의원들이 신임 대통령 선출에 소극적이었다는 사실이다. 제1차 투표에서 총 124표 중 52표가 백지표 또는 무효표였다는 점, 제2차 이후 각 투표에서는 정족수마저 채워지지 않았다는 점이 이를 뒷받침한다. 레바논은 대통령 부재라는 비상사태의 길을 선택했다.

리더십을 발휘하지 못하는 '잠정' 총리, '임기 종료'의 국민의회, '공석' 중인 대통령. 이리하여 레바논에는 새로운 '삼중 공백'이 발생했다. 이것은 언뜻 보면 2008년의 '균형 붕괴의 전투'를 초래한 2007년부터 2008년에 걸친 '삼중 공백'을 방불케 한다. 그렇지만 중요한 것은 이 삼중 공백이 정당 및 정치가의 합의에 의해 만들어졌다는 점이다. 이전의 공백이 어디까지나 정치 대립의 결과였던 데 반해, 이번의 공백은 정치 대립의 격화를 억제 내지 유예하기 위한 조치였다. 즉 레바논 정치는 자국의 붕괴를 피하기 위해 '결정되지 않는 정치'에서 '결정하지 않는 정치'로 변천했다고 할 수 있다.

이 메커니즘으로부터는 레바논이 역사적으로 얻어왔던 자유와 평화를 둘러싼 교훈을 알아차릴 수 있다.

자유와 평화를 둘러싼 교훈

자유와 관련해서는 2005년 '백향목 혁명'에서 비롯된 민주화와 일련의 정치적 혼란을 통해 그 어떤 정당 및 정치가도 종파제도 밑에서는 권력 독점이 불가능하다는 것이 명백해졌다. 예를 들어 총리의 자리를 자기 것으로 삼더라도 권력 배분에 기초한 다양한 결정에 의해 합의(合議)에 의한 합의(合意) 형성이 불가능해지면 사실상 정권을 주관할 수 없게 된다. 즉 레바논에서의 자유는 취급 방법을 그르치면 모든 것이 '부자유'로 전환되어버린다는 것이다. 이러한 의미에서 보면 종파제도는 그 문제점이나 철폐의 필요성이 지적되면서도, 권력 배분에 의한 제도하에 권력 투쟁을 유발하는 위험성과 비효율성을 야기하는 데 공헌해왔다고 평가할 수도 있다.

한편 평화와 관련해서는 내전의 고통스러운 기억, '균형 붕괴의 전투'의 공포, 근년에는 시리아 '내전'의 여파에서 비롯된 정정(政情) 불안에 의해 레바논이 매우 쉽게 붕괴 위기에 내몰릴 수 있다는 점이 명백해졌다. 이러한 가운데 '결정되지 않는 정치'를 '결정되는 정치'로 전환하려는 성급하고 독선적인 언동은 레바논의 취약한 평화를 훼손시킬 위험성을 언제나 수반한다.

어쨌든 말할 필요도 없이 '결정되지 않는 정치'의 메커니즘은 건전한 민주주의가 아니라 시민의 눈에서 본다면 선거가 실시되지 않음으로써 자신들의 의견이 정치에 반영되지 못하고, 또한 국가가 본래 떠맡아야 할 입법과 행정의 책임을 완수하지 않는다는 점에서 자유가 뚜렷이 훼손되었음을 의미한다. 그렇지만 그 자유를 희생시킴으로써 레바논에 최소한의 평화가 유지된다는 것을 이해하고 있는 것인지도 모른다. 적어도 민의를 제쳐두고 강인한 형태로 '결정되는 정치'를 지향했던 이집트나 시리아가 자유와 평화 양쪽 모두에서 큰 손실을 입은 것과는 선명히 대비된다.

4. 마치며: 자유와 평화의 균형점 찾기

이 장 첫머리에서 제기한 질문으로 돌아가 보자. 자유를 구가하는 레바논, 평화를 확립하지 못하는 레바논, 이런 왜곡된 상황은 어떻게 발생하고 유지되는 것인가?

그 답은 내전, 권위주의, 민주화와 민주화의 차질, 내전 재발의 위기를 경험하며 도달한 '결정하지 않는 정치'에서 찾을 수 있다. 여기에서 자유를 스스로 제한함으로써 최소한의 평화를 유지하기 위해 노력하는 오늘날 레바논의 모습을 살펴볼 수 있다. 그러한 의미에서 레바논은 이 장 첫머리에 소개했듯이 눈에 보이는 이미지만큼 자유롭지 않고 보도된 것만큼 평화가 훼손되지도 않았는데, 이것이 이라크와 시리아와 같이 '대붕괴'하지 않는 이유다.

말할 필요도 없이 이러한 정치의 존재 방식은 취약하며 지속 가능성을 결여하고 있다. '국가 의사 결정의 뒤로 미루기'라는 조치는 국가로서의 체재(體裁)나 시민 생활을 크게 훼손시키고 있다. 예를 들면 입법도 행정도 정책 입안에 합의가 불가능한 가운데 국가 예산은 전년도를 기계적으로 답습하는 비정상적 상황이 계속되고 있어 시민의 행정적 수요에 응할 수 없다. 또한 군은 군비(軍備)와 임무 수행 능력의 정체 때문에 이웃 나라로부터의 공격이나 분쟁의 파급을 억제할 수 있을 만큼 충분한 힘을 갖고 있지 않다.

또한 '삼중 공백'은 레바논의 국제적 지위나 발언력을 훼손시키고 있으며, 외교상 타국과의 신뢰 관계 양성뿐만 아니라 해외로부터의 직접 투자 유치에도 어두운 그림자가 드리우고 있다.

본래 국가가 책임을 져야 하는 것이 분명한 입법과 행정의 공백을 메우고 있는 것이 종파나 지역에 뿌리를 둔 정당, 정치단체, 사회운동이다. 이들은 각각의 활동 거점, 지지 기반이 된 지역을 중심으로 의료, 복지, 교육 등의 활동을 전개하고 있다. 예를 들면 헤즈볼라가 레바논 정부의 불충분한 국방 능력을 보완함으로써 군사 부문을 유지하고 있다. 2006년 이스라엘에 의해 전면 공격(레바논 분쟁)을 받았을 때도 실제로 이스라엘군과 교전한 것은 레바논군이 아니라 이러한 비정부 군사 조직이며, 이스라엘·레바논 전쟁 이후 시민 인프라의 복구를 담당했던 것도 주로 이러한 단체와 조직이었다. 중앙정부보다 종파나 지역에 뿌리를 둔 친근한 단체와 조직에 대한 충성심이나 기대가 시민 사이에서 확대되고 있으며, 그것이 국가로서의 의사 결정을 한층 더 어렵게 하고 있다는 것이 딜레마다(Cammett, 2014).

따라서 이와 같은 '결정하지 않는 정치'는 레바논 정치의 이상적인 모델이나 완성된 형태가 아니라 어디까지나 지금의 시점에서 취할 수 있는 과도적·일시적인 형태이며, 향후에는 그 모습이 크게 변화될 것이라고 여겨진다. 그러한 의미에서 '결정하지 않는 정치'는 오늘날 레바논의 자유와 평화의 존재 방식에 대한 잠정적인 답에 불과하다.

그렇지만 거기에서 레바논 정치를 읽어내기 위한 중요한 단서를 발견해 낼 수 있다. 이 장에서 살펴보았듯이 '결정하지 않는 정치'에 이르는 레바논 정치의 운용 과정에서 레바논이 자유와 평화를 희구(希求)하면서도 제각각

이상적인 모델 혹은 완성된 형태를 향해 맹목적으로 나아가고 있는 것이 아니라, 시대와 정치 환경에 부응하는 형태로 양자 간의 균형점을 발견해 왔다는 것을 알 수 있다. 그리고 그 균형점은 국내 정치와 국제 정치의 연동 속에서 항상 불확실한 형태로 이행되어 변화해왔으며, 또한 타국에 의한 실효 지배나 내각·국민의회·대통령의 기능 정지 등 상식적으로는 생각할 수 없는 형태를 취해왔다는 것이다. 즉 이 자유와 평화의 균형점의 위치 변화를 파악하는 것이 복잡하고 기괴한 레바논의 정치, 그리고 그것을 둘러싼 중동 정치와 국제 정치의 역동성을 이해하기 위한 열쇠다.

레바논은 소국(小國)이 분명하며, 이웃 국가들의 간섭이나 국제 정치의 동향에 의해 농락되어왔다. 그렇지만 바로 그렇기 때문에 레바논은 교과서대로 '민주주의'나 '안전보장' 일변도가 아니라 자유와 평화의 균형점을 둘러싼 시행착오를 반복하면서, '아랍의 심장'에서의 불확실하며 유동적인 정치의 거친 풍파를 극복하려 하고 있는 것이다.

제5장

요르단

분쟁의 피해자인가, 수혜자인가

•

깃카와 다쿠로(吉川卓郎)

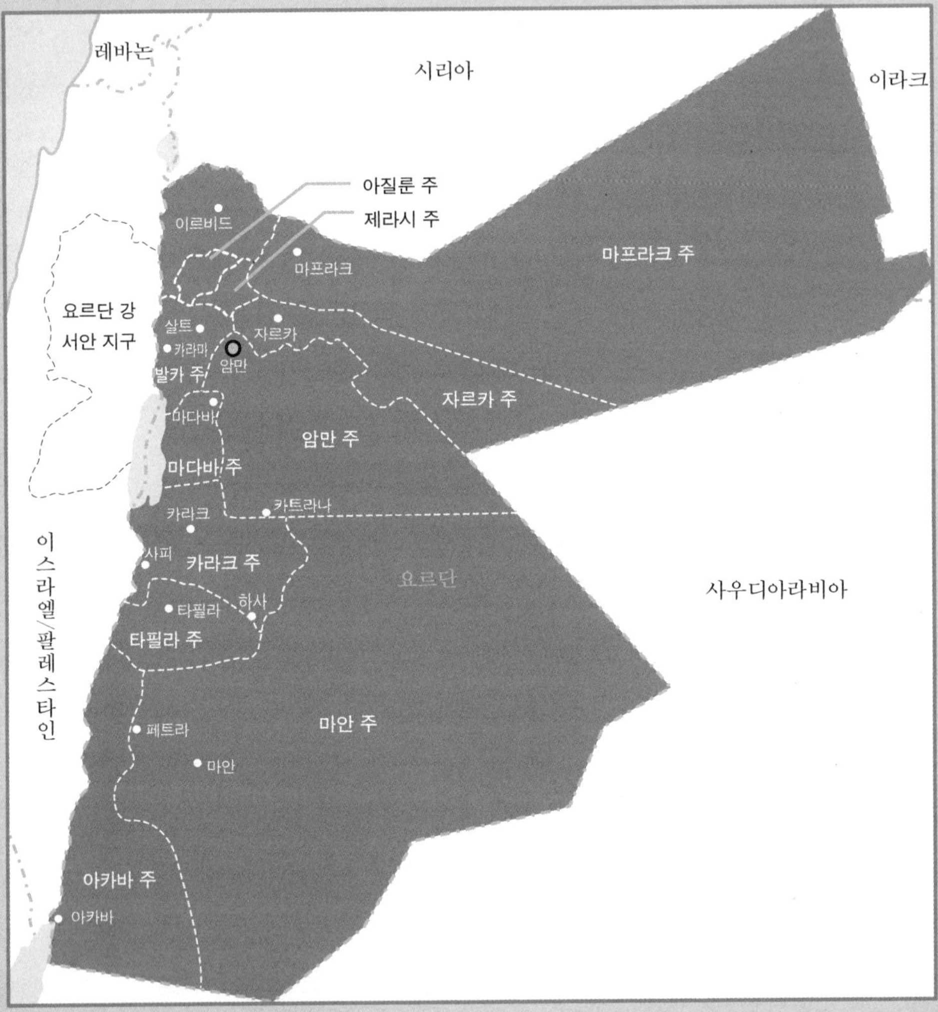
레바논
시리아
이라크
아질룬 주
제라시 주
이르비드
마프라크
마프라크 주
요르단 강
서안 지구
살트
자르카
카라마
암만
발카 주
자르카 주
마다바
암만 주
마다바 주
카트라나
카라크
사피
카라크 주
요르단
사우디아라비아
이스라엘/팔레스타인
하사
타필라
타필라 주
페트라
마안 주
마안
아카바 주
아카바

1. 시작하며: 쓰러지지 않는 국가

아마도 요르단은 '아랍의 심장' 지역에서 가장 주목받지 못하는 국가일 것이다. 이라크 전쟁이나 '아랍의 봄', 또한 최근에는 IS의 위협 등 불안 요소가 적지 않다. 그렇지만 이러한 불안과는 정반대로 요르단에서는 크게 보도될 만한 사안이 발생되고 있지 않으며, 따라서 세간의 이목을 집중시킬 기회도 적었다.[1] 그렇다고 이런 것이 요르단에 문제가 없다는 것을 의미하는 것일까?

'아랍의 심장'을 염두에 두고 요르단의 특징을 열거해보도록 하겠다. 첫째, 요르단은 유일한 군주제 국가다. 요르단의 정식 명칭인 'Hashemite Kingdom of Jordan'은 '요르단 하심 왕국'이며, 건국 이래로 이슬람교의 예언자 무함마드를 낸 하심가(家)의 지배가 계속되어왔다. 둘째, 비민주적인 체제이면서도 현재까지 폭력적인 체제 전환을 경험하지 않았다. 더 정확히 말하자면, 요르단은 몇 차례나 체제 붕괴의 위기에 노출되었지만, 오늘날까지 꾸준히 생존해왔다. 셋째, 이 지역에서도 두드러진 친(親)서구 국가다. 물론 다른 대다수의 아랍 군주제 국가도 이와 같은 특징이 있기는 하지만, 요르단과 비교하기는 어렵다. 요르단은 애초부터 걸프 지역 국가들처럼 국민을 회유할 수 있는 부(富)를 보유하지 못했기 때문이다(오히려 장기적으로는 '자원의 저주'라고 말할 수 있을지도 모른다).[2]

1 그런데 2015년 1월에 IS가 일본인을 인질로 잡고 있다는 사실이 발표되었고, 또한 이 사건과 요르단을 연계시켰다. 즉 일본인 인질과 IS에 의해 구속된 요르단 공군 파일럿 및 2005년 '암만 동시 폭파 사건'에 관여했던 사형수를 연계시킨 결과, 요르단 정부의 대응에 전 세계가 주목했다.

펄럭이는 요르단 국기(암만 시내)
2013년 9월 28일 깃카와 다쿠로 촬영

안타깝지만 근대 국가로서 요르단의 약점은 너무 많아 헤아릴 수가 없다. 주요한 것만 해도 부족한 수자원, 적은 경작지, 바다로의 접근이 제한적인 지리적 위치 등 척박한 자연 및 지형 조건과 지역 대국 및 분쟁 지역의 중간에 위치해 있다는 지정학적 약점, 그리고 거대한 팔레스타인 디아스포라 공동체의 존재 등을 들 수 있다. 이러한 것은 국가의 개발과 발전에 불리한 조건일 것이다. 또한 요르단의 국내 사회는 모자이크적이며 건국 이전부터 정주했던 그룹(이하 트란스요르단인)을 필두로 해서 팔레스타인 난민과 그 가족으로 요르단 국적을 취득했던 그룹(이하 이들을 팔레스타인 계통으로 지칭하고, 그 밖의 사람들은 팔레스타인 난민으로 지칭) 등 복수의 유력한 종족 및 종교 공동체가 존재한다. 오늘날 '아랍의 심장'에 있는 여러 국가의 혼란 때문에 요르단에는 1948년의 제1차 팔레스타인 난민을 초월하는 규모의 시리아인 및 이라크인 난민과 피난민이 이미 유입되고 있다. 난민의 유입이 보여주듯이 요르단은 필연적으로 이 지역의 정치 변동에 영향을 받는 위치에 존재한다. 요르단의 네 번째 특징인 '국내의 팔레스타인 문제'와 다섯 번째 특징인 '완충 국가'가 여기에서 비롯

2 아랍의 군주제 국가 대다수가 왕족, 수장(首長) 가문의 '동족(同族) 지배'인 데 반해, 요르단은 국왕의 '개인 지배'라는 것도 큰 차이점이다. 아마도 비(非)산유국이며 입헌군주제인 아랍 국가로서 요르단과 비교할 수 있는 유일한 사례는 모로코 정도일 것이다(Joffé, 2014 참조).

된다. 이 두 가지는 아랍의 다른 군주제 국가에서 찾아볼 수 없는 것이다.

이렇게 볼 경우 요르단은 문제투성이 국가이며, 관찰자의 눈이 '위기'로 향하는 것도 무리는 아니다. 그렇지만 요르단을 실제로 이해하기 위한 첫 출발점으로 국가의 지지 기반을 둘러싼 모순, 즉 '왜 약점으로 가득한 국가가 독립과 질서를 유지하며, 지배자인 하심가도 권력을 유지해왔는가'라는 질문에 답해야 하지 않을까?

2. 요르단의 '위기'를 둘러싼 허상

이 장 첫머리에서 열거한 요르단의 특징(왕제, 비민주적인 체제, 친서구, 국내의 팔레스타인 문제, 완충 국가)은 흔히 요르단의 약점으로 지적되어왔다. 이러한 문제를 부각시킨 '요르단 위기'론은 그 나름대로 설득력이 있지만, 대국적(大局的) 역사관과 정치학적 분석이라는 점에서 깊이를 결여하고 있다. 이 절에서는 '아랍의 봄' 발생 이후 식자(識者)와 대중매체에 표명된 요르단의 위기를 둘러싼 허상의 유형과 문제점을 정리해보도록 하겠다.

하심가의 지배

우선 내정 문제에서 시작해보자. 요르단 위기의 원천으로 왕제에서 문제점을 찾는 식자가 적지 않다. '아랍의 봄' 이후에는 예를 들면 "이슬람교의 예언자 무함마드의 혈통으로 영국인과의 혼혈이기도 한 현재의 국왕은 과거에 구축된 권력 기구에 의존하는 경향을 강화하고 있다. 또한 왕실 관계자들이 누리는 호화로운 생활에 대한 비판이 강해지고 있다"(캐다나 일간지 *Star*, 2013년 6월 10일 자 참조)라는 등의 논의가 있다. 여기에는 어느 정도 객관적 사실이 포함되어 있지만, 왕실 권력의 최초의 원천이 무엇인지에 대한 설명을 결여하고 있다. 왕제의 역사나 제도에 관해서는 다음 절에서 상세히 설명하기로 하고, 우선 '국왕에 의한 지배'라는 오해에 대해 설명하겠다.

요르단 국왕은 헌법 규정에 따라 신분을 보장받는 최고 지도자이며, 행정권부터 군의 통수, 나아가서는 헌법 개정의 승인에 이르기까지는 강한 권력을 지닌다. 그렇지만 국왕의 힘이 처음부터 강했던 것은 아니다. 초대 국왕 압둘라 빈 후세인 하심(Abdullah bin Hussein al Hashim, 압둘라 1세, 1923~1951년 재위)의 권위는 약했으며, 왕국 중흥의 아버지로 강한 리더십을 발휘한 후세인 빈 탈랄 국왕(1953~1999년 재위)마저 법 개정이나 내각, 국민의회(상원과 하원을 합친 국회를 지칭)와의 조정 없이는 왕좌를 지킬 수 없었다. 이 점에 대해서는 압둘라 빈 후세인(압둘라 2세) 현 국왕(1999년 즉위)도 다르지 않다.

또한 왕족이 하심가의 후손이라는 점도 권력의 근거가 되지는 않는다. 실제로 압둘라 1세 국왕은 암살되었으며, 후세인 국왕도 몇 번이나 체제 붕괴의 위기를 드러냈다. 이러한 점에서 보면 반대 견해인 외래 왕실(요르단 왕가는 현재 사우디아라비아 서부 헤자즈 지역 출신이다)에 의한 요르단의 지배라는 지적도 빗나간 것이다. 영국 위임통치령 시기에 제정된 '1928년 요르단 국적법'에 따르면 1923년 이전에 요르단 영내에 거주했던 모든 이들이 요르단인으로 간주되어, 거기에 국왕과 정부 관계자, 부족을 포함한 일반인 대다수가 포함되었기 때문이다. 오히려 당시에는 '국적법'이 아랍의 통일에 장해가 된다는 우려나, 1926년에 사우드 가문(사우디아라비아 왕가)의 수중에 떨어진 하심가의 옛 영토 헤자즈(Hejaz) 지방이 요르단 영토에서 분리되면서 해당 지역 주민의 반발이 컸다는 지적도 있다(Abu-Nowar, 2006: 123~124).

민주화 운동

국왕과 정부의 권한이 강한 요르단은 일반적으로 민주국가로 인식되지 않으며, 실제로 '아랍의 봄'이 국내에 파급된 2011년 봄에는 민주화 운동(이하 2011년 민주화 운동)이 고양되었다. 그중에서도 국내 최대의 동원력을 과시하는 이슬람주의 조직인 요르단의 무슬림형제단은 대규모의 반정부 시위를 반복했다. 이러한 기세 때문에 일부에서는 무슬림형제단 정권이 탄생할 가능성마저 무성하게 나돌았다. 그렇지만 6개월도 지나지 않아 2011년 발생한 민주화 운동의 기세가 상실되고, 야당 대다수는 정부가 주도하는 개혁에 참가했다. 무슬림형제단이 주최한 시위에 참가하는 사람들이 급감하고 무슬림형제단 산하의 정당 '이슬람행동전선당'도 정부 개혁의 지연을 이유로 2013년 총선거(하원 선거)를 거부해버렸다. 하지만 총선거는 예정대로 실시되었고, 그 이후 하원은 큰 혼란 없이 기능하고 있다(吉川卓郎, 2014).

다만 민주화 운동의 축소가 반드시 정부 개혁에 대한 전국적인 지지를 의미하는 것은 아니다. 2011년부터 2013년에 걸쳐 총리가 네 명이나 교체되었고, 소규모 및 중규모의 시위는 그 이후에도 계속되었다. 또한 관청과 공공기관에서도 쟁의가 표면화되고 있다. 즉 요르단의 길거리 정치에서 주목해야 하는 것은 왜 시민의 불만이 전국을 가로지르는 정치 운동으로 집약되지 않는가, 다시 말해 2011년 민주화 운동은 왜 실패했느냐는 것이다.

분단국가라는 문제

여기에서는 이스라엘/팔레스타인이 끼친 영향에 대해 살펴보도록 하겠다. 요르단 관찰자들 사이에서는 요르단 독립 후 '신참자'로서 최대 소수파를 형성한 팔레스타인 계통의 지위를 둘러싼 '위기' 관련 논의도 왕성하다. '요르단은 팔레스타인 국가'라는 이러한 논리는 일반적으로 두 가지로 대별될 수 있다. 첫째, 팔레스타인 계통이 진정한 다수파인데도 트랜스요르단인이 기득권을 독점하고 있다는 비판이다. 이러한 인식은 때로는 '왕제가 붕괴하면 요르단은 팔레스타인 국가가 되어버린다'(예를 들면 *Yedioth Ahronoth*, 2014년 2월 24일 자 참조)는 등의 극단적 논의로 바뀌는 경우도 있으며, 요르단 강 서안 지구의 합병을 주장하는 이스라엘 우파 중에는 이를 지지하는 이들도 적지 않다. 둘째, 최근에는 팔레스타인 계통에 대한 자원 분배가 추진되어 일부 트랜스요르단인이 냉대를 받고 있다는 의견도 있다. 예를 들면 '아랍의 봄'이 요르단으로 파급된 초기에 유입되어온 팔레스타인 혈통의 라니아 압둘라(Rania Al Abdullah) 왕비(쿠웨이트 출생)에 대한 비판 보도도 이 논의의 연장으로 여겨진다(吉川卓郎, 2014). 이러한 논의는 '트랜스요르단인 대 팔레스타인 계통' 식으로 과장되어 있는데, 출신을 둘러싼 사회적 균열과 격차가 요르단 사회를 읽어내는 단서 중 하나라는 것은 분명하다. 이 점에 대해서는 3절과 4절에서 설명하도록 하겠다.

원조에 대한 의존

요르단은 서구, 일본, 걸프 지역을 비롯한 다양한 국가로부터 원조를 받고 있다. 국제 정치에서 요르단의 이러한 입장을 단적으로 보여주는 것으로 '예산 안전보장'이라는 용어가 있다. 이 장의 첫머리에서 제기했던 바와 같이 구조적 취약성을 노정하고 있는 요르단은 강력한 원조 국가 특히 서구 국가에 강하게 의존하고 있으며, 외교나 안전보장에까지 영향을 받는다는 주장이다(Brand, 1994). 원조국과 피원조국 사이에 권력관계가 발생하는 것은 당연하므로, 이는 틀린 설명이 아니다. 또한 제2차 세계대전 이후부터 현재까지 아랍 국가들이 유효한 국제 협력 메커니즘을 형성하지 못하고 있는 이상, 소국인 요르단이 미국과 EU 등 멀리 떨어져 있는 권력을 추종하는 행위도 국제 정치에서는 일종의 상식에 해당한다. 그것보다 주목해야 할 것은 왜 요르단과 같은 소국에 세계 각국으로부터 원조가 집중되고, 또한 계속되고 있는 것인가 하는 점이다. 또한 '아랍의 심장'이라는 반(反)서양·반미 기운이 강한 지역에 위치한 요르단이 친(親)서구 노선을 추구하게 된 배경이 무엇인지를 밝힐 필요가 있다.

완충 국가

요르단의 기묘한 안정감을 설명하는 하나의 재료로 '완충 국가' 가설이 있다. 요르단은 시리아, 이라크, 이스라엘, 팔레스타인(요르단 강 서안 지구), 이집트, 사우디아라비아라는 경쟁 혹은 적대하는 지역 국가와 준(準)국가 세력의 교차점에 위치하며, 또한 동서 냉전의 영향을 받은 적도 있다. 이러한 입지 조건 때문에 요르단은 완충 지대로서 주권을 확보할 수 있었다는 견해다(Muasher, 2008). 다만 완충 국가는 지정학적 상황의 귀결로서의 상태를 표현하는 용어에 불과하며, 요르단의 체제 안정을 합리적으로 설명할 수 있는 것은 아니다. 무엇보다 대국에 의한 일상적인 내정 간섭에 노출된 완충 국가는 주권 국가로서 불완전하다는 점에도 주의할 필요가 있다(아프가니스탄이나 라오스가 완충 국가로 불리는 것을 생각해보면 좋을 것이다). 다만 완충 국가로서 전례 없이 장기간 존속하는 요르단의 예는 오늘날 요르단과 유사한 상황에 있으면서도 지역 안팎 세력의 무력 개입에 노출된 시리아의 현재 상황을 고려하는 데 일종의 단서가 될지도 모른다. 예를 들면 국제법에 구속받지 않는 IS와 같은 세력이 시리아와 이라크를 유린하는 한편, 적어도 이 글을 집필 중인 현시점에 요르단으로 들어가지 않는 배경에 대해서도 고찰해야 할 것이다.

이 절에서 소개한 수많은 허상에 대해서는 이 장의 4절에서 정리해 설명하고자 한다. 그전에 3절에서는 요르단의 역사와 사회 구조에 관해 간략히 설명하고자 한다. 현재 요르단 질서의 토대는, 20세기를 지나면서 '아랍의 심장'의 변동을 요람으로 삼아 형성되어왔기 때문이다.

3. 역사와 사회: 위기에 강한 국가의 형성

요르단은 중동에서 지배자가 교체된 결과 탄생한 전형적인 인공 국가다. 또한 독립(1946) 이후 요르단에서는 최고 권력자인 국왕의 개성이 정책에 크게 반영되어왔다.

압둘라 1세 국왕 시대 _ 1923~1951

제1차 세계대전 중 영국은 적국 독일과 동맹을 맺은 오스만 제국을 공략

하기 위해 아랍인의 반란을 획책했다. 여기에서 첫 번째 희생자가 된 사람이 아라비아 반도 서부의 헤자즈 지방을 다스리던 후세인 빈 알리 하심이다. 후세인이 주도한 1916년의 '아랍 대반란'과 그 후의 성공에 의해 영국은 오스만 제국령이던 동아랍 지역을 장악했다. 영국은 「사이크스·피코 협정」을 이행하는 차원에서 시리아와 레바논을 프랑스에 양보하고, 팔레스타인과 이라크를 자국의 위임통치령으로 삼았다. 후세인의 셋째 아들로, 다마스쿠스를 거점으로 '아랍의 왕'을 목표로 했던 파이살 빈 후세인은 유랑자 신세가 되었다. 파이살을 구원하기 위해 형인 압둘라 1세는 헤자즈 지방에서 군사를 일으켜 요르단 강 동안(東岸, 현재는 요르단 영토)을 따라 북진했다. 요르단 강 동안의 유력자층 대다수는 압둘라 1세를 왕으로 맞아들였다.

영국은 갑작스럽게 끼어든 압둘라 1세를 배제하지 않았다. 그 배경에는 영국에 의해 엉성하게 처리된 중동 외교가 있었다. 첫째, 요르단 강 동안을 놓고 영국과 프랑스의 세력권을 획정한 「사이크스·피코 협정」이다. 영국은 오스만 제국에서 '제국령 시리아의 남부'로 간주되던 요르단 강 동안의 귀속이 애매하다는 점에 주목해, 이곳을 새로운 영구위임통치령에 포함해 국제연맹의 승인을 받았다(「국제연맹 결의」 제25호). 둘째, 아랍과의 거래인 「후세인·맥마흔 협정」이다. 영국의 윈스턴 처칠(Winston Churchill) 식민지장관(훗날 총리에 올랐다)은 프랑스에 의해 시리아에서 쫓겨난 파이살을 이라크의 국왕으로 추대하고, 이라크와 맞닿아 있는 동안(트란스요르단)의 왕으로 압둘라 1세를 추대했다. 최후의 과제는 조국 건설을 요구하는 시오니스트와의 거래, 이른바 「밸푸어 선언」을 통한 대응이었다. 그렇지만 이 시점에 팔레스타인에서는 유대인의 입식(入植: 식민지 개척을 위해 다른 나라나 지역에 들어가서 사는 것_옮긴이)과 관련된 논쟁이 결론을 내지 못하고 뒤로 미뤄졌다.

요르단 강 동안에서 압둘라 1세의 '잠정통치'가 나름대로 성공했기 때문에 1923년 영국 정부는 영국 위임통치령 트란스요르단의 성립을 선언하고, 압둘라 1세를 지배자로 인정했다(국제적 승인은 없었다). 여기에서 압둘라 1세는 영국의 꼭두각시라는 이미지를 떨쳐내고 하심가의 통치에 대한 국민적 지지를 받아야만 했다. 트란스요르단인과 유대를 강화하기 위해 압둘라 1세는 부족장 등과 서로 왕래하며 개인적으로 깊은 관계를 맺었고, 또한 정부의 논공행상은 모두 국왕의 명령을 통해 처리되도록 했다. 국왕에 의한 논공행상은 신속하게 권위를 구축하기 위한 수단이었다(Rogan and Tell, 1994). 또한 압둘라 1세는 트란스요르단인과 팔레스타인인 가운데 유력 부족 출신자를 중신(重臣)으로 등용했다.

1928년 영국은 「영국·트란스요르단 조약」의 체결과 '기본법' 제정으로 압둘라 1세의 국왕 신분을 보장했고, 입법권과 행정권, 관세자주권도 요르단 정부에 부여했다. 다만 농촌에서 거둬들이는 수입을 주요 재정 기반으로 삼는 트란스요르단은 경제적으로 영국에 크게 의존했다. 입법 제도도 정비되었다. 1930년에는 국회에 해당하는 입법평의회(훗날 국민의회로 개조되었다)가 설립되었다. 입법평의회의 선거에는 종교(이슬람교, 기독교) 및 소수파라는 틀(오스만 제국 시절부터 주민이 된 체르케스인, 베두인)에 기초한 쿼터제가 도입되었다. 레바논의 종파제도를 방불케 하는 이 다극공존형 의회 제도는 대중매체에서 별로 다루고 있지 않지만, 실은 오늘날에도 존속되고 있다(<그림 5-1> 참조).

제2차 세계대전에서 국력이 손상된 영국은 중동의 지배자 자리에서 굴러떨어졌다. 종전 이듬해인 1946년 트란스요르단은 '요르단 하심 왕국'으로 정식 독립했다. 이 시대는 '아랍의 심장'에서 영국과 프랑스 등의 존재감이 없어진 공백기이며, 신흥 독립국과 그에 불만을 품은 세력 간의 권력 투쟁이

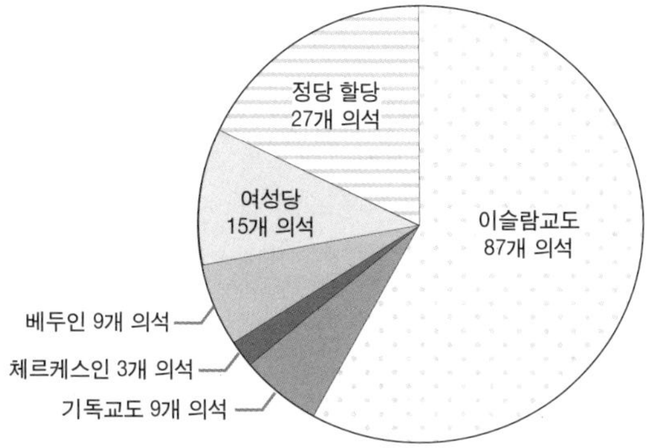

그림 5-1 요르단 하원(의석수 150석)의 의석 배분(2013)

요르단 독립선거위원회 홈페이지(http://www.entikhabat.jo, 2014년 9월 검색)를 기초로 필자가 작성

개막된 시기이기도 하다. 1948년에 이스라엘이 독립을 선언하면서 제1차 중동전쟁이 시작되었다. 이스라엘에 대항해 요르단 강 서안 지구를 침공한 요르단군은 이전부터 압둘라 1세 국왕이 지배하고자 했던 이슬람교의 성지 예루살렘을 포함한 서안까지 영토를 확장했다. 그렇지만 그 결과 40만 명의 팔레스타인 난민과 이미 팔레스타인에서 영향력을 확대하고 있던 아랍민족주의 세력을 요르단 국내로 끌어안게 되었다. 1951년 예루살렘을 방문한 압둘라 1세 국왕은 반(反)요르단 세력에게 총탄 세례를 받아 즉사했다.

요르단이라는 새로운 국가를 표상했던 압둘라 1세 국왕의 사망으로 요르단은 최초로 위기를 맞이한다. 새로 국왕의 자리에 오른 황태자 탈랄 빈 압둘라(Talal bin Abdullah, 1951~1953년 재위)는 병을 앓았기 때문에 정무는 압둘라 1세 시대에 중신의 자리에 오른 이들이 대행했다.

압둘라 1세 국왕은 영국으로부터 이식된 근대 국가 시스템과 트란스요르단인을 교묘히 포섭했다. 그의 치세에 등용된 부족 대다수는 지금도 여전히 국왕의 권력 동심원에서 중심적 역할을 담당하고 있다(<그림 5-2> 참

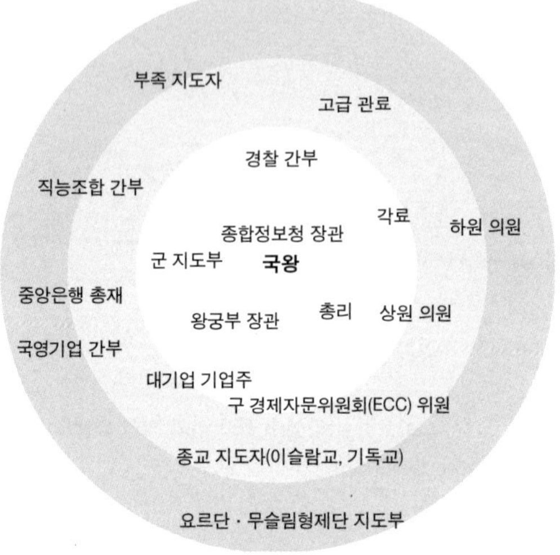

그림 5-2 요르단 국왕의 권력 동심원

2014년 초의 정세를 반영해 작성했다. 중심에 가까울수록 권력이 강하다.
자료: Bank and Schlumberger(2004); 吉川卓郞(2007, 2011, 2014). 압둘라 2세 국왕의 홈페이지, http://www.kingabdullah.jo(검색일: 2014.9.30)

조). 그리고 하심가가 잡은 최대의 행운은 요르단에서 아랍민족주의가 본격적으로 융성하기 이전에 왕국의 기초를 닦을 수 있었다는 점이다.

후세인 국왕의 시대_ 1953~1999

1953년 탈랄 국왕의 병세가 한계에 다다랐다고 판단한 대신들은 탈랄의 아들 후세인의 왕위 계승을 단행했다. 17세라는 어린 나이로 즉위한 후세인 국왕은 체제 계승과 동시에 이스라엘, 아랍민족주의, 동서 냉전 등의 다층적인 대립 구조에 대처하도록 내몰렸다. 그중에서도 1950년대에 지역을 휩쓴 아랍민족주의는 하나의 왕국으로서 독립을 모색하는 요르단의 존재의의를 동요시켰다. 국내에서도 아랍의 통일을 지향한 '요르단 국민운동'이 부상하자, 1956년 후세인 국왕은 아랍민족주의자가 추대하는 술라이만 나불시(Sulayman al-Nabulsi)를 총리로 임명했다. 국내 아랍민족주의자와의 대결이 불가피하다고 본 후세인 국왕과 중신들은 1957년에 나불시 총리와 관계자들을 정계에서 배제했는데, 얼마 뒤 이집트의 가말 나세르 대통령을 지지하는 장교가 일으킨 쿠데타 미수 사건이 발생했다. 아랍민족주의의 급성장을 두려워한 정부는 '정당금지령'을 공포했다. 1957년에는 요르단과 마찬가지로 영국으로부터 독립한 하심가의 지배를 받는 왕정국가 이라크가 아랍민족주의자에 의해 전복되었다.

사면초가에 놓인 요르단은 서구 국가들 및 걸프 지역 국가들과의 관계를 강화했는데, 그중에서도 미국의 군사 지원을 열망했다. 아랍민족주의에 병탄되고 있던 작은 왕국에 원조를 주저하던 미국의 등을 떠민 것은 냉전 구조와 이스라엘의 존재였다. 당시 미국의 역대 정권에서는 소련에 접근하는 아랍민족주의에 대한 불신이 커지고 있었고, 이스라엘의 로비가 미국 의회에 미치는 영향이 증대되었다. 얄궂게도 아랍민족주의와 이스라엘의 완충 지대로서 요르단의 가치가 인정된 것이다(Hupp, 2014).

제3차 중동전쟁에서 연합군이 아랍 국가들에 패배하면서 요르단 국내의 아랍민족주의 세력은 약체화되고 그 대신에 팔레스타인 저항 세력이 부상했다. 요르단 강 서안 지구는 이스라엘에 점령되었고, 요르단에는 약 60만 명의 전쟁 난민과 PLO를 비롯한 여러 조직, 그리고 약 2만 명의 팔레스타인 게릴라가 유입되었다. 팔레스타인 게릴라는 요르단의 국내 질서를 교란시키는 요인이 되었고, 시민 생활이나 관광 산업에 심각한 타격을 주기 시작했다. 1967년 요르단 정부는 계엄령을 내려 팔레스타인인들의 집회를 금지했다.

1970년 9월 급진적인 팔레스타인 저항 세력이 암만 교외를 무대로 삼아 납치 사건을 잇따라 일으키자, 후세인 국왕은 나라 전역에 다시 계엄령을 내리고, 국내 각지의 팔레스타인 거점을 공격하도록 군에 명령했다.

계엄령은 실질적으로 1989년까지 계속되었고(정식으로 해제된 것은 1991년), 모든 정치 활동은 당국에 의해 계속 엄격히 규제되고 감시받았다. 많은 정치 활동가가 이 기간에 규제에서 벗어나 있던 요르단 무슬림형제단과 직능조합에 가입함으로써 이러한 조직은 본래의 활동에 더해 정치 활동가의 밑받침으로 성장했다.

요르단 정부는 팔레스타인 난민에게 시민권을 부여하는 등 관용적인 조치를 취해왔다. 정부는 요르단 강 서안 지구의 영유권과 팔레스타인 난민의 동화 정책에 희망을 걸었지만, 1974년 모로코 라바트(Rabat)에서 열린 아랍 정상회담에서 PLO의 팔레스타인 대표권이 인정된 뒤 요르단과 이스라엘의 점령으로 발생한 팔레스타인 난민 대다수가 PLO를 지지했다. 후세인 국왕은 요르단 강 서안 지구에 대한 통치로 내외에서 정당하지 못한 모양새가 되자, 1988년에 이 지역을 포기하겠다고 선언함으로써 40년에 걸친 요르단의 서안 합병은 종료되었다. 이 결과 서안이라는 '국가 내 국가'가 타국에 의해 점령되는 모순은 해소되었지만, 서안의 행방을 불안하게 지켜보던 요르단 국내의 팔레스타인 계통 실업가들과 시민들이 자본을 국외로 이동시킨 결과, 요르단은 심각한 외화 부족 상태에 빠졌다.

재정 위기를 타개하기 위해 정부는 국제통화기금(IMF)의 구조 조정 프로그램의 관리를 받으며, 경제자유화를 추진했다. 이 정책은 높은 물가 인상을 초래해 1989년 각지에서 반정부 운동이 발생했다. 정부의 해결책은 민주화를 한정적으로 용인하는 것이었다. 같은 해에 실시된 총선거(하원 선거)

에서는 비교적 당선 확률이 높은 투표 방식(대선거구 복수투표제)이 도입된 결과 1957년 이후 내려졌던 정당 금지 조치도 사실상 해제되었다. 선거전에서는 계엄령하에서 세력을 키운 요르단 무슬림형제단이 약진하고, 또한 감시에서 풀려난 아랍민족주의 세력도 득표수를 늘렸다.

걸프 위기 및 걸프 전쟁 이후 이른바 중동 평화 프로세스가 가동되기 시작하자 요르단은 미국의 중재로 이스라엘과 평화 교섭을 추진해, 1994년 양국은 평화조약에 조인했다. 그 결과 이스라엘의 군사적 위협은 거의 소멸되고 평화의 실현을 높이 평가한 미국이 자금 지원 등 여러 분야에 대한 원조를 비약적으로 확대했다. 그런데 뒤에 언급하겠지만, 평화 교섭 기간에 국내의 반대 여론을 억누르기 위해 정부가 강제로 법 개정을 실시한 결과, 1989년 이후 민주화 기운은 정체되었다. 또한 가장 중요한 평화의 효과도 팔레스타인과 이스라엘의 평화 교섭이 좌절되면서 크게 손상되었다.

후세인 국왕 시기는 요르단 국경을 넘어 전개된 아랍민족주의, 시오니즘, 팔레스타인 저항운동으로부터 체제를 방위하기 위해 자원을 투입한 시대였다. 요르단 단독으로 대처할 수 없는 경우, 후세인 국왕은 상대를 불문하고 '가장 강한 세력에 영합하는 것'을 선택했다. 다만 왕조 자체에 대한 위협(아랍민족주의, 급진적 팔레스타인 저항운동, 공산주의)에는 격렬히 저항했다. 후세인 국왕 시기의 요르단은 지역에서의 고립과 치욕을 견뎌내면서 왕제의 지지 기반 확대와 국내 질서라는 견실한 성과를 추구했다고 할 수 있다.

압둘라 2세 국왕의 시대 _ 1999~

1999년 후세인 국왕이 급작스럽게 사망하자, 당시 37세였던 압둘라 2세가 즉위했다. 새로운 국왕의 시정 방침은 ① 경제 개혁(작은 정부, 막대한 재정 적자의 삭감, 고용 확보), ② 국제주의(전방위 외교, 중동 평화에 적극 관여), ③ 국익 우선(요르단 제일주의)이 그 축이다(吉川卓郎, 2014). 그중에서도 경제 개혁이 최우선 과제라는 뜻을 국왕 스스로 분명히 밝히고 있다(King Abdullah of Jordan, 2011). 후세인 국왕 집권 말기에도 경제 개방이 어느 정도 시작되기는 했지만, 새로운 국왕은 미국과의 자유무역협정, 아카바(Aqaba)를 비롯한 경제 특구의 개발과 외자 유치, 공공 부문의 개혁 등 신자유주의적 방향으로 크게 타를 돌렸다. 또한 압둘라 2세는 일찍부터 정보 산업의 진흥에도 노력했기 때문에 요르단의 IT 환경은 아랍 국가 중에서도 비교적 자유롭다.

21세기 들어 지역 전체에서 테러 조직 등 비국가 주체에 의한 위협이 확대되자 압둘라 2세 정권은 치안 대책과 국제 안전보장 협력에 힘을 쏟았다. 2001년 9·11 테러 이후에는 미국의 '테러와의 전쟁'을 지지해왔다. 2005년에는 요르단이 테러의 표적(암만 동시 폭파 사건)이 되었으므로 치안 대책의 단계를 끌어올렸고, 그 영향으로 테러와 직접 관계되지 않은 집회 및 결사, 대중매체까지 규제하기에 이르렀다.

팔레스타인 문제와 관련해 압둘라 2세는 요르단 강 서안 지구와 가자 지구의 독립을 전면적으로 지지하는 한편, 국내에 거점을 둔 팔레스타인 저항 세력에 대해서는 부정적인 자세를 취했다. 이는 즉위한 지 얼마 후에 하마스 관계자를 국외로 추방한 것에서 표출되었고, 제2차 인티파다(2000)가 발생했을 때는 국내에 영향이 확대될 것을 경계해 총선거를 두 차례나 연기했다.

압둘라 2세가 경제자유화를 직접 추진하기도 하면서 팔레스타인 계통을 포함한 신흥 실업가층이 국왕의 권력 동심원에서 부상하게 되었다(Bank and Schlumberger, 2004: <그림 5-2>). 요르단 무슬림형제단은 대(對)이스라엘 평화 교섭이 성사될 무렵부터 정부와 거리를 두었으며, 압둘라 2세 치세에 들어서면서부터는 정책에서 양자 사이에 타협할 만한 사안을 거의 찾아볼 수 없게 되었다. 현재 국왕의 정책 노선(작은 정부, 중동 평화, 국익 우선)에 요르단 무슬림형제단은 비판적인 입장인 데다, 암만 동시 폭파 사건 이후 이루어진 언론 통제는 요르단 무슬림형제단의 태도를 갈수록 경직시켰다.

압둘라 2세는 국가 통일의 상징으로서 왕실의 이미지를 강화하기 위해 노력하고 있다. 예를 들면 국왕은 자신의 특이한 출신(이 장 2절 참조)을 교묘히 구분해 사용하고 있다. 국왕이 장기간의 서구 생활에서 배양한 국제 감각은 왕성한 외유, 해외 대중매체에의 출연, 국제회의 참가를 통해 근대적인 국가임을 연출하는 데 기여하고 있다. 한편 국내를 겨냥해서는 예를 들면 베두인 의상을 착용해 전통적 지도자로서의 이미지를 만드는 데 노력하고 있다. 국왕 외에도 라니아 왕비는 문화 외교를 추진하는 역할을 담당하며, 그 외 왕족도 어떤 형태로든 요르단 사회를 체현할 것을 요구받고 있다 (Dessouki and Abul Kheir, 2008).

삼 대에 걸친 요르단 국왕의 정책에는 요르단이 놓여 있는 역사적 상황이 잘 반영되어 있다. 압둘라 1세는 취약한 왕국의 존속을 위해 서구 국가들뿐만 아니라 숙적 이스라엘 및 아랍 국가의 정상들과도 개인적 관계를 쌓기 위해 분주히 움직였다. 즉위와 동시에 막대한 재정 적자를 계승한 압둘라 2세는 그 풍모에 더해 대담한 경제 개혁을 추진하고 있어 현대적 군주의 이미지가 강한데, 실제로는 후세인 국왕 및 압둘라 1세 시대의 정책을 충실히 계승한 측면도 있다.

4. 실상으로의 접근

이제까지 개관한 바와 같이 요르단의 역사는 국내외적으로 불안을 껴안고 있던 왕제가 정치 위기를 극복하는 과정의 반복이며, 그때마다 정부는 현실에 적합한 개혁을 실행해왔다. 좀 더 직접적으로 말하자면 '아랍의 봄' 이전에 요르단의 왕제는 기초 체력을 어느 정도 갖추었다고 할 수 있다. 이상의 논의에 근거해 다시 이 장 2절의 문제의식으로 돌아가 보려 한다. 여기에서는 2절에서 소개한 허상을 재검토하고 가능한 한 실상에 접근하는 작업을 진행할 것이다.

하심가 지배

요르단 정치는 국민의 정치 참여를 일정 부분 제한하는 권위주의 체제와 트란스요르단 시대에 구축된 국가와 사회관계를 축으로 하면서도 소수파의 권리를 보장하는 정치적 다원주의가 특징이다. 권력관계를 간단히 설명해보면 국왕과 국왕이 지명하는 총리가 정책의 골격을 만들고, 이것을 내각(장관은 총리가 지명)과 행정 기관이 구체적인 정책을 통해 실행한다. 국민의회로 총칭되는 입법부는 상하 양원으로 구성된다. 다만 상원은 장관 경험자나 군 및 정부 고관 등 국가에 공헌했던 명사(名士)로 구성되는 사실상의 정부 자문 기구다. 상원 의원은 모두 국왕이 지명하는데, 그 구성에는 중장기적인 국왕의 의향이 반영되며, 정부에 비판적인 인물이 지명되는 경우도 있다. 이에 반해 하원은 모든 의원이 국민의 비밀투표로 선출되기 때문에 요르단의 민의를 파악하는 데 귀중한 지침이다. 모든 장관이 행정부에서 선발된다는 점에서 분명히 알 수 있듯이 현행 제도는 행정부에 유리하다.

요르단 권위주의의 특징을 가장 잘 드러내는 것은 국왕에 결정권을 집중시키면서도 국내 사회의 다원성을 배려하는 통치의 교묘한 틀이다. 1952년에 공포된 현행 '요르단 헌법'에 의하면, 행정권은 국왕에 속하며 장관과 함께 행사된다(제26조). 국왕은 단독으로 총리를 임명 및 파면할 수 있으며(제35조), 총리는 다른 장관을 지명해 내각을 조직한다. 국왕이 총리를 지명할 때는 공개 위임장에 국가가 안고 있는 과제, 그리고 필요한 개혁을 제시한다. 즉 요르단의 내각은 의원내각제하의 내각과 달리 특명(特命) 정권으로서의 성격이 강하며, 단기간에 내각 교체[복권도 많다]가 예사로 일어난다.[3] 2절에서 다룬 바와 같이 2011년 민주화 운동 이후 언뜻 보기에는 개혁의 성과를 내지 못하는 내각이 성립되었다가 계속 사임하는 듯하지만, 오히려 정치 상황에 부응해 적임자로 판단되는 총리에게 임무를 맡긴다고 보는 편이 올바르다. 후세인 국왕 시대부터 정착되어온 이 방법은 최고 권력자인 국왕의 부담을 경감시켜준다는 장점이 있는데, 이러한 측면을 감안해야 한다.

국민의회에 책임을 지지 않는 요르단의 내각은 폐회 중에 예외적으로 입법권을 행사할 수 있는 '잠정법(暫定法)'이라는 특권을 보유하고 있다. '잠정법'은 역대 내각이 정책을 둘러싸고 입법부와 대립했을 때 이용할 수 있는 비장의 카드이며, 남용된 예도 적지 않다. 예를 들면 대(對)이스라엘 평화 교섭이 막판에 이른 1993년 야당과 대중매체가 대대적으로 평화 반대 캠페인을 전개했기 때문에 국민의회의 심의가 진전되지 못했다. 그러자 정부는 국민의

3 독립 이후 요르단에서는 60회 이상 내각이 교체되었다. 이 가운데 국왕과 총리의 심각한 정치 대립을 수반한 교체의 유일한 사례는 1957년 나불시 총리의 퇴진이다.

회가 폐회 중이라는 점을 노려 대중매체 활동을 규제하는 '잠정법'을 성립시켰다.[4] 또한 임기 만료로 하원이 해산되자 역시 '잠정법'을 통해 '선거법'을 개정하고 기존의 대선거구 복수투표제를 단수투표제로 변경했다. 새로운 제도는 작은 정당에 불리하기 때문에 직후에 실시된 1993년 총선거에서 야당은 의석이 대폭 줄어들었고, 친(親)정부 성향의 지방 명사가 대거 당선되었다. 이듬해 하원 의원 다수가 평화를 지지해 조약이 성립되었다. 다만 뒤에서 언급하겠지만 2011년 민주화 운동 이후 하원의 독립성이 상당히 높아졌기 때문에, 현재는 '잠정법'을 통한 정부의 강권 행사에 그늘이 드리우고 있다.

1989년 이후 요르단에서는 기본적으로 반(反)정부 세력의 공적 정치 참여를 배제하지 않았기 때문에 급진파를 제외한 대다수의 야당은 비교적 자유롭게 정치 활동을 하고 있다. 하원 선거구는 통상의 대선거구에 소수파를 더한 틀이 설정되어 있다.[5] 이것은 건국 당시부터 소수파인 기독교도와 체르케스인, 베두인에 대한 배려에서 비롯된 것인데, 이 배분의 편중이 자주 한 표의 격차(암만과 자르카 등 대도시에서 선출되는 의석은 적다)나 부자연스러운 선거구의 설정(이른바 게리맨더링)으로 비판받고 있다. 그렇기는 해도 현행 제도의 최대 수혜자인 트란스요르단인에 의한 도시 지역의 의석수 증가나 정당과의 경쟁은 바람직하지 않은 것도 사실이어서, 선거구 문제에 대한 대응은 늦어지고 있다.

이와 같은 배경을 반영해 '아랍의 봄'이 요르단에 파급된 2011년 이후 '선거법' 개정이 쟁점 중 하나가 되었다. 당시 내각은 '국민대화위원회'를 설립

4 1990년대 초 요르단에서는 보도의 자유가 확대되어 일시적으로 독립적인 신문 및 주간지가 많이 존재했다. 정부 측에서 볼 때 1993년의 '잠정법'은 '지나친 자유화'에 대한 재검토이기도 했다(Lynch, 1999).

5 요르단 선거 제도의 역사적 변천에 대한 상세한 설명은 기타자와(北澤義之, 2011) 참조.

하고 협력을 거부한 요르단 무슬림형제단 등을 제외한 대다수 야당 세력을 위원회에 참가시킨 뒤 '선거법'을 대폭 개정했다. 그 결과 개정 후 최초의 선거에 해당하는 2013년 총선거에서는 의석수 증가와 선거구 재편, 정당 결성 요건의 완화, 비례대표제의 부분적 도입이 실현되었다. 실제 선거에서는 새로운 제도 도입에 따른 혼란은 보이지 않았다(투표율은 56.7%). 또한 새로이 설치된 독립선거위원회는 선거 위반 행위에 대한 조치와 정보 공개, 후보자 간의 분쟁 처리 등에서 유효하게 기능했다고 말할 수 있다. 선거 결과를 보면 선거구에서는 부족과 명망가층이 종래대로 강점을 발휘하는 한편, 9개의 정당과 52개의 단체가 참가한 비례구에서는 요르단 무슬림형제단과 뚜렷하게 선을 그은 이슬람주의 정당 무슬림중심당(Muslim Centre Party)이 이제까지 당선 실적이 없었음에도 약진했다.

이러한 공적인 정치 무대의 장치에 대한 이해(利害)의 조정에 더해 권위주의 체제를 유지하는 데 불가결한 폭력 장치(군 및 경찰)에 대해서도 설명해보도록 하겠다. 요르단의 역대 국왕은 충성심이 높은 군을 육성하는 데 열심이었다. 현재도 군의 중심은 트란스요르단인이다. 요르단 국왕은 군 최고 사령관이며, 압둘라 2세도 육군 출신이다. 요르단군은 발족 당시에 경찰 및 입국 관리를 겸하기도 했으므로 국가 기구 중에서 최대 영향력을 지니고 있다. 국방의 요체가 군이라고 한다면, 국내 질서의 요체는 종합정보청이다. 종합정보청은 대외 정보 부문이며, 국내의 불온한 활동을 감시하는 비밀경찰이기도 하다. 여기에서도 군의 영향력은 크며, 모두 군의 장관이 맡는다.

이제 2절에서 소개한 하심가의 지배라는 허상에 관해 정리해보도록 하겠다. 오늘날의 요르단은 권위주의 체제이지만, 공적인 정치 공간에서는 일정 정도 경쟁성과 비(非)배제성을 보장하고 있으며, 국왕과 그 측근들도 다양한 사회 세력이 정치에 참여하는 것을 장려해왔다고 말할 수 있다.

왜 2011년의 민주화 운동은 실패했는가?

여기에서 시민 차원의 정치로 눈을 돌려보도록 하겠다. 2011년 이후 행정부와 입법부 간의 대립은 평화적으로 조정되었지만, 길거리 차원의 민주화와 반정부 운동은 어떻게 수습되었을까?

'아랍의 봄' 초기에 각국의 주목을 받았던 인터넷을 사용한 민주화 운동이 과장된 현상이었음이 점차 분명해지고 있다. 요르단에서 '해시태그(hashtag) 저항'(Lynch, 2012)이라고 불리는 인터넷 댓글 등을 이용한 운동은 시종일관 저조했다. 원래 아랍 국가들 중에서도 비교적 IT 환경이 자유로웠던 요르단에서는, 인터넷상의 민주화 운동에 새로운 맛이 없었던 데다가 '익명'의 활동가에 의한 동원에 응하는 사람도 적었기 때문이다. 요르단 정부도 인터넷상에서의 운동에 대해 눈에 띄게 개입하지 않는다.

요르단의 시민운동과 정부의 관계를 이해하는 데 참고가 되는 것은 직능 조합의 사례일 것이다. 직능 조합은 계엄령과 정당 금지의 시대에 활동가를 받아들인 전력이 있기 때문에 전체적으로 정치 지향적 성격이 강하다. 실제로 직능 조합은 2011년 민주화 운동의 한 부분이 되었기 때문에 정부는 주요한 직능 조합을 정부 개혁을 통해 편입시켰다. 비판 세력을 포함한 공적인 정치 참여에 대한 용인은 본래 요르단 정치의 특징인데, 2011년 이후 정부는 한층 더 유연한 대화 자세를 보이고 있다. 예를 들면 정부는 강력한 정부 비판 세력인 교원 조합을 공인하고 단결권을 인정하는 것을 통해(물론 공인 후에는 빈발하는 교원 파업으로 고심하고 있지만), 10만 명 이상의 교원들이 반정부 활동에 참여하는 것을 억제시켰다(吉川卓郎, 2014).

또한 요르단 무슬림형제단의 동향도 매우 흥미롭다. 요르단 독립 당시에 이집트로부터 전해진 요르단 무슬림형제단 운동은 원래 하심가 체제의 옹호자 역할을 했지만, 대(對)이스라엘 평화 교섭이 본격화되자 정부와의 관계가 악화되었다(Kikkawa, 2012). 요르단 무슬림형제단의 동원력의 원천은 자선단체인 이슬람협회를 비롯한 150개 이상의 산하 단체를 통한 인적 네트워크와 자금 모금 능력에 있다. 그런데 2011년의 민주화 운동에서는 요르단 무슬림형제단이 정부에 요구한 높은 장애물(의원내각제로의 신속한 이행)이 반대 효과를 내고, 또한 공동으로 투쟁했던 조합 대다수가 정부에 회유되어버렸다.

여기까지의 논의를 정리해보면, 2011년 민주화 운동의 최대 약점은 '민주화 이후의 요르단상(像)', 즉 민주화의 장점을 충분히 제공하지 못했던 데 있다. 예를 들면 요르단 무슬림형제단을 비롯한 민주화 세력은 진정한 사회 문제(재정 위기, 고용, 팔레스타인, 지역 안전보장)에 대한 대체 방안과 왕실의 새로운 역할에 대비하지 못했다. 또한 주변 국가들이 겪은 민주화 운동의 '어두운 유산의 성과'가 이른 단계에 분명해졌던 것도 요르단의 민주화 운동에서 마이너스로 작용했다. 막 발족한 이집트와 튀니지의 민주적 정권은 방향을 잃은 행보를 반복했고, 시리아, 예멘, 이라크, 리비아에서의 무력 분쟁의 격화와 피난민을 눈앞에서 보았던 시민들에게 국내 민주화의 필요성을 대대적으로 호소하는 것은 지극히 어려운 과업이었다.

국내 분열의 현실

요르단의 사회 집단 중에서도 팔레스타인 계통의 위상은 복잡하다. 지금도 1970년의 내전이나 요르단 강 서안 지구를 할양했을 당시의 혼란의 기억이 남아 있는 가운데 팔레스타인 계통의 동향을 경계하는 트란스요르단인도 적지 않으며, 공무원 채용에서 팔레스타인 계통이 불리하다는 지적도 있다. 또한 정치학에서 말하는 사회적 균열이 첨예해지기 쉬운 현상은, 정부 입장에서 보면 정치 개입을 용이하게 하는 이점이 될 수도 있다.

다만 이러한 논의에서 자주 무시되어온 것은 팔레스타인 계통의 사회적 배경(1948년, 1967년의 전쟁으로 발생한 난민, 가자 지구에서 온 난민)을 일괄할 수 없다는 사실이다(錦田愛子, 2010). 트란스요르단 시대에 이민해온(난민이 아님)해온 팔레스타인 계통 대다수는 이미 명사(名士) 반열에 올랐으며, 본래 난민 출신이었다가 요르단 국적을 취득한 후 걸프 지역 국가들에서 사업으로 성공한 사람도 적지 않았다. 그런 한편 요르단 국내의 난민 캠프에서 팔레스타인이라는 정체성을 계속 지키고 있는 사람, 요르단 국민으로 고지(故地) 해방 운동을 지원하는 사람도 많다. 즉 요르단에서 팔레스타인 계통이 후하게 대접받고 있는가라고 묻는다면 대답은 '그렇다'이며, 냉대받고 있는가라고 묻는다면 이것 또한 '그렇다'라고 할 수 있다. 서안에 인접해 있는 요르단에서 팔레스타인 문제를 해결하기 위한 열의는 시민 차원에서도 강하지만, 그 농담(濃淡)에는 개인적인 차이가 있다고 말할 수 있다.

국제 원조의 원천

이 장의 3절에서 소개한 바와 같이 요르단은 아랍민족주의 전성기에 지역에 고립되었던 경험이 있으므로, 체제 존속을 위해 미국 및 영국이나 걸프 지역 국가들과의 관계를 강화했다. 이 노선은 걸프 위기와 걸프 전쟁의 예를 제외하면 일관되게 유지되어왔다. 또한 중동 평화 프로세스가 시작되자, 요르단은 아랍 국가들, 이스라엘, 서구 국가들 등 분쟁 당사국이나 관계된 각국에 대한 중재역으로 활로를 모색하고자 했다. 요르단의 역할은 일정한 평가를 받아 원조자의 수와 원조액이 증가했다. 또한 요르단 강 서안 지구와 가자 지구의 실효 지배가 파타와 하마스로 양분된 이래, 요르단 정부는 평화추진파로 친(親)서구의 파타를 지원하고 있다. 평화를 최종적으로 중재하는 미국에 요르단은 아랍 국가들과 이스라엘 간의 완충 지대가 되고 있으며, 이집트, 사우디아라비아와 비견되는 안정된 파트너다. 따라서 미국의 대(對)요르단 지원은 이스라엘과의 평화 이후 현저히 가시화되었다. 요르단은 미국 국제개발처(USAID)에서 원조하는 피원조국 상위 10위 안에 항상 들고 있으며, 원조 분야도 개발(보건, 수자원, 농업)부터 군사, 민주화 지원에까지 이르고 있다.

역설적으로 '아랍의 봄' 이후의 지역 혼란은 요르단 경제에 대한 무거운 압박으로 작용하는 동시에 새로운 원조의 근거도 되었다. 예를 들면 이집트와 요르단을 잇는 가스 파이프라인이 시나이 반도의 이슬람 과격파에 의해 여러 번 파괴된 결과, 요르단의 연료, 전력 조달 비용은 불어났다. 또한 요르단의 귀중한 외화 수입원인 관광 산업이 정체된 것 외에 해외로부터의 직접 투자도 감소했다. 이러한 모든 것은 2012년 IMF가 요르단에 대해 스탠드바이 크레디트 방식으로 융자 20억 6000만 달러를 지원하는 근거가 되었던 것이다(IMF, 2012).

중대한 문제는 주변국으로부터 쇄도하는 피난민의 흐름을 예측할 수 없다는 것이다. 요르단과 시리아에 머물고 있는 피난민의 숫자를 보면 UN 난민기구(UNHCR: United Nations High Commissioner for Refugees)에 등록이 완료된 사람들이 58만 명으로, 미등록된 이들을 포함하면 200만 명에 이를 것이라고 한다. 이것은 팔레스타인 난민을 능가하는 수치다. 피난민 중에는 시리아에서의 분쟁이 장기화될 것을 예측해 요르단에서 취업이나 창업하는 사람들도 증가하고 있다.[6] 시리아인의 그림자 때문에 두드러지지는 않지만 이라크 전쟁 이후 요르단으로 피난한 이라크인(약 40만 명. 요르단 국적으로 변경한 사람도 적지 않다), 나아가 소수이지만 마그레브(북아프리카) 지역으로부터 온 피난민도 요르단을 떠날 기미를 보이지 않는다. 그런데 이 글을 집필한 이 시점에, 요르단과 국경을 접한 국가 중에 혼란이 발생하지 않은 것은 사우디아라비아뿐이다. 거꾸로 말하자면 요르단이 피난민의 방파제 역할을 계속하고 있기 때문에 세계 최대 산유국의 혼란이 예방되고 있다는 해석도 가능하다. 중동의 평화 유지에 더해, 여기에도 국제 사회가 계속적으로 요르단을 지원한다는 합의(요르단을 지원하지 않을 수 없는 상황)가 존재하는 것이다.

5. 마치며: 실리적인 완충 국가의 딜레마

2014년 6월에 이라크 제2의 도시 모술이 제압된 이후 국제 대중매체의 IS 위협론은 절정에 달했고, 같은 해 8월에는 요르단도 참여한 '유지연합'의 IS에 대한 공중 폭격이 시작되었다. 과연 요르단은 이번에도 위기를 넘길 수 있을까? 현시점에서 예측은 불투명하다.

이 장을 마치면서 요르단이라는 국가의 최대 특징인 완충 국가 문제를

6 필자가 실시한 요르단의 '팔레스타인 개발청'에 대한 청취 조사에 따른 것이다(2014년 9월).

중심으로 정리해보도록 하겠다. 완충 국가 요르단은 지역 패권국가나 수정주의 운동의 압력을 한편으로 받으면서도, 국가의 생존과 강화를 목표로 하며 살아남았다. 그 과정에서 완성된 요르단의 정치체제는 왕제의 유지뿐만 아니라 다원적인 사회의 균형을 배려하는 유연하면서도 견고한 기능 또한 갖추게 되었다. 현재도 요르단은 권위주의 체제이지만, 이제까지 정치 결정 대다수가 법적 절차를 거쳐 실시되었다는 점은 중요하다. 즉 사회적 균열이 내재해 있는 요르단에서는 다소의 불공평이나 분쟁은 피할 수 없는 논제이지만, 그러한 것을 어쨌든 법의 틀 내로 수렴하고 기존의 '제도 내'에서 논의를 이어왔다는 사실(제지할 수 없는 경우는 힘으로 억제해왔지만)은 요르단 질서의 향배를 고찰하는 데 큰 단서를 제공한다고 할 수 있다. 그리고 지금으로서는 그러한 질서의 담당자로서 하심가 왕제 외에는 고려되지 않고 있다.

지금의 지역 변동은 주변 대국의 용해와 재편의 가능성이라는 적어도 요르단에서는 미지의 영역으로 옮겨갈 가능성을 내포하고 있다. 요르단이 완충 국가인 한, 난민이나 피난민의 유입을 독자적 판단으로 저지하기는 곤란하다. 국력의 한계는 물론이고 요르단을 후하게 지원하는 '국제 사회'도 그러한 상황을 바라지 않기 때문이다. 그렇다고 해도 피난민 수용은 포화 상태다. 요르단 정부는 시리아 피난민을 난민이 아니라 어디까지나 일시 피난민으로 보고 있지만, 현재 상황에서 조기 귀환할 조짐은 없으며, 피난민 문제는 원래 취약한 요르단 경제에 심각한 악영향을 미치고 있다. 급속한 인구 증가에 의해 암만의 지가(地價) 및 임대료는 뛰어오르고 있으며 노동 시장의 경쟁은 격화되고 있지만, 예전에 팔레스타인 난민을 받아들였을 때와 마찬가지로 요르단 정부는 물러설 수도 나아갈 수도 없는 상태에 있다.

한편 9·11 테러와 이라크 전쟁 후의 혼란을 거쳐 요르단은 국제 테러조직 등의 부상에 대비한 장기적인 안전보장 개혁과 국제 협력을 추진해왔다. 국제 테러 포위망에 참여함으로써 그 핵심을 담당하는 미군과 요르단군의 유대는 더욱더 강력해졌다. 상식적으로 완충 국가가 어디까지나 수동적이며 또한 일시적인 국가의 형태에 불과하다는 것을 고려한다면, 주변국의 약체화와 요르단의 방위력 강화는 요르단의 독립성을 제고(提高)하려는 압둘라 2세 치하의 요르단에는 바람직한 흐름이라고 말할 수 있다. 또한 '아랍의 봄'에 의한 민주화 도미노의 환상이 깨진 오늘날, 동아랍 지역의 변동의 결과를 차분하게 받아들이고 있는 요르단은 '국제 사회'에서 갈수록 귀중한 존재가 되고 있으며, 결과적으로 요르단에 대한 원조도 후해지고 있다. 이렇게 생각해보면, 요르단은 예전에도 지금도 실리적인 완충 국가라고 말할 수 있다.

그러나 요르단이 완충 국가에서 졸업해 지역의 요체로 성장하기에는 지금의 지역 정세가 대단히 무질서하며, 무엇보다 국력이 부족하다. 그 결과 요르단은 IS 혹은 그다음에 출현할지도 모르는 무장 집단이나 범죄 조직을 억제하면서 끊이지 않고 유입되는 피난민만을 선별해 국내로 받아들여야 하는 새로운 딜레마에 직면한다. 그렇다고 한다면, 이 장에서 요르단의 실상으로 제시한 이미지도 향후에 새로운 허상이 될 가능성이 없다고 단언할 수는 없다.

제6장

팔레스타인

하마스에 대한 부정이 일으킨 정치적 혼란

•

니시키다 아이코(錦田愛子)

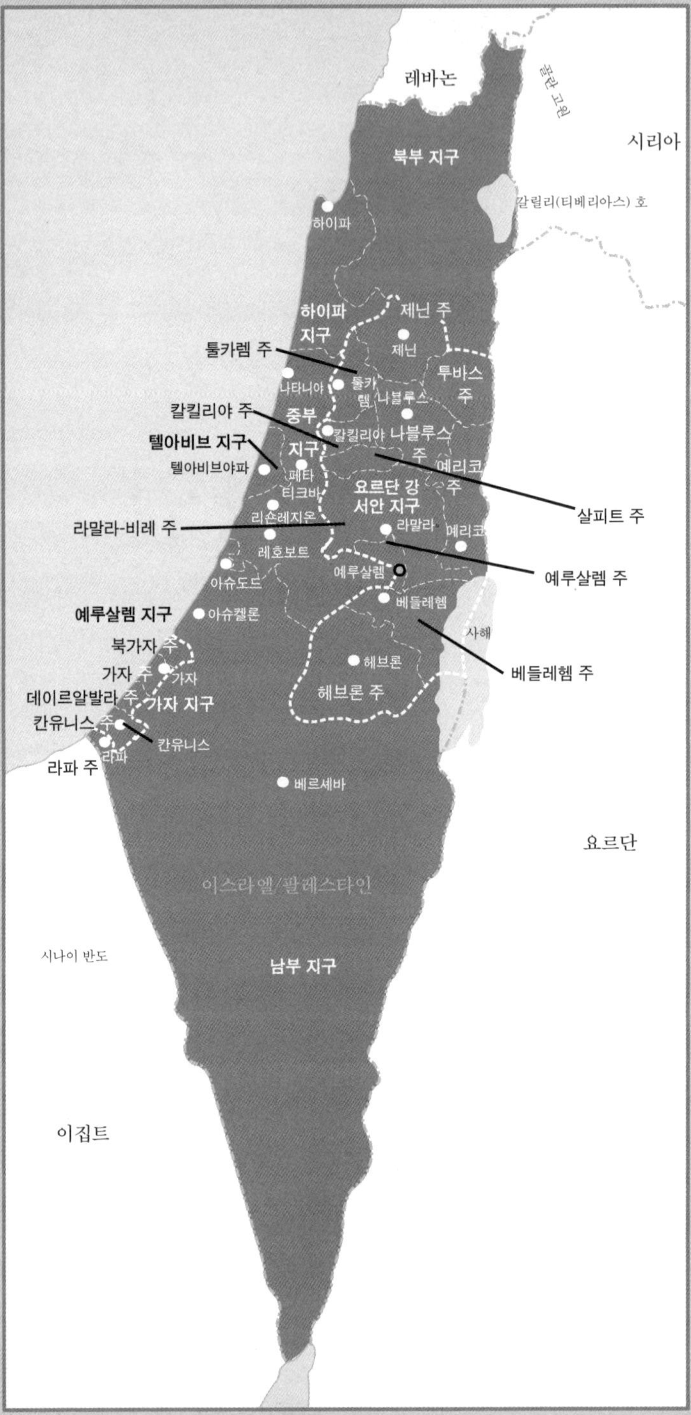
레바논
골란 고원
시리아
북부 지구
갈릴리(티베리아스) 호
하이파
하이파 지구
제닌 주
제닌
툴카렘 주
투바스 주
나타니아
툴카렘
나블루스
칼킬리아 주
중부 지구
칼킬리아
나블루스 주
텔아비브 지구
텔아비브야파
페타 티크바
예리코 주
요르단 강 서안 지구
살피트 주
리숀레지온
라말라-비레 주
라말라
예리코
레호보트
예루살렘
예루살렘 주
아슈도드
예루살렘 지구
아슈켈론
베들레헴
사해
북가자 주
헤브론
가자 주
가자
베들레헴 주
헤브론 주
데이르알발라 주
가자 지구
칸유니스 주
칸유니스
라파
라파 주
베르셰바
요르단
이스라엘/팔레스타인
시나이 반도
남부 지구
이집트

1. 시작하며: 반복되는 폭력을 이해하기 위하여

2014년 7월 가자 지구에 대한 이스라엘군의 공중폭격이 시작되었다. 가자 지구에 빽빽이 들어선 회색의 건물들을 향해 밤낮으로 미사일이 퍼부어져 검은 연기와 화염에 휩싸이는 모습은 팔레스타인에 대한 공격의 새로운 국면으로서 국제적으로 보도되었다. 폭격 열흘 뒤 지상군에 의한 침공이 시작되자, 피해가 급속히 확대되어 사망자는 2000명을 넘어섰다. 아랍 측의 대중매체는 이스라엘에 의한 학살과 민족 정화라는 표현으로 이러한 사태를 전했다.

가자 지구에서의 전투의 확산은, 그때까지 국제적 현안으로 간주되던 이라크 국내에서의 IS 세력의 확대(이 책 제3장 참조)나 시리아 분쟁(이 책 제2장 참조)에 대한 관심을 일시적으로 앗아갔다. 여기서 과거 '아랍의 대의(大義)'로 불렸던 팔레스타인 문제가 중동에서 가지는 존재감을 연상할 수 있다. 이집트를 중심으로 아랍민족주의가 왕성하게 제창되던 20세기 중반에는 팔레스타인 문제의 해결이 그 중심적 과제 중 하나로 내세워졌다.

그러나 지금 그 기세는 상실되고, 팔레스타인과 이스라엘은 긴 정치적 혼란의 소용돌이 속에 있다. 분쟁의 해결을 위한 교섭은 진전되지 못하고, 이스라엘에 의한 징벌적 폭력 행사와 이에 대한 팔레스타인 과격파 조직의 테러 공격이 반복되고 있다. 몇 년에 한 차례씩 일어나는 무력 충돌에 일반 시민들이 휘말려 목숨을 잃고 있다. 이러한 상태를 가리켜, 팔레스타인과 이스라엘을 둘러싼 정치는 과거 수십 년 동안 같은 일을 반복해왔다고 대체로 평가된다.

전쟁, 폭력, 이스라엘에 의한 점령의 확대 등 표면적인 사건만을 본다면,

팔레스타인과 이스라엘을 둘러싼 정치는 확실히 반복되는 것으로 볼 수밖에 없을지도 모른다. 그렇지만 거듭되는 폭력의 표면적 반복에 주시하는 것만으로는 팔레스타인과 이스라엘에서 일어나고 있는 정치적 변동을 파악할 수 없다. 그 외에도 팔레스타인과 이스라엘의 분쟁은 이슬람교도와 유대교도 간의 수천 년에 걸친 종교적 대립으로 흔히 치부되기도 한다. 그렇지만 쌍방이 성지에 대한 소유권을 양보하지 않기 때문에 일어난 분쟁이라는 설명은 문제의 한 측면을 표층적으로 서술하고 있는 것에 불과하다. 과도한 종교적 색채의 강조가 오히려 사태의 정확한 이해를 방해하고, 속성이 고정된 대립 구도를 강조해버리는 경우도 많다.

이 장에서는 이러한 이해 방식에 대해 팔레스타인과 이스라엘의 분쟁을 더욱 동태적으로 파악하고, 2000년 이후의 새로운 구도 및 전개에 초점을 맞춘다. 그중에서도 '이슬람 과격파'나 '이슬람 원리주의' 조직 등으로 보도되는 하마스가 팔레스타인 정치의 중요한 행위자로서 자리매김했다는 것을 지적하고, 그 역할을 종교와는 다른 축에서 밝힐 것이다. 그리고 마지막에서는 이번 가자 전쟁이 그러한 틀에 따라 어떻게 규정될 수 있는지에 대한 전망을 제시하고자 한다.

2. 팔레스타인 · 이스라엘 분쟁과 정치 구도

팔레스타인과 이스라엘 간의 분쟁이 종교적 대립으로 불리는 것은 그 대립의 기점에 원인이 있다. 우선은 그 구조와 역사를 돌이켜보며 문제의 전체상을 파악해보도록 하겠다.

이스라엘의 건국과 종교_ 시오니즘에 의해 수출된 종교적 대립

지금의 분쟁이 시작되기 이전 문제가 된 토지에는 오스만 제국의 지배를 받는 아랍 자치주가 펼쳐져 있었다. 예루살렘과 나블루스, 헤브론 등 주요 도시를 중심으로 지방의 행정구역이 나뉘었다. 주민 대다수는 이슬람교도(수니파)로 그리스정교회를 중심으로 한 기독교도가 인구의 10% 정도를 차지했다. 또한 마찬가지로 소수파의 10% 정도인 유대교도가 거주했고, 그들 간에는 평온한 공생이 성립되었다(The Institute for Palestine Studies, 1991: 156). 공생은 1940년대 무렵까지 계속되었다. 가자 출신의 가족이 야파(Jaffa, 훗날 이곳과 인접해 텔아비브야파가 만들어졌다)에 가게를 열고 단골손님인 유대인을 상대로 장사를 하는 가운데 가게 주인의 자녀가 떠듬떠듬 히브리어를 습득하는 등의 모습이 그곳의 일상이었다(藤田進, 1989).

그런데 이러한 상황을 바꾸어놓은 것이 시오니즘에 근거한 이스라엘의 건국이다.

19세기 말에 유럽에서 유대인 박해가 다시 불붙기 시작한 것을 계기로 시오니즘이라는 사상이 생겨났다. 시오니즘이란 유대교도라는 종교 공동체에 감히 '유대인'이라는 민족을 의미하는 명칭을 붙임으로써 국가를 만들 권리를 쟁취하자는 운동이었다. '1민족 1국가를'이라는 취지의 민족주의 운동이 당시에는 융성했으며, 그 물결에 편승함으로써 건국을 정당화하려는 의도였다. 유럽에서 기독교도와의 공생을 비관했던 일부 유대인들은 당시 팔레스타인이라고 불린 토지에 주목했다. 성지 예루살렘을 중심으로 한 그 장소에는 과거 고대 이스라엘이 존재했고, 그 자손인 유대의 백성에게 신이 그 토지를 부여했다는 신화가 있었기 때문이다.

시오니즘 사상에 기초해 1920년대 초 오스만 제국 영내로 입식(入植)을 시작한 유대인은, 유대 민족이 실제로 거주할 수 있는 곳을 확보하기 위해 토지 취득에 매진했다. 그들이 획득한 토지 중에는 그 땅에 거주하지 않는 아랍인 지주(地主)에게 매입한 토지도 많이 포함되었다(Cohen, 2008). 그렇지만 최종적으로 유대인 국가는 무력에 의해 건국된다. UN의 분할 결의가 받아들여지지 않은 이후 유대인과 아랍인 사이에서 빈발하는 충돌 때문에 팔레스타인의 토지를 관리하지 못하게 된 영국 위임통치 당국이 떠나자, 전면적인 전쟁(제1차 중동전쟁)이 시작되었기 때문이다. 전쟁에서 승리한 유대인은 이스라엘을 건국하고 시오니즘을 이상으로 삼는 유대인 국가를 세웠다. 이스라엘이 건국된 이후 이 땅에 원래 거주했던 이슬람교도(수니파)를 중심으로 한 팔레스타인인 70여 만 명이 난민이 되어 주변국으로 도주했다.

이렇듯 유럽의 민족주의 운동이 발단이 되어 종교적 대립이 유입되면서 팔레스타인은 분쟁에 휘말려들게 된다. 같은 시기에 주변 지역에서는 영국과 프랑스를 중심으로 시행된 영토 분할로 말미암아 인공 국가가 성립되었다. 그렇지만 팔레스타인에서는 시오니즘이라는 종교적 이데올로기에 근거해 이스라엘이 자발적으로 건국되는 한편, 난민이 되어버린 사람들이 건국 운동의 한가운데 정착하게 된다. 이를 통해 볼 때 인공적인 성립은 부정할 수 없지만, 그러한 '국가 틀'의 형성은 제국주의 열강의 개입만으로는 설명할 수 없는 요소를 포함하고 있었다.

팔레스타인 저항운동과 종교_ 세속주의적 여러 파벌에 의한 경합

초기 팔레스타인의 저항운동은 종교적 대립이 촉발되기 이전의 공생을 이상으로 삼았기 때문에 세속적인 성격을 명확히 내세웠다. 운동의 목적은 이스라엘의 건국에 의해 고향에서 추방된 사람들의 귀환이며, 점령의 종결이었다. 팔레스타인을 대표하는 저항운동 조직이 된 PLO가 내세운 「팔레스타인 국민헌장」에는 1947년까지 팔레스타인에 거주했던 아랍인 전원에 대해 "유대교도였다고 해도" 팔레스타인인으로 인정한다고 명시되어 있다(Abdul Hadi, 1997: 204, 213).

PLO에서 의장을 장기간 맡았던 야세르 아라파트가 소속되어 있는 주류 파벌이 파타다. 파타는 후에 「오슬로 협정」의 체결을 이끌었고, 팔레스타인 자치정부를 형성하는 중심 조직이 되었다. 또한 냉전 시기라는 시대적 배경에 따라 1960년대에는 공산주의 사상에 영향을 받은 팔레스타인 해방인민전선(PFLP: Popular Front for the Liberation of Palestine)이나 팔레스타인 해방민주전선(DFLP: Democratic Front for the Liberation of Palestine) 등의 조직도 생겨났다. 이러한 조직의 대다수는 PLO 산하로 들어갔고, 팔레스타인 민족주의나 마르크스·레닌주의 등의 세속적인 이데올로기를 그 근거로 삼았다.

이에 반해 현재 팔레스타인 정치에서 파타와 어깨를 나란히 하고 서 있는 정치 세력 '하마스'는 온건한 이슬람주의를 내세우는 조직으로, 이집트에 기원을 두고 있는 팔레스타인 무슬림형제단이 그 모체다. 1930년대까지는 지부 조직으로서 이집트의 본부와 상호 교류하며 의용군을 파견하기도 했지만, 이스라엘 건국 이후에는 그 연계도 끊어졌다(Nishikida, 2014).

파타 및 기타 조직보다 먼저 탄생하기는 했지만, 팔레스타인 무슬림형제단은 애초에는 정치에 관여하지 않는다는 방침을 세웠다. 이에 따라 사회복지 활동으로 일관하고, 민중의 의식 차원에서 이슬람교의 준수를 추진하는 것을 조직의 첫 번째 목표로 삼았다. 이밖에도 이슬람주의에 근거한 정치 조직으로 이슬람해방당과 이슬람 지하드 등이 조직되어 대(對)이스라엘 저항운동을 활발히 담당했다.

팔레스타인 무슬림형제단이 정치 운동에 관여하게 된 것은 제1차 인티파다[1] 이후다. 1987년 12월에 시작된 이 전례 없는 운동의 왕성함을 감안해 팔레스타인 무슬림형제단 내부에서는 정치적 운동에 참여해야 한다는 목소리가 커졌다. 그것을 대표하는 형태로 팔레스타인 무슬림형제단의 지부로서 아메드 야신(Ahmed Yassin)을 정신적 지도자로 삼는 정치운동 조직 '하마스'가 결성되었다.

제1차 인티파다를 거치며 하마스는 민중 봉기를 이끄는 정치적 조직으로 세력을 확대했다. 운동을 지휘하는 조직으로 PLO를 내세운 민족통일 지도부와 어깨를 나란히 하면서, 하마스는 전단을 발행하고 시위나 파업 등의 운동을 지시했다. 하마스와 민족통일 지도부의 차이점은 파업 관련 일정의 상이함 등에서 나뉘는데, 이는 세속주의 세력과 이슬람 세력이라는 차이가 운동의 내용에 표출된 것이라고 할 수 있다.

그렇다고 하더라도 하마스는 세속파인 PLO나 파타에 견주어 대체로 '이슬람 과격파'로 불린다. 그 배경으로는 1988년 8월에 발표된 「하마스 헌장」의 영향이 지적된다. 특히 이스라엘 측으로부터 비판을 받는 것은 이스라엘의 섬멸을 주장하고 있는 것으로 간주되는 제11조의 조항이다. 이 조항에는 팔레스타인의 땅을 '이슬람의 와끄프(waqf)'[2]로 규정하면서 이 토지를

---

1 요르단 강 서안 지구와 가자 지구 전역에 거주하는 팔레스타인인에 의해 몇 년 동안 전개된 민중 봉기다. 가자 지구의 자발리야(Jabalia) 난민 캠프에서 일어난 교통사고를 계기로 일어난 항의 시위가 시작이었다.

2 와끄프란 이슬람법에 의해 소유권 이전이 영구히 정지된 토지를 말한다. 역사적으로

한 조각이라도 타자에게 양도할 수 없으며, 그 누구에게도 양도하는 권한이 없다고 명시했다. 이 논리에 따르면 이스라엘은 팔레스타인의 땅을 빼앗은 약탈자로 규정되기 때문에 국가의 존재를 원리적으로 인정받을 수 없는 셈이 된다.

그러나 이 헌장은 하마스 결성 직후에 급히 만들어진 것으로, 정치국장 칼리드 마슈알(Khaled Mashal)에 의하면 창설 당시의 생각을 제시한 것에 불과하다(Tamimi, 2007: 149). 창설 이후 반드시 이에 따라 조직이 운영되지 않았다는 것은 하마스 지도자에 의한 그 이후의 성명 등을 통해 분명히 드러난다(錦田愛子, 2014).

이로써 알 수 있는 것은 팔레스타인의 대(對)이스라엘 저항운동은 기본적으로 세속적인 차원의 운동에서 시작되어, 여러 파벌로 나뉘었다가 그 후 규합되어왔다는 점이다. 이슬람주의 조직의 대표 격으로 간주되는 하마스가 정치적 운동에 참여한 것은 비교적 늦은 시기이며, 활동 내용을 보아도 종교적 색채를 특히 강하게 띤 것도 아니다. 하마스와 PLO 간의 차이가 명확해진 것은 오히려 다음에 논할 중동 평화 프로세스가 개시된 이후다.

「오슬로 협정」과 하마스_ 대안 세력으로서의 하마스

제1차 인티파다 이후 PLO는 이스라엘과의 대화 노선으로 방향을 틀었다. 1988년 12월 운동이 발발한 지 정확히 1년 뒤인 겨울에 PLO가 UN 총

는 모스크와 병원 등 공공성(公共性)이나 종교적 가치가 높은 건물이 와끄프로 지정되어 종교 기부 제도로 기능해왔다.

회에서 표명한 평화 이니셔티브가 그 계기가 되었다. 총회에서 아라파트는 이스라엘의 승인과 테러의 포기, UN 안보리 결의 제242호 및 제338호의 수용을 선언했다. 이에 따라 로널드 레이건(Ronald Reagan) 미국 대통령(1981~1989년 재임)은 대(對)PLO 교섭의 개시를 발표하고 평화 교섭의 물꼬를 틔웠다. 1991년에 마드리드 중동 평화회의가 개최되고, 다국 간 협의가 시작되었다. 이 국제적 협의가 난항을 겪기 시작한 1993년에는 「오슬로 협정」이 마침내 체결되어, 그 이후 출현하는 중동 평화 프로세스의 기본적인 틀을 제시했다.[3]

이러한 일련의 평화 교섭에 대해 하마스는 강력히 반발했다. 팔레스타인 전역의 해방을 목표로 삼은 하마스에게 요르단 강 서안 지구와 가자 지구에서의 건국만을 받아들인 '2국가 해결안'이라는 「오슬로 협정」의 전제는 용납하기 어려운 타협으로 보였기 때문이다. 또한 평화 교섭의 당사자가 PLO로 국한됨으로써 PLO에 소속되지 않은 하마스는 정치의 중앙무대에서 멀어졌다.

하마스에 소속되지 않은 사람들에게도 「오슬로 협정」은 양날의 검이었다. 평화 교섭의 개시로 국제 사회로부터의 지지와 지원이 모이고, 분쟁이 해결되면서 처음에는 기대감을 품었다. 그렇지만 교섭은 좀체 진전되지 않았고, 팔레스타인인들이 일상생활에서 평화를 실감하기에는 부족했다.

3 「오슬로 협정」은 이스라엘과 PLO 간에 교환된 평화 교섭으로 결정된 의제의 각 교섭 내용에 시간표를 제시한 것이다. 그렇지만 난민의 귀환권, 국경, 입식지, 예루살렘 등의 중요 과제에 대해서는 구체적인 내용을 결정한 것은 없으며, 이는 최종 지위 교섭이라는 과제로 당분간 보류되었다. 교섭이 정체되는 가운데 이스라엘은 예루살렘 등에서 입식지 건설을 추진했다.

오히려 「오슬로 협정」 이후 구축된 자치 체제는 독직(瀆職)과 부정부패를 대거 배태했다. 이에 반대하는 사람들은 정치적인 대안 세력으로 하마스를 지지했다.

2000년에 시작된 제2차 인티파다는 「오슬로 협정」에 의한 평화 교섭이 정해진 시한 내에 달성되지 못한 데 대한 낙담과 「오슬로 협정」 이후의 자치 체제에 대한 항의를 배경으로 일어났다. 운동에서 중심적인 역할을 수행한 것은 제1차 인티파다와는 달리 각 정치 파벌과 거기에 소속된 무장투쟁 계열이었다. 하마스는 그 중추를 담당했다. 자치 정부를 주도한 정치가 대다수는 조직 창설 이래로 팔레스타인의 외부에 있던 PLO의 '고참' 간부들이었고, 평화 협의 개시 후에 귀환한 사람들이었다. 이스라엘 점령 시에 저항을 계속해왔던 젊은이들이 등용에서 배제되었고, 오슬로 체제에 대한 그들의 불만이 격화되고 있었다(Shikaki, 2001).

이러한 전개는 하마스와 PLO의 관계가 이슬람주의에 근거하는지 아닌지와 상관없이 평화 교섭이라는 정치 노선을 둘러싼 대립이자 권력 다툼이었다는 것을 보여준다. 또한 제1차 인티파다 이후 PLO의 결단은 당시까지의 분쟁 구도를 일변시키는 효과가 있었다는 것을 알 수 있다. 이스라엘에 대한 승인 등 제반 조건을 받아들임으로써 새로운 분쟁 해결 수단인 '교섭'의 도입이 가능해졌기 때문이다. 그리하여 시작된 「오슬로 협정」은 팔레스타인에 자치 정부라는 새로운 정치체제를 가져왔다.

교섭 개시 전후를 비교하면, 하마스와 PLO의 유사성도 지적된다. 평화 교섭 개시 이전의 PLO는 오늘날 강경파로 비판받는 하마스와 마찬가지로 이스라엘의 존재를 인정하지 않았다. 그 때문에 PLO는 이스라엘로부터 게릴라 조직(현재의 테러 조직에 해당)으로 지목되어 직접 대화를 할 수 없었다. 이러한 지위는 현재 하마스의 경우와 중첩된다.

평화 교섭에 반대하는 하마스는 제2차 인티파다에서 무장 공격을 반복했다.[4] 이에 대해 이스라엘군은 본격적인 공세로 대응했고, 가자 지구는 2004년에 실시된 이른바 '레인보 작전'으로 이집트 국경을 중심으로 철저히 파괴되었다. 하마스 간부들이 연이어 암살되거나 폭격을 당했다. 하지만 이스라엘에 의한 물리적 파괴는 하마스 조직의 정치적 영향력을 약화하지 못했다. 이는 2년 후 실시된 선거에서 입증되었다.

부인되는 민주주의: 국제 사회의 하마스 내각에 대한 거부

2006년 1월에 팔레스타인 자치구에서 실시된 제2차 입법평의회(국회) 선거 결과는 국제 사회뿐만 아니라 자치구 주민들의 예상을 뒤집는 것이었다. 국제선거 감시단이 지켜보는 가운데 실시된 선거는 77%라는 높은 투표율을 보였고, 그 절차는 공정했음이 확인되었다. 그리고 그 결과 하마스가 승리해 전체 132개 의석 중에서 74석을 자치해 다수파가 되었다. 그때까지 항상 주류파의 자리를 차지해왔던 PLO의 파타는 45석을 획득하는 데 그쳤다. 예상하지 못한 결과에 점령지는 커다란 충격에 빠졌다.

하마스가 표를 결집해 승리한 이유는 선거 직후에 여론 조사 기관 '예루살렘 대중매체 커뮤니케이션 센터(JMCC)'가 실시한 조사 결과에서 엿볼 수

4 폭발물과 총을 사용해 시민까지 공격하는 행위도 팔레스타인 측에서는 '순교 작전'의 일환으로 간주된다. 일반적으로 이스라엘 및 서구 국가들은 이를 '자살 폭발(suicide bombing)'이라고 부른다.

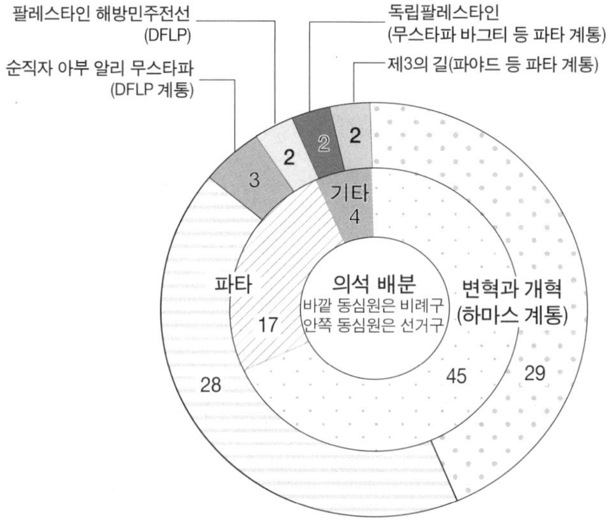

그림 6-1 팔레스타인 입법평의회의 의석 배분

팔레스타인 중앙선거관리위원회 홈페이지, https://www.elections.ps/ar/tabid/587/language/en-US/Default.aspx(2014년 9월 검색)를 기초로 필자가 작성

있다. 하마스에 투표한 이유로 가장 많이 제시된 답은 파타의 독직에 대한 반감(43.0%)이었다. 그밖에 정책(11.8%), 생활환경의 개선(10.7%) 등이 투표의 동기로 여겨졌다. 하마스의 이슬람주의 조직으로서의 성격에 대한 지지도 종교적 이유(18.8%)로 제시되고 있지만, 반드시 압도적인 동기라고 말할 수는 없다(JMCC, 2006). 여기에서도 역시 PLO와 하마스의 경합은 주로 정책 내용과 정치적 자세와 관련된 것임을 알 수 있다.

또한 선거 결과를 상세히 살펴보면, 의외의 이유도 부각된다. 그것은 파타 측이 구사한 선거 전략의 실패다. 이 해의 입법평의회 선거는 선거 직전 '선거법'이 개정되면서 비례대표제와 대선거구제를 병행해 실시되었다. 비례구에서는 하마스가 29석, 파타가 28석을 획득해 근소한 차이를 보였다.

이에 반해 선거구에서 하마스가 획득한 의석수는 45석, 파타는 17석으로 큰 차이를 보였다(<그림 6-1> 참조). 즉 정당별 지지율에서는 하마스와 파타 간에 별 차이가 없었는데도, 선거구 의석수에서 큰 차이가 발생한 것이다. 그 이유로 선거구에서의 후보자 선정 전략의 실패를 생각해볼 수 있다. 이 선거에서 파타 계통은 같은 선거구에 여러 명이 입후보했는데, 이렇게 해서 표가 분산된 것이 파타의 패퇴를 초래한 것으로 판단된다.

이유야 어찌 됐든, 선거 결과에 대해 국제 사회가 취한 태도는 냉엄했다. 선거 이튿날 하마스 내각을 상대하지 않겠다고 이스라엘이 선언한 데 이어, 서구 국가들은 팔레스타인에 대한 지원을 동결하겠다고 발표했다. 공정한 선거라는 '절차적 민주주의'[5]의 요건을 충족했음에도, 결과로서 실현된 이슬람주의 정당의 정권 획득은 수용하기 어려웠다고 여겨진다. 중동 평화 프로세스를 주도해왔던 UN, EU, 미국, 러시아의 이른바 '4자'는 PLO가 받아들였던 것과 동일한 세 가지 조건(이스라엘을 국가로 승인, 테러 포기, 이제까지 체결해온 국제 합의의 준수)을 받아들이라고 하마스 측에 요구했다.

이와 같은 유럽과 미국에 의한 경제 제재는 팔레스타인 내정의 혼란을 부채질했다. 이듬해인 2007년 3월 하마스와 파타는 거국일치 내각을 구성하는 데 합의했지만, 3개월 후에 파탄이 났다. 쌍방의 치안 조직 사이에서 일어난 무력 충돌 끝에 가자 지구는 하마스 측이 제압했다. 마무드 아바스

5 '제도적 민주주의'란 자유롭고 공정한 선거 등 정치적 결정에서 절차를 중시하는 민주주의적 사고방식을 말한다. 중동을 포함한 제3세계에서의 '민주화'론에서는 이에 기초해 선거의 실시를 민주주의 실현의 기준 중 하나로 간주하는 경향이 있다. 또한 이에 반해 시민 및 정치적 차원에서의 제반 권리의 실현 등 이념적인 목표의 달성을 중시하는 '실질적 민주주의'라는 사고방식도 존재한다.

(Mahmoud Abbas) 대통령(2005년 취임)은 비상사태를 선언해 하마스를 불법 조직으로 규정하고, 이스마일 하니야(Ismail Haniya) 총리(2006~2014년 재임)를 해임한 뒤 친(親)파타 성향의 살람 파이야드(Salam Fayyad) 재무 장관을 신임 총리(2007~2013년 재임)로 임명했다. 이로써 가자 지구에서 유지되었던 하마스 내각과 서안 지구에서 만들어진 파타 내각에 의한 '이중 정부 체제'가 시작되었다.

정부의 분열 이후 제재는 본격화된다. 가자 지구의 경제에 특히 큰 피해를 준 것은 이스라엘 정부에 의해 개시된 봉쇄였다. 가자 지구로부터 이스라엘로의 이주 노동이 막히고 이동 규제가 강화되었기 때문에, 팔레스타인인 사이에서 실업자가 급증했다. 검문소를 통한 물자의 수입은 격감하고, 가자 지구에서는 의약품과 연료를 포함한 생활필수품이 부족해지기 시작했다(<그림 6-2> 참조). 가자 지구의 수출을 규제한 것 또한 경제에 큰 타격을 입혔다. 팔레스타인의 경제 구조를 살펴보면 수출의 70% 이상을 이스라엘이 차지하고 있다. 그렇지만 봉쇄 때문에 가자 지구에서 생산물을 역외로 판매하는 것이 불가능해져 가자 지구 내의 산업은 심각한 타격을 입었다.

가자 지구의 봉쇄는 그 후 2014년에 일어난 가자 전쟁까지 이어졌다. 장기간의 경제 제재는 가자 지구의 빈곤율을 급증시켰고 재정난으로 공무원에 대한 임금 체불이 빈발했다. 제재에 대한 항의로 가자 지구에서 로켓탄이 발사되자, 2008년부터 2009년 겨울 이에 대한 반격으로 이스라엘군이 대규모 군사 공격인 '캐스트 리드 작전(Operation Cast Lead)'을 수행했다. 중동의 민주화를 칭송하는 한편, 민주적 선거로 선출된 하마스를 거부하는 서구 국가들의 이중 기준은 팔레스타인의 정치적·경제적 혼란과 그 사회의 물리적 파괴를 초래했다.

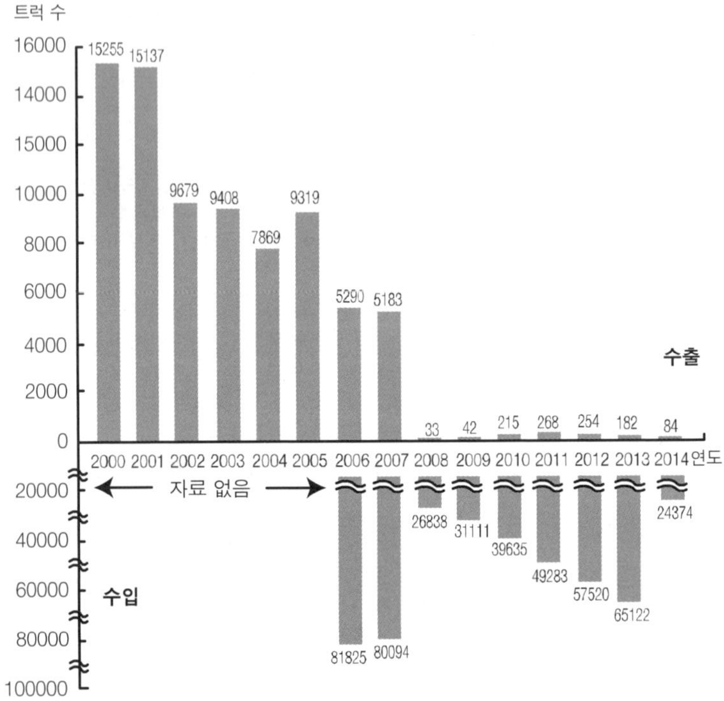

그림 6-2 가자 지구의 무역 수지

UN 인도주의업무조정국 자료(OCHA, 2014)를 기초해 필자가 작성

3. '아랍의 봄'에 농락당한 팔레스타인

2007년 이후 '이중 정부 체제'는 고정되고, 팔레스타인의 정치는 장기간 정체된다. 결국 변화는 2011년에 일어난 '아랍의 봄' 이후에야 생겨났다. 여기서는 그러한 변화를 '아랍의 심장'에 속하는 다른 국가들과의 관련 속에서 살펴보도록 하겠다.

팔레스타인의 짧은 '봄'

2011년 3월 '아랍의 봄'의 효시로 튀니지에서 정변이 일어난 지 2개월 뒤에 팔레스타인에서의 '봄'은 절정을 맞이했다. 이집트에서 '1월 25일'이 기념해야 할 봉기일로 기억되는 것처럼, 팔레스타인에서는 '3월 15일'이 특별한 날이 되었다. 파타와 하마스 두 정부에 대해 통일을 요구하는 시위가 가자 지구에서 10만 명, 라말라에서 4000명, 나블루스에서 1500명 규모로 열려 광장을 가득 메웠다. 기본적으로 투쟁의 칼날이 이스라엘 정부를 겨누고 있는 팔레스타인에서 이 정도 규모의 항의 집회가 팔레스타인의 정치 지도부를 겨냥해 열린 것은 드문 일이다. 이에 따라 파타 내각의 파이야드 총리는 분열의 종결을 '최우선 과제'로 정했고, 하마스의 하니야 총리는 파타 내각의 간부를 가자 지구로 초대한다는 성명을 냈다. 이튿날 아바스 대통령은 "가자를 방문할 의사가 있다"라고 발표했다. 이웃 나라에서 차례로 정권이 무너지고 있는 것을 목격한 지도부가 민중이 일으킨 시위의 압력에 대응하지 않을 수 없다고 판단한 결과라고 여겨진다.

같은 해 4월로 들어서자 '아랍의 봄'에서 체제 전환을 경험한 신생 이집트의 주도로 '이중 정부 체제'를 해소하기 위해 교섭이 추진되기 시작했다. 5월 4일에는 국민 화해를 선언하기 위해 카이로에서 기념식전이 열렸다(「카이로 협약」). 그렇지만 통일 내각의 구체적인 내용에 대해서는 좀체 협의가 진전되지 않았다. 장관 인사에 대한 결정은 2014년 6월 합의가 이루어질 때까지 미뤄졌다.

평화 교섭에 반대하고 이스라엘의 존재를 인정하지 않는 하마스가 파타와 함께 통일 내각의 일원이 되는 사태에 대해 이스라엘은 강력히 반발했다.

「카이로 협약」 발표 당일 이스라엘의 베냐민 네타냐후(Benjamin Netanyahu) 총리(1996~1999년 재임, 2009년부터 재임 중)는 "통일 합의는 평화에 걸림돌이다"라는 성명을 내고 파타에 대해 "이스라엘과의 평화인가, 하마스와의 평화인가"를 선택하도록 압박했다. 이것은 명백한 내정 간섭이지만, 하마스에 대한 이스라엘의 거부감을 잘 표현한 것이다. 이에 대해 아바스 대통령은 이스라엘에 "평화인가 입식지인가, 선택하라"며 반발했다. 평화 교섭의 상대로 삼고 싶다면, 입식지를 일방적으로 건설함으로써 교섭의 진행을 방해하지 말라는 메시지다. 하마스의 칼리드 마슈알 정치국장은 이로부터 수일 후에 "무장 저항을 포함한 대(對)이스라엘 투쟁 일체를 파타와의 협의에 따라 수행한다"라고 발표했다.

그 후 팔레스타인에서는 '아랍의 봄'의 영향을 받은 큰 정치적 변동이 특별히 일어나지 않았다. 다른 아랍 국가들처럼 타도해야 할 강력한 정치가나 정권이 존재하지 않았기 때문에, 항의 운동은 오히려 정권의 분열과 정체된 정치의 극복을 요구했다. 임시방편의 국민 화해는 당장에는 큰 성과를 가져오지 못했지만, 파타와 하마스를 서로 화해시키는 초석을 다짐으로써 그로부터 3년 후 통일 내각이 형성될 것을 예고했다.

시리아에서의 혼란과 하마스의 고립

팔레스타인과 이스라엘은 북쪽으로 시리아와 레바논, 남쪽으로 이집트와 각각 국경을 접하고 있다. 그 때문에 '아랍의 봄' 이후 시리아와 이집트 양국에서 정치적 변동이 일어나자 그 영향을 어쩔 수 없이 직접적으로 받게 되었다.

이스라엘 측에서 보면 이집트의 '1월 25일 혁명'은 1978년 「캠프 데이비드 협정」을 맺은 이래 유지되어왔던 질서의 붕괴를 시사하는 사건이었다. '혁명' 이전의 무함마드 호스니 무바라크 정권은 이 합의 이후 형성된 '캠프 데이비드 체제'로 지칭되는 정치 질서 아래, 시나이 반도의 공동 관리에 찬성해왔던 친미·친(親)이스라엘 정권이었다. 하지만 '혁명' 이후 이집트에서는 무슬림형제단을 비롯한 이슬람주의 세력이 부상함으로써, 일시적으로 이스라엘의 배후를 맡길 수 있는 상대를 잃을 위기에 처했다. 반(反)이스라엘 성향의 바샤르 아사드 정권과 이집트의 새로운 정권 틈에 끼어 다시 두 개의 정면 작전을 강요받고 있다고 간주한 이스라엘은 강한 경계심을 품었다. 중동 유일의 민주주의국가를 자임하는 이스라엘은 '아랍의 봄'에서 아랍 국가들이 민주화되어 이스라엘에 친화적인 정책을 취할 것이라고는 전혀 기대하지 않았다. 이어서 일어난 시리아에서의 혼란은 더욱 우려스러운 요인이 되었다. 서로 계속 노려보면서도 포화를 주고받는 경우가 드물었던 아사드 정권의 존재는, 이스라엘의 입장에서 말하자면 '대처하기 쉬운 악(惡)'이었다. 그러한 정권의 붕괴는 지역 질서를 뒤흔드는 커다란 불안정 요인으로 판단되었다. 유효한 대책을 세우지 못했던 이스라엘에서 '아랍의 봄'은 혼란이 시작될 징조였다.

그러나 실제로는 이집트 신(新)정권이 외교 방침을 크게 변경하지 않아, 캠프 데이비드 체제는 기본적으로 유지되었다. 시리아에서 발생한 혼란의 영향은 골란 고원 등 UN의 감시하에 이스라엘군 병력과 상호 대치하고 있는 지역에서 단발로 발생하는 충돌 정도의 위험에 국한되었다. 이에 반해 '아랍의 봄'으로 크게 영향을 받은 쪽은 오히려 팔레스타인이었다. 이제 그 영향을 살펴보기 위해 팔레스타인과 시리아 및 이집트 양국 간의 기존 관계와 여기에서 파급된 변화에 주목해보도록 하자.

시리아는 1948년 이스라엘 건국 이후 팔레스타인 난민을 비교적 너그럽게 수용해온 국가다. 난민에게 국적을 부여하지는 않지만, 이웃 나라 레바논과 달리 시리아 내에서의 자유로운 취업도 인정되고, 학교 교육이나 의료 서비스 등을 내국인들과 마찬가지로 향유할 수 있었다. 사이카(SAIQA)나 팔레스타인 인민해방전선 총사령부(PFLP-GC: Popular Front for the Liberation of Palestine General Command)처럼 시리아의 지원을 받던 팔레스타인 정치 조직도 존재한다.

하마스와 시리아의 관계는 1999년 요르단에서 일어난 칼리드 마슈알 정치국장 암살 미수 사건을 계기로 시작되었다. 이스라엘의 첩보 기관 모사드(Mossad)에서 보낸 자객에 의해 중태에 빠진 마슈알이 건강을 회복한 이후 신병을 인도받은 카타르를 경유해 이동해간 곳이 시리아였다. 그 이후 하마스는 시리아를 국외 거점으로 하여 가자 지구의 지도부와 연락을 취하면서 정치적 결정을 내리게 된다.

그렇지만 '아랍의 봄'이 시리아로 파급되자, 하마스가 거점을 옮긴다는 소문이 일찍부터 돌기 시작했다. 범아랍 일간지 ≪알하야트(Al Hayat)≫는 2011년 4월 말, 하마스가 거점을 카타르와 카이로로 이전한다고 보도했다. 이 시기는 카타르가 아사드 정권의 퇴진을 강력히 주장하고 시리아 분쟁에 대한 간섭을 강화했으며, 이집트에서는 무바라크 정권이 붕괴된 이후 무슬림형제단이 세력을 신장하고 있던 때다. 하마스는 이 보도를 부정했지만 실제로 이듬해 2월 마슈알은 카타르로, 무사 아부 마르주크(Mousa Abu Marzook) 정치국 차장은 카이로로 가족부터 차례로 이동해갔다. 이리하여 하마스와 시리아의 관계, 특히 마슈알과 시리아 아사드 대통령 간의 관계는 급속히 악화되었다.

시리아와의 관계가 하마스에게 중요한 의미가 된 것은, 그것이 시리아라는 한 국가와의 관계에 국한되는 것이 아니라 시리아와 깊이 관계를 맺고 있는 이란이나 레바논의 헤즈볼라와의 관계에까지 영향을 미치기 때문이다. 하마스는 이후의 전투에서도 확인되는 것처럼 이란으로부터 무기나 관련 기술을 제공받아왔다. 이런 이란이 '아랍의 심장'의 중추로서 관계를 단단히 유지하고 있는 것이 시리아의 아사드 정권이라는 점에서, 시리아와의 관계 악화는 연쇄적으로 심각한 영향을 줄 수 있다는 우려를 낳았다.

하마스 간부는 시리아를 탈출한 표면적인 동기로 시리아 국내의 치안 상황 악화를 들었다. 또한 시리아 민중을 탄압하는 아사드 정권에 대한 비난이나 2011년 8월에 발생한 라타키아(Latakia)의 라멜(Ramel) 난민 캠프에 대한 공격 등 시리아 국내의 팔레스타인 난민에 대한 공격을 탈출의 동기로 든 간부도 있다. 그렇지만 어쨌든 시리아는 하마스의 정치적·군사적 동맹국이며, 이스라엘과 국경을 접하는 지정학적으로 중요한 지점에 위치해 있다. 이러한 시리아와의 관계가 악화된다는 것은 한층 더 국제적으로 고립된다는 의미이며, 또한 중요한 거점의 손실을 의미한다.

한편 시리아에 주재하는 팔레스타인 난민은 '아랍의 봄'에 이어 내전으로 심대한 피해를 입었다. 다마스쿠스 주 안에 있는 야르무크(Yarmouk) 난민 캠프에는 2012년 12월 무렵부터 알카에다 계통의 무장 집단인 '샴의 사람들을 위한 누스라 전선' 등이 유입된 탓에, 시리아군과의 전쟁터로 전락해 버렸다. 2014년 초에는 포위가 장기화되면서 난민 캠프 내에 기아가 만연하기에 이르렀고, 지원에 나선 UN 팔레스타인 난민 구호기구(UNRWA: United Nations Relief and Works Agency for Palestine Refugees in the Near East)로부터

긴급 호소가 나왔다. 시리아에서 도망친 사람들 중 팔레스타인 난민은 UN에서도 관할하는 기관이 다르기 때문에 다른 시리아 피난민들과 구별된다. 요르단에서는 시리아로부터 넘어온 팔레스타인 난민들을 시리아 국경 부근의 사이버 시티(Cyber City) 캠프에 수용했는데, 수용 인원이 한계에 도달해 2013년 1월부터 시리아에서 팔레스타인 난민이 입국하는 것은 공식적으로 금지되었다. 요르단 정부는 신원 보증인의 명시 등을 포함해 정식 절차를 거치지 않고 들어온 사람들을 시리아로 강제 송환하기 시작했다. 내전이 개시되기 전 시리아에는 52만 명 이상의 팔레스타인 난민이 있었다고 하는데, 그중 절반에 이르는 사람들이 집을 잃고 난민이 되거나 혹은 국내 피난민이 되고 있다고 한다(Human Rights Watch, 2014).

이집트에서의 정변과 밀수 터널을 둘러싼 흥정

이집트에서 일어난 일련의 정변(제1장 참조)은 지리적으로 인접해 있는 가자 지구의 하마스 내각에 직접적으로 영향을 미쳤다. 이 장 첫머리에서 언급했던 2014년 가자 전쟁의 발발과도 결부된다. 여기에서는 그 경위에 대해 다루어보도록 하겠다.

이집트는 시나이 반도의 사막 지대를 사이에 두고 팔레스타인과 지리적으로 떨어져 있기 때문에 요르단과 레바논, 시리아처럼 많은 팔레스타인 난민을 수용하지 않았다. UN 팔레스타인 난민구호기구의 관할 영역에서도 제외되었다. 그렇지만 제1차 중동전쟁 이후에 서안 지구를 요르단이 관리하에 둔 것과 마찬가지로 가자 지구에 대한 행정권을 이집트가 장악했다. 아랍민족주의가 정치적 이데올로기로서 위력을 발휘하던 1950년대와

1960년대에 이집트의 가말 압델 나세르 대통령이 그 기수(旗手)를 맡았고, PLO의 창설 등에 관여했다. 그렇지만 「캠프 데이비드 협정」이 체결되자 이집트는 이스라엘과 단독으로 평화를 추구하는 길을 선택했고, 팔레스타인 문제에 대한 관여에서 멀어져 갔다.

1990년대에 들어 중동 평화 프로세스가 시작되자, 이집트는 다국 간 협의의 참가국으로 마드리드 중동 평화회의의 틀에 휘말려들었다. 그 수년 후에 시작된 「오슬로 협정」에 따라 진행된 평화 교섭이 결렬되자, 이번에는 분쟁 중재국으로서 이스라엘과 팔레스타인 내 여러 세력 간의 관계를 중재하게 된다. 무바라크 정권의 우마르 술라이만(Umar Sulaiman)이 이끄는 종합정보국은 2000년 이후 카이로에서 조정 회의를 개최하는 등 적극적으로 관여했다(鈴木惠美, 2011: 73).

그렇지만 그보다 팔레스타인인에게 이집트가 중요했던 이유는 지리적 위치 때문이다. 따라서 타국과의 국경선 관리를 이스라엘이 거의 완전히 장악하는 가운데, 유일하게 이집트와 가자 지구의 경계선은 이스라엘이 온전히 관리하기 어려운 장소에 위치해 있기 때문이다. 하마스 단독 내각이 성립한 이후 2007년에 이스라엘이 가자 지구를 에워싼 검문소를 폐쇄하고, 경제 제재를 시작하자 궁핍한 가자 지구 사람들은 이집트와의 경계선을 따라 밀수 터널을 파기 시작했다. 터널의 규모는 서서히 확대되어 최고 전성기에는 식량과 연료, 의약품뿐만 아니라 자동차와 같은 대형 기계 제품까지 운반해 들여왔다.

밀수 터널은 불법이었지만, 가자 지구의 주민에게는 생명선으로 기능했다. 이스라엘의 허가를 받은 정규 경로로는 수입할 수 있는 물자의 종류도 한정되고, 필요한 의약 물자들이 도착하지 않는 경우도 많았기 때문이다.

2008년부터 2009년까지 이스라엘군에 의해 수행된 '캐스트 리드 작전' 이후 가자 지구에서 일어난 경제적 부흥은 주로 이 터널을 통해 운반해 들여온 건축 자재가 있기에 가능했던 것이다. 한편 하마스는 터널을 통한 물자 수입에 대해 관세를 매기고 이를 주요 수입원으로 삼았다.

'아랍의 봄'이 시작되자, 이집트에서는 그 초반에 '1월 25일 혁명'이 일어나 무바라크 정권이 무너졌다. 미국 및 이스라엘과 깊은 관계를 맺고 있던 무바라크 정권을 대신해 무슬림형제단이 주도하는 정권이 생기자, 가자 지구에서는 경제 봉쇄가 완화될 것이라는 기대감이 높아졌다. 이집트와의 경계에 있는 라파(Rafah) 검문소가 개방될 수도 있다는 견해가 확산되었기 때문이다. 실제로 이집트의 무슬림형제단 간부 중에는 이스라엘과의 평화 조약의 파기나 검문소의 개방을 주장하는 이도 있었다. 그렇지만 실제 상황은, 결과적으로 무슬림형제단이 정권을 잡은 시기에도 그 이전과 크게 달라지지 않았다.

오히려 변화가 일어났던 것은 2013년에 일어난 '6월 30일 혁명' 이후다. 무함마드 무르시 정권이 붕괴되자, 무슬림형제단을 모체로 하는 하마스를 적대시한 이집트의 새로운 정권이 밀수 터널을 일제히 파괴하기 시작했기 때문이다. 따라서 이스라엘 측으로부터 제한적으로 반입되는 물류에 의존할 수밖에 없어 물가가 급등했다. 가솔린은 약 60%가 이집트에서 밀수되었기 때문에 이스라엘에서의 수입으로 대체된 결과 1리터당 가격이 일본 엔화로 환산해 90엔 정도에서 210엔 정도로 솟구쳤다. 일반인들은 차량 운행을 삼갔으며, 부족한 전기를 생산하기 위해 발전기도 돌리지 못하는 상황에 처했다. 관세 수입이 끊어진 하마스는 재정난에 빠졌고, 이러한 사태를 타개하기 위해 방책을 모색할 수밖에 없었다.

이와 같이 '아랍의 봄'은 이스라엘보다도 오히려 팔레스타인에 변화를 가져왔다. 자치구 내에서는 비교적 짧은 시간 내에 통일 요구 운동이 종식되었지만, 주변국인 시리아와 이집트에서 일어난 동란은 장기적으로 영향을 미쳤다. 특히 하마스는 양국 정권과의 관계에서 점차 심각하게 고립되었다.

4. 통일 내각에서 가자 전쟁으로

그 이후 정치적 폐쇄성이 증가하고 있던 팔레스타인에서는 타개책으로 결국 통일 내각이 형성된다. 그렇지만 호조를 보였던 새로운 내각의 출범은 직후에 시작된 가자 전쟁에 의해 중단되었다. 파타와 하마스의 관계는 외부 세력의 개입에 의해 크게 영향을 받는다. 이제부터 그 전개 양상을 살펴보도록 하겠다.

승인된 통일 내각

'이중 정부 체제'가 시작된 지 7년 뒤인 2014년 6월 2일 파타와 하마스의 합의에 의해 마침내 통일 내각이 발족했다. 6개월 내에 선거를 실시하는 것을 전제로 하여 파타 내각의 라미 함둘라(Rami Hamdullah) 총리(파이야드 총리의 후임으로 2013년에 취임)가 유임하는 형태로 성립된 것이 테크노크라트 내각이다. 신인 장관 아홉 명을 포함해 모두 열일곱 명으로 구성되었는데, 그중 세 명이 가자 지구에서 선임되었다.

정체되었던 연립 교섭이 이때에 이르러 진전되었던 것은 왜일까?

하마스는 앞에서 살펴보았듯이 이집트의 무르시 정권 붕괴 이후 가자지구의 경제 재건을 희구(希求)했다. 경제 상태의 악화로 말미암아 하마스에 대한 불만은 이미 증폭되었다. 「카이로 협약」을 통해 정해진 노선이 된 파타와 연립을 실현하는 것은, 이러한 상황을 타개하기 위해 취할 수밖에 없는 선택지였다.

다른 한편 파타 측에서 볼 때 연립은 전략적 선택의 결과였다. 파타는 이 내각이 형성되기 직전까지 미국이 중재하는 이스라엘과의 평화 교섭에 관여했다. 2013년의 봄 존 케리(John Kerry) 미국 국무 장관이 시작한 셔틀 외교는 그해 7월에는 이스라엘과 팔레스타인 양측 정치 지도자의 직접 대화라는 형태로 결실을 맺고, 실로 3년 만에 평화 교섭이 재개되었다. 그렇지만 예정되었던 기한을 눈앞에 두고 교섭이 교착 상태에 빠지자, 파타는 방침을 전환해 하마스와 화해에 나선 것이다.

파타는 이 시점에 두 가지 과제를 짊어지고 있었다고 할 수 있다. 한 가지는 「오슬로 협정」 이후 줄곧 맡아왔던 대(對)이스라엘 평화 교섭의 교섭역이라는 과제이고, 다른 한 가지는 「카이로 협약」 이래 자치구의 주민이 강력히 제기한 하마스와의 화해라는 과제다. 하마스를 적대시하는 이스라엘과는 반대 방향의 움직임이지만, 팔레스타인 정치에서 필요한 역할을 요구받고 있던 파타로서는 한쪽의 과제가 수행하기 곤란해진 이상 또 다른 한쪽의 과제를 취하는 것은 자연스러운 선택이었다고 할 수 있다. 쌍방의 의도가 일치했기 때문에, 연립 교섭은 빠른 속도로 진전되어 통일 내각 수립이 실현되었다.

마침내 성립한 파타와 하마스의 통일 내각에서 중요한 점은 국제 사회의 반응이 변했다는 사실이다. 거국일치 내각 수립에 합의했던 7년 전에는 하마스가 내각의 일원이 되는 데 거부 반응을 보이며 경제 제재를 가했던 서구 국가들이 이번 연립에 대해서는 긍정적인 평가를 내렸다. 그중에서도 미국이 가장 먼저 통일 내각을 승인하고 나섰다는 점에 주목할 만하다. EU와 UN도 통일 내각이 조직된 이튿날 환영의 뜻을 표해, 이번에는 새로운 정권을 부정하는 이스라엘 측이 고립되는 장면이 연출되었다.

통일 내각이 이처럼 너그럽게 승인을 얻은 배경으로는 정권 분열 이후 계속된 팔레스타인 정치의 긴 혼란이 지적된다. 대립하는 파타 내각과 하마스 내각 사이에서 분열되어 유효한 정치적 결정을 내리지 못하던 팔레스타인 정치는 완전히 구심력을 잃었다. 이 상태로는 가령 평화 교섭이 마무리된다고 하더라도 실행력이 없고, 이미 임기가 종료된 대통령이나 입법평의회 의원의 선거를 실시하는 것도 불가능했다. 정치적인 교착 상태를 타개하기 위해서는 팔레스타인인들이 직접 내린 결단을 인정할 필요가 있었다. 다만 통일 내각에는 예전처럼 이스라엘을 국가로 승인, 테러의 포기, 이제까지 교환된 국제 합의의 준수'라는 세 가지 조건이 요구되었다.

그러나 장기간의 교섭 끝에 달성된 통일 내각은 순항하지 못했다. 직후에 일어난 유괴 사건을 계기로 팔레스타인과 이스라엘의 관계가 다시 전쟁 상태에 빠져버렸기 때문이다.

가자 전쟁과 그 배후에 도사리고 있는 의도

가자 전쟁은 입식지에 거주하는 유대인 종교 학생 세 명이, 당시 그곳에서 일상적인 행위로 시도되던 납치를 당하면서 시작되었다. 2014년 6월 12일 팔레스타인 자치구 남부의 헤브론 부근에서 차량에 실린 소년들은 그 상태로 유괴되어 소식이 끊겼다. 이스라엘군이 총동원되어 수색한 결과 그들의 시체가 발견되었고, 이스라엘 사회는 소요 상태에 이르렀다. 그로부터 며칠 뒤 이에 대한 보복으로 살해된 동(東)예루살렘 주재 팔레스타인 소년의 시신이 불에 탄 채 발견되었다. 동예루살렘 각지에서 항의하는 폭동이 일어나 팔레스타인인 700명 이상이 일시에 구속되는 사태가 발생했다.

그렇지만 실제로 정세를 크게 움직인 것은 이렇듯 처참한 폭력적 응수(應酬)의 이면에서 진행된 군사적 전개였다. 유대인 종교 학생들을 수색하는 과정에서 이스라엘군은 서안 지구에 대규모 군사 행동을 전개해 하마스 간부와 관계자를 400명 이상 구속했다. 그 대다수는 2011년 가을에 이스라엘 병사 길라드 샬리트(Gilad Shalit)[6]와의 교환을 조건으로 석방된 팔레스타인 정치범들인데, 대부분 수감된 이후 국외로 추방되자 출신지인 가자 지구로 돌아왔다. 이스라엘군이 진군하지 않았던 가자 지구의 일부에서는 하마스 관계자들이나 그들의 거점으로 추정되는 시설에 소규모의 폭격이 가해졌다. 그리고 7월 6일에 가자 지구 남부 라파에 대한 공격으로 하마스 군사 여섯 명이 피살되자, 이를 계기로 하마스는 이스라엘을 겨냥한 로켓탄 공격을 확대해나갔다. 이에 대해 이스라엘의 네타냐후 총리는 7월 8일 '경계 방어 작전(Operation Protective Edge)'의 일환으로 가자 지구에 대해 대규모 공중폭격을 개시했다.

---

6 샤리트는 군 복무 중이던 2006년 6월에 가자 지구 경계 지대에서 벌어진 총격전으로 구속되어, 팔레스타인 측 무장 세력의 포로가 되었다. 이스라엘의 에후드 바라크(Ehud Barak) 총리(2006~2009년 재임)는 샤리트를 찾기 위해 가자 지구에 지상군을 침투시켰지만, 그를 발견하지 못하고 철수했다. 2011년에 그는 하마스와의 조건 교섭을 통해 석방되었다.

이는 언뜻 보면 단순한 무력의 응수처럼 보이지만, 그 배후에 있는 쌍방의 정치적 의도를 엿볼 수 있다. 통일 내각이 성립한 이후 앞에서 말한 바와 같이 이스라엘은 고립되었다. 하마스의 정권 입성을 용납할 수 없는데, 7년 전과 달리 서구 국가들은 이번의 통일 내각을 지지하고 있다. 이 새로운 사태에 대해 대응책을 찾지 못하던 차에 일어난 것이 유괴 사건이었다. 이스라엘 정부는 이를 호기(好機)로 파악하고, 하마스 간부를 대거 구속했다. 자치구 내로 침입한 경우에는 파타가 통괄하는 자치정부 경찰의 협력 및 묵인을 받아 팔레스타인 내부의 분열을 부채질했다. 서안 지구에서는 실제로 자치정부 경찰의 무기력에 대해 강한 반발이 일어나기도 했다. 자치정부에 압력을 가해 파타가 연립을 해체하는 데 나서게 하고 하마스 간부를 구속함으로써, 실질적으로 통일 내각에서의 역할을 대폭 저해하는 것을 목적으로 삼았다고 판단된다.

그렇지만 하마스에 의한 반격은 예상외로 격렬했다. 이란에서 들여온 M75 등 신형 미사일이 예루살렘이나 텔아비브야파(Tel Aviv Jaffa) 등 도시 지역에 연일 빗발쳤다. 국토의 70%가 사정권 내로 들어가자 국민의 안전 보장을 최우선 과제로 내세운 이스라엘로서는 철저히 반격할 수밖에 없는 상황에 내몰렸다.

한편 하마스는 이스라엘에 대한 군사 공격을 통해 이번에는 가자 지구의 봉쇄를 해제하고자 시도했다. 통일 내각의 일원이 됨으로써 정치적 소요를 일으키는 것이 어려워진 이상, 군사적 압력의 행사라는 수단에 호소하는 수밖에 없었다. 로켓탄을 계속 발사해 위협을 가하면서 무기한 정전을 조건으로 하는 교섭을 통해 봉쇄 해제를 쟁취하는 전략으로 전환했다.

그 결과 하마스는 일정한 승리를 거두었다고 할 수 있다. 검문소의 개방이나 어업 수역의 확대를 포함해 구체적인 항목을 제기하며 양보 없이 교섭함으로써, 부분적인 봉쇄 해제를 포함한 정치적 양보를 이끌어낼 수 있었기 때문이다. 이스라엘을 상대로 일보도 물러서지 않고 로켓탄을 계속 발사하며 반격한 하마스에 대한 팔레스타인인들의 지지도는 급상승했다(PSR, 2014). 이와는 대조적으로 이스라엘 측은, 자신들이 제시한 가자 지구의 무장 해제라는 요구가 전혀 통하지 않았을 뿐만 아니라 가자 지구에 대한 공격으로 국제적인 비난을 받아 철저히 고립되었다. 이스라엘 방향의 공격용 잠입 터널은 파괴되었지만 로켓탄은 무기한 정전이 성립되기 직전까지 계속 날아왔고, 군사적으로도 별 성과를 거두지 못한 채 정전을 맞이했다. 이러한 가운데 8월 27일 무기한 정전이 성립되자, 오랜만에 민중 앞에 모습을 드러낸 하마스의 하니야 전 총리는 팔레스타인 저항운동의 승리를 선언했다.

어쨌든 가자 지구에서는 하나밖에 없던 발전소도 파괴되었고, 상하수도 설비를 포함한 인프라가 대규모로 손상되었다. 10만 명 이상의 사람들이 집을 잃은 가운데 통일 내각이 명맥을 이어갈 수 있을지는 향후 부흥의 양상에 달려 있다고 할 수 있다.

5. 마치며: 변화하는 분쟁의 구조

이 장에서는 2014년에 일어난 가자 전쟁에 이르기까지, 팔레스타인과 이스라엘의 정치 동향을 살펴보았다. 폭력에 대한 응수의 반복이라고 할 만한 전개였지만, 배후에 있는 분쟁의 구조에 주목해보면 특히 1990년대 이후 큰 변화가 일어나고 있다는 것을 알 수 있다. 평화 교섭의 개시와 하마스의 정치 참여가 특히 큰 전기(轉機)가 되었다.

평화 교섭의 개시는 상호 간의 대화마저 불가능했던 당시에, 군사적 위협으로 양보할 수밖에 없었던 이스라엘과 팔레스타인의 관계에 새로운 협상 통로를 제공했다. 또한 「오슬로 협정」은 교섭 상대로 팔레스타인 자치정부를 성립시켰다. 장기간에 걸쳐 타국에서 근거지를 옮겨가며 전전하던 PLO 간부들은 이로써 팔레스타인으로 귀환할 수 있었다. 그렇지만 그것은 동시에 PLO 주류파인 파타와 하마스 간의 불화를 심화시켰다. 평화 교섭의 실패에서 비롯된 낙담과 자치정부에서 자행된 파타의 부정에 대한 반발은, 제2차 인티파다가 시작되는 원인이 되었다.

그러한 가운데 파타에 대한 정치적 대안으로 하마스의 정치 참여가 실현되었다. 제2차 입법평의회 선거에서 거둔 하마스의 압승은 민중이 이슬람주의 세력을 선택했기 때문이 아니라, 파타에 대한 비판과 선거 전략의 실패에서 비롯된 것이었다. 그렇지만 민주적 절차를 거친 선택에 대해 국제 사회의 반응은 냉담했다. 하마스를 이슬람 과격파로 간주하는 서구의 이중 기준에 의해 새로운 정권은 승인받지 못하고 가자 지구는 경제 봉쇄에 내몰렸다. 국제 사회의 개입은 팔레스타인 정치에 혼란을 초래했다. 팔레스타인 자치구에서는 파타 내각과 하마스 내각이 병립하는 '이중 정부체제'가 장기화되었다.

팔레스타인과 이스라엘을 둘러싼 정치 프로세스의 전개를 정확히 파악하기 위해서는 이와 같은 정치 구조의 변화를 이해하는 것이 중요하다. 장기화된 분쟁은 쟁점과 구도를 서서히 변화시키고 있어, 단순하게 같은 대립이 반복되고 있는 것만은 결코 아니다.

그렇다고 이 분쟁을 과도하게 종교 대립으로 파악하는 것도 큰 문제를 내포한다. 이슬람과의 관계가 강조되는 경향이 있는 하마스와 파타의 대립도 실제로는 '2국가 해결안'이나 「오슬로 협정」의 틀에서 계속 교섭하는 데 대한 찬반 등 정치 노선을 둘러싼 것이다. 이스라엘을 건국한 시오니즘은 유대교라는 종교에 기초하고 있지만, 원래는 정치 운동이었다. 현재는 이스라엘 사회 구석구석까지 확산되어 있으며, 일종의 상식이 되고 있다.

이러한 정치적 변화와 종교의 위치 규정에 입각해 마지막으로 강조해두고 싶은 것은 이 분쟁을 포괄적으로 파악할 필요성이다. 팔레스타인과 이스라엘의 분쟁은 영국 위임통치령인 팔레스타인 전역을 둘러싼 토지 다툼에서 시작되었다. 그것이 근래에는 자치구 내에서의 경계선이나 치안 관리, 파타와 하마스의 화해 등 국부적(局部的)인 측면에 이목이 집중되는 경향이 있다. 흩어져 살고 있는 팔레스타인 난민의 귀환권 등 방치된 문제도 많다. 분쟁의 종착점을 탐색하기 위해서는 이러한 것을 포함해 분쟁을 역사적 맥락에서 다시 파악하는 것이 요구된다.

맺음말

중동정치의 실상에 접근하기 위하여

아오야마 히로유키(青山弘之)

이제까지 각 장에서 '아랍의 심장'을 구성하는 이집트, 시리아, 이라크, 레바논, 요르단, 팔레스타인의 정치 현황에 주목해 그 허상과 실상을 밝혀보았다. '아랍의 심장'은 머리말('혼돈의 도미노'에 허덕이는 '아랍의 심장')에서 논한 바와 같이 근현대사에서 중동의 '지혜'를 체현해왔지만, 팔레스타인 문제나 이라크 문제를 통해 서서히 피폐해지고 있다. 그리고 자유와 민주주의를 틀림없이 가져올 것으로 예상되던 '아랍의 봄'에 의해 이 지역의 '분쟁의 도미노', '혼돈의 도미노'가 고착되었다.

구체성을 결여한 이상의 실현에 부심하는 정치 _ 이집트

'아랍의 봄'의 선구적인 성공 사례로 주목받는 이집트에서 2011년에 발생한 '1월 25일 혁명'은 장기 '독재' 정권을 '악(惡)', 시민 주도의 '민주화'를 '선(善)'으로 규정하고, 후자의 승리를 절대적 필연으로 하는 '아랍의 봄'의 허상에 가장 적용되기 쉬운 것이라고 말할 수 있다. 그렇지만 이집트 정변의 선구성(先驅性)은 체제 전환이라는 극적인 움직임보다는 오히려 그 후의 혼미(混迷) 속에서 찾을 수 있다.

'아랍의 봄'이 파급된 다른 아랍 국가들과 마찬가지로 '1월 25일 혁명'은 "국민은 체제 타도를 바란다"라는 구호로 상징되는 저항운동으로서의 측면과 자유를 희구한다는 개혁운동으로서의 측면을 아울러 갖고 있다. 그중 저항운동으로서의 측면은 무하마드 호스니 무바라크 정권의 타도라는 명확한 목표로 표현될 수 있었다. 그렇지만 개혁운동은 시종일관 구체성을 결여했다. 시위를 주도했던 청년운동은 자유롭고 공정한 선거의 실시 등을 내세우기는 했지만, 자유가 보장되는 민주주의를 어떻게 제도로 확립하고 운용할 것인지에 대해 구체적인 전망을 제시하지는 못했다.

군 최고평의회에 의한 잠정통치를 거쳐 민정으로 이관된 이후에도 자유의 내실이 강화되었다고 말할 수 없었다. 무라바크 정권의 퇴진에 따른 체제 전환의 결과로 1952년 공화제가 실시된 이래 자유선거가 처음으로 치러져 제도로서의 민주주의는 확립된 것으로 생각되었다. 그렇지만 무슬림 형제단과 군을 중심으로 전개된 권력 투쟁은 민주주의를 정착하고 지속시키는 데 불가결한 안정을 위협했다. 또한 민주적으로 선출되어 국민을 대표하는 것이 분명한 무하마드 무르시 정권의 부족한 시정 능력 때문에 정치는 마비되고, '1월 25일 혁명' 후에 확립된 '제도 내'에서는 조치를 취할 수 없는 상태가 되어버렸다. 이리하여 2013년 7월 다시 길거리에서 불만을 호소하게 된 사람들의 목소리에 부응해 군이 전권을 장악함으로써 두 번째

체제 전환이 발생한 것이다.

서구 국가들이나 일본의 대중매체에서 '사실상의 쿠데타'로 불린 이 '6월 30일 혁명'은 '아랍의 봄'을 설명할 때 이용된 '독재'와 '민주'라는 개념 세트에 기초해 군 주도의 독재적 '구체제(ancient regime)'로의 회귀라는 퇴행적 인상을 주고 있다. 그렇지만 자유와 민주주의의 전제 조건인 안정을 빼앗은 '1월 25일 혁명'으로부터 이탈을 도모한 '사실상의 쿠데타'가 전적으로 부정될 수 있는 것도 아니다. '사실상의 쿠데타'라는 호칭에서 '사실상'이라는 유보(留保)나 '제2의 혁명'이라는 별칭은 바로 이러한 실상을 반영하고 있다.

제1장에서는 이집트 정치의 변천을 권위주의 체제의 변용 과정으로 파악함으로써 권선징악과 예정조화에 기초한 단락적 가치판단을 사상(捨象)하는 한편, 중동에서의 정치의 성공과 실패를 판단해 무엇보다 중요한 요소 중 하나로 간주되는 안정의 유무를 논평함으로써 양면적인 실상을 부각시켰다. 즉 '1월 25일 혁명'에서 자유는 '제도 외'에서의 시민에 의한 길거리 시위를 통해 추구되었지만, 자유를 보장하는 민주적인 것이 분명한 제도가 군과 무슬림형제단의 정치적 소동 속에 자의적으로 운용되고 안정을 빼앗기자 시민은 다시 깊은 소외감을 느껴 제도를 도외시하고 정치에 관여했던 것이다.

기존의 제도를 경유하지 않은 사람들의 '제도 외'에서의 행위가 반복되고 있는 이러한 실정(實情)의 근저에는 이집트가 독재적인지, 민주적인지를 묻기 전에 시민이 표명하는 자유와 안정이라는 애매한 이상(理想)에 정치가 구체적인 실현 수단을 제시하지 못했다는 문제가 존재한다.

반복되는 패러다임의 전환 _ 시리아

이집트에서 큰 성공을 거둔 것이 분명한 '아랍의 봄'은 2011년 3월 시리아에도 파급되어, 곧 '내전'이라 불리게 되는 혼란을 초래했다. 그렇지만 혼란의 '내전'으로서의 성격은 중의적인 것으로 그 실상을 묘사해내기 위해서는 그 배후에서 전개되고 있던 '진짜 전쟁 상태', 즉 바샤르 아사드 정권에 적대적인 국가들에 의한 제재, 취약한 반체제파에 대한 지원, 화학무기 사용 사건으로 고조되었던 군사 개입의 시도, 그리고 알카에다 계통 무장 집단에 대한 자금 및 무기 지원과 인원(외국인 전투원) 파견에 대한 직접적·간접적 관여 등을 고려해야만 한다.

이 중에서 알카에다 계통 무장 집단의 존재는 시리아에서 힘을 비축한 IS가 이라크로 회귀해 부상함으로써 서구 국가들과 일본에서도 널리 인지되기 시작했다. 그렇지만 그 위협은 자국으로 테러가 파급되는 것을 겁내는 서국 국가들에서 안전보장과 관련된 것으로 파악하는 경향이 강하며, 각국이 '테러리스트'를 '수출'한 이유나 IS가 세력을 키운 원인 등은 애매한 상태로 남아 있다. 그 배경에는 이집트에서 2013년 7월에 일어난 '6월 30일 혁명'과 마찬가지로 '아랍의 봄'의 허상이 그림자를 드리우고 있었다.

제2장에 서술된 것처럼 서구 국가들과 사우디아라비아, 터키, 카타르는 인도주의에 기초해 시리아 국내의 항의 시위를 탄압하는 아사드 정권의 정통성을 부정하고 퇴진을 요구하는 한편, 재외 활동가들이 함께 모여 있는 것에 불과한 '시리아 야권 및 혁명군을 위한 국민연합The National Coalition for Syrian Revolution and Opposition Forces'(이른바 시리아 국민연합)을 '시리아 국민의 유일한 정통적 대표'로 규정해 물심양면으로 지원했다. 그렇지만 체제 전환

후 정권의 버팀목이 될 만큼 정치적 수완을 갖추지 못했으며 이합집산을 반복하는 반체제파에 대한 지원이 아사드 정권을 퇴진으로 내몰 것이라는 전망은, 후에 미국 대통령 버락 오바마(Barack Obama) 스스로 인정했듯이 '환상'에 불과했다. 이러한 가운데 사우디아라비아, 터키, 카타르가 감행한 것은 외국인 전투원의 잠입과 자금 및 무기를 원조하는 것이었고, 아사드 정권을 궁지로 내몰 유효한 방책을 갖고 있지 못했던 서구 국가들도 이러한 움직임을 묵인했다. 민주화 운동이었음이 분명한 반체제 운동은 외국에서 들어온 이슬람 과격파에게 강탈되고, 그들은 그 이후 IS, 샴의 사람들을 위한 누스라 전선, 아흐라르 알 샴(Ahrar al-Sham)과 같은 알카에다 계통 무장 집단의 주축을 담당했던 것이다.

서구 국가들은 2012년 말 무렵부터 이러한 무장 집단을 국제 테러 조직으로 추가로 지목해 '테러와의 전쟁'에 공헌하는 '알리바이'를 만들어내고자 했다. 그렇지만 2014년 8월 15일 UN 안보리 결의 제2170호가 채택되어 시리아와 이라크에서의 알카에다 계통 무장 집단의 테러 억제, 외국인 전투원의 잠입 저지나 자금 원조 금지가 정해진 이후에도 서구 국가들은 시리아에서의 '테러와의 전쟁'에 관여하는 데 소극적인 자세로 일관했다. 왜냐하면 시리아에서의 '테러와의 전쟁'은 알카에다 계통 무장 집단 및 그들과 공동으로 투쟁하는 반체제 무장 집단의 근절을 목표로 삼은 아사드 정권의 폭력에 대한 동조를 의미하는 것으로, 그것은 '아랍의 봄' 이후 시리아에 대한 간섭 정책의 근거가 되기도 했으며, 또한 서구 국가의 핵심 가치이기도 한 인도주의에 대한 배반으로 파악될 수밖에 없었기 때문이다.

다만 시리아에서 일어난 분쟁의 실상에 근거해보면, 이러한 서구 국가들의 우려 자체가 난센스라는 것을 깨닫게 된다. 인도주의에 기초해 시리아에 간섭한다면, 리비아에 그랬던 것처럼 군사력을 행사해 아사드 정권을 타도하는 것이 합당했기 때문이다. 그렇지만 '중동의 활단층'으로서의 아사드 정권의 이용 가치 때문에, 서구 국가들은 동아랍 지역 전체의 안전보장을 우선시해 아사드 정권에 연명할 수 있는 여지를 주었다. 이 모순을 해소하기 위한 호기(好機)가 실은 화학무기 사용 사건이었다. 서구 국가들은 사건 발생에 따라 군사 공격을 획책하고 아사드 정권에 대해 맹비난을 쏟아냈다. 그렇지만 이 과정에서 시리아에 대한 간섭 정책의 근거를 인도주의에서 대량 파괴 무기의 억제로 패러다임을 전환시키고, 시리아의 화학무기를 전부 폐기한다는 러시아의 제안에 응하는 형태를 취함으로써 폐기 프로세스를 실시할 주체인 아사드 정권의 존속을 실질적으로 인정한 셈이다.

IS의 이라크에서의 부상을 계기로 이번에는 '테러와의 전쟁'으로 패러다임이 전환되는 가운데 서구 국가들은 아사드 정권이 비인도적이라고 비난하면서도 이라크 정부의 중재 아래 물밑에서 아사드 정권과 협력 관계를 구축하고, 시리아 영내에서 IS뿐만 아니라 누스라 전선 등에 대해서도 공격을 가하게 되었다. 아사드 정권이 주창하는 '테러와의 전쟁'에 대한 서구 국가들의 이러한 동조는 인도주의를 기반으로 한 관여가 시리아 분쟁에는 애초부터 존재하지 않았다는 것을 보여준다. '독재' 대 '자유' 혹은 '독재' 대 '인도'라는 단선적인 개념 세트로 구성되는 '아랍의 봄' 이후의 시리아 정치에 대한 허상에 은폐되어온 실태는 '우호적 적대' 혹은 '적대적 우호'라고 할 만한 이런 '이중 기준'인 것이다(青山弘之, 2014b 참조).

IS의 부상이 서구 국가들과 일본의 정부 당국자 또는 대중매체에서 다루어지기 시작한 최대 계기는 말할 필요도 없이 이라크 제2의 도시 모술의 함락과 칼리프제 수립 선언이며, 이로써 '아랍의 봄'이나 시리아 분쟁과의 관계는 논의의 주변으로 내몰리고 오로지 이라크 내정과의 인과 관계 혹은 미국의 군사 개입의 시비(是非)가 쟁점이 되는 경우가 많았다.

여기에서 반복되었던 것은 종파 대립의 구도로부터 IS의 부상을 설명하려는 담론이다. IS의 부상은 누리 말리키 정권이 이슬람교 수니파와 쿠르드족을 정치의 장(場)에서 배제하고 '시아파 독재'를 강화한 것에 불만을 품은 수니파의 분노를 반영했다는 주장이 그것이다. 또한 종파 대립에 기초한 논리에 근거해 서구 국가들의 정부나 대중매체는 2014년 3월 국민의회(국회) 선거에서 승리한 것이 말리키 총리가 이끄는 여당 연합이었다는 사실은 무시하고, 선거에서 국민의 신뢰를 분명히 얻은 말리키 총리의 퇴진을 기정 노선으로 보았다. 또한 8월 초순 이후 끊어졌다 이어졌다 하며 수행된 미군 등의 IS 거점에 대한 공중폭격은 미국인 보호에 더해 소수 종파인 기독교도와 예지드파의 보호나 쿠르디스탄 지역 정부에 대한 지원을 빌미로 추진되었다.

필자는 이러한 움직임과 관련해 IS의 부상이 무엇보다 시리아 분쟁이라는 맥락에서 이해되어야 한다고 주장해왔다(青山弘之, 2014b). 이것은 이 문제가 이라크와 관계가 없다는 의미가 아니라, 종파주의적 접근이 이라크 정치의 실상을 적확하게 파악하는 데 방해가 되기 때문이다. 또한 시리아의 '진짜 전쟁 상태'에서 발생한 패러다임 전환이나 이중 기준을 염두에 두고 IS를 둘러싼 움직임을 내려다봄으로써 '민주화'와 '테러와의 전쟁' 사이에 존재하는 모순이 인식될 수 있기 때문이다.

2003년의 이라크 전쟁은 '테러와의 전쟁'과 '민주화'를 두 개의 바퀴로 삼은 미국 조지 부시 정권의 호전적인 외교 정책하에 감행되어, 이것에 의해 사담 후세인 정권이 붕괴되고 그 후 미국이 주도하는 유지연합의 점령 통치를 거쳐 오늘날 이라크의 정치체제가 확립되었다. 이러한 맥락에서 말리키 정권은 민주적 절차를 거쳐 성립된 정권이 분명하며, 또한 말리키 정권이 IS의 전신인 이라크이슬람국가 등을 상대로 '테러와의 전쟁'을 주도하고 치안 회복에 사력을 다한 것도 높게 평가받고 있다. 그 이후 말리키 정권이 국민평의회나 내각에서 정적(政敵)을 억누르는 한편, '아랍의 봄'에 의해 촉발되어 발생한 산발적인 시위에 강경한 자세로 임한 것이 '독재'라는 비난의 근거가 되어 종파주의적 시각에 기초한 비판이 정치가와 시민 등 곳곳에서 불거졌다. 그렇지만 말리키 정권의 움직임은 종교 및 종파에 대한 귀속을 원동력으로 삼지 않고, 제3장에서 상세히 논했듯이 분권적인 전후(戰後) 이라크의 정치 제도 아래 지도력의 고양을 목적으로 삼은 순수한 권력 투쟁의 일환이었다.

이러한 경위에 근거해보면 말리키 정권을 '시아파 독재'로 규정하는 것은 상당히 난폭한 것임을 알 수 있다. 다만 이 난폭함에 설득력을 부여하는 '틀'이 있다는 것을 간과해서는 안 된다. 그것은 정치적 다원주의와 문화적 다원주의를 혼동하는 이라크 전쟁 후의 민주주의관이다. 서구 국가들의 민주주의에서는 국민 통합을 가로막고 분리주의를 조장하는 듯한 문화적 다원주의는 원칙적으로 인정되지 않으며, 다원주의는 정치에 한정된다. 이에 반해 이라크에서는 이라크 전쟁 후 부흥의 시기에 서로 다른 종교 및 종파 집단, 민족 및 종족 집단이 가진 서로 다른 의사를 존중하는 것이 민주적으로 이해되어, 레바논의 종파제도를 방불케 하는 공직 배분이 불문율로 정착되었다. 즉 지금의 이라크의 민주주의관 그 자체가 기존의 권력 투쟁과 정치적 행위를 종파 대립이라는 허상으로 양성할 소지를 제공한다. '시아파 독재'라는 담론이 만약 현실을 제대로 반영하는 것이라면, 그에 대한 비난은 말리키 정권이 아니라 이 민주주의관과 이를 이식한 당사자를 겨냥해야 한다.

그런데도 IS의 부상을 말리키 총리의 '시아파 독재'에서 찾는 논리는 그 당사자, 즉 이라크의 '민주화'를 주도했던 서구 국가들에 안성맞춤인 논리였다. 총리를 희생양으로 삼고 정권 교체에 의해 사태가 수습될 것이 분명하다는 착각을 만들어냄으로써, IS의 근절이라는 더욱 곤란한 문제에 대한 대처를 유예할 수 있기 때문이다. 사실 미국의 오바마 정권은 IS가 대두했을 당시 말리키 총리에 대해 시종일관 맹비난을 쏟아내며 군사 지원을 늦췄다. 또한 하이다르 압바디 내각이 발족한(2014년 9월 8일) 이후에도 내무 장관과 국방 장관의 인사를 둘러싼 혼란 등에 편승해 소극적 자세를 계속 취했다. 그런 한편 서구 국가들은 쿠르디스탄 지역 정부에 대한 지원을 착실히 강화해, 이라크의 국민 통합을 암암리에 저해했다.

IS는 「사이크스·피코 협정」에 의해 강요된 질서를 타파하려 하며 시리아·이라크의 국경을 폐지한다고 선언하는 한편, 이라크 전쟁 후에 이식된 민주주의관(觀)을 뒷받침하는 종파주의를 선동하는 듯이 기독교도와 예지드파에 대한 만행과 학살을 계속하고 있다. 이에 대해 서구 국가들은 IS의 위협을 배제하는 자세는 취하면서도 종교 및 종파 집단, 민족 및 종족 집단 간의 사회적 균열을 자극하고, 이라크라는 인공 국가를 약체화함으로써 IS에 동조하고 있는 듯 보인다. '민주화'와 '테러와의 전쟁'이라는 것은 이라크의 분할과 폭력을 조장하고 있을 뿐이다.

국제 분쟁, 지역 분쟁의 '자유로운 주요 전쟁터'로 전락할 위험_ 레바논

레바논은 팔레스타인 문제로 대표되는 동아랍 지역의 현안을 둘러싼 주변 국가들과 대국의 의도에 항상 농락을 당해왔고, '아랍의 심장' 가운데서도 가장 불안정한 상태에 놓여 있었다. '아랍의 봄'이 아랍 세계를 휩쓴 이후에도 인구의 4분의 1에 필적하는 100만 명 이상의 시리아인 피난민을 거두어들이는 한편, 알카에다 계통 무장 집단의 테러나 공격 등으로 치안이 악화되어 혼란의 파급이 우려되어왔다. 하지만 이집트, 시리아, 이라크와는 대조적으로 레바논에서 정치 변동이 크게 발생할 기미는 현재 보이지 않는다.

그런데 그 이유가 종파제도로 불리는 레바논의 독자적인 정치 제도가 효과적으로 기능하고 있기 때문은 아니다. 오히려 레바논의 정치는 국민의회(국회), 내각, 대통령의 '삼중 공백'을 반복하는 가운데 마비 상태에 빠졌고, 그 심각함은 말리키 정권 말기의 이라크와 비교할 수 없는 정도다. 주목해야 할 것은 이러한 상태가 '주권, 독립, 민주주의, 자유'를 내세우고 시리아의 실효 지배로부터의 탈피를 지향했던 2005년의 '백향목 혁명' 이후 심각해졌다는 점이며, 그것은 '자유'의 실현을 지향한 '아랍의 봄'이 이집트나 시리아에 혼란을 초래했던 경위뿐만 아니라 미국 등 유지연합의 점령 통치가 종식된 이라크에서 민주주의가 방향을 잃은 행보를 계속했던 것을 연상시킨다.

제4장에 상세히 서술했듯이 레바논의 종파제도는 종교 및 종파 집단에 대한 공직 배분을 기조로 하고 있는 이른바 권력 배분과, 다수결이 아닌 합의(合議)에 의한 합의(合意) 형성을 원칙으로 하는 것이 특징이다. 그렇지만

내정, 외교, 경제 등 모든 문제를 둘러싸고 정당 및 정치가끼리 끝없는 대립에 매진하는 레바논 정치를 안정적으로 기능하게 하려면 '권력의 이원적 구조'라고 불리는 실효 지배의 틀 아래에서 시리아가 레바논 내정의 의사 결정을 대행할 필요가 있었다. 즉 레바논 내전(1975~1990) 종결 이후의 안정은 시리아의 실효 지배를 '필요악'으로 받아들이고 '자유'를 스스로 제한함으로써 실현되는 '팍스 시리아나'라는 '평화' 위에 성립되었던 것이다.

'팍스 시리아나'하에서 유지되었던 '자유'와 '평화'의 균형점은 '백향목 혁명'에 의해 시리아군이 완전히 철수함으로써 부득이하게 변경되었다. '자유'를 회복한 레바논에서는 반시리아파와 친시리아파 간의 권력 투쟁이 격화되고 '결정되지 않는 정치'가 발호(跋扈)했다. 또한 국민의회와 내각은 공전(空轉)하고, 2007년 11월에는 대통령의 임기가 종료되어 권력의 '삼중 공백'이 발생했다. 이에 더해 2008년 5월에는 '균형 붕괴의 전투'라고 불리는 무력 충돌이 발생해 '평화'의 상실에 대한 우려가 높아졌다.

'결정되지 않는 정치'의 해소는 레바논 정치 제도의 틀에서는 이미 불가능하며, 최종적으로 반시리아파와 친시리아파를 지원하는 여러 외국의 개입(「도하 합의」)에 위임되었다. 그렇지만 외국의 개입이라는 '제도 외' 정치가 국민의회, 내각, 대통령의 기능을 회복시킬 리 없었다. 반시리아파와 친시리아파의 비타협적 대립은 내정을 계속 마비시켰고, '아랍의 봄' 이후 레바논에 영향력을 행사하고 있는 것으로 여겨지는 여러 외국, 특히 시리아와 사우디아라비아가 전혀 교섭하지 않는 가운데 국민의회와 대통령의 임기가 종료(각각 2013년 6월, 2014년 5월)되어, 다시 권력의 '삼중 공백'이 발생했다. 이에 레바논의 정당 및 정치가는 '삼중 공백'에 대한 대처를 유예한다는 '결정하지 않는 정치'를 관철시키고 '균형 붕괴의 전투'와 같은 무력행사를 절제하면서 '평화'를 유지하는 데 노력하는 한편, 자신들의 기반이 되는 지역에서의 이권 배분이나 자치의 '자유'를 계속 향유하는 길을 택했다.

레바논 정치의 실상은 '자유'나 '인권'을 절대시하는 '아랍의 봄'의 허상에 적용시켜도 이해가 되지 않으며, 이 허상에 대한 비판을 통해 분명히 드러나는 '민주화'와 '테러와의 전쟁'을 둘러싼 이중 기준과도 양상을 달리함으로써 이 두 가지마저 상대화하는 사례로 파악된다. 또한 '결정하지 않는 정치'라는 묘안은 레바논 내전의 트라우마에 사로잡혀 파멸적인 무력 분쟁의 재발을 회피하고자 하는 레바논 정치가의 '생존을 위한 지혜'의 소산이라고 평가할 수 있을지도 모른다. 그렇지만 '자유'와 '평화'의 균형점을 모색하는 시도는 어차피 대증요법(對症療法)에 불과할 뿐이며, 레바논이라는 국가가 쇠약해지는 것을 저지하기에는 불충분하다고 할 수밖에 없다. 특히 과거 두 차례에 걸친 균형점의 변경이 여러 외국의 개입에 의해 유발되었다는 점을 감안했을 때, 이 대증요법의 지평에 있는 가장 실용주의적 선택지는 아마도 외부의 여러 국가에 정치를 '외주'하는 방법일 것이다. 이렇게 볼 때 레바논은 외부의 여러 국가가 '자유'롭게 행동할 수 있는 '주요 전쟁터'가 될 위험에 계속 노출될 것이다.

서구 국가들의 의도를 비추는 '거울' _ 요르단

'아랍의 심장'에서 시리아와 함께 '완충 국가'로 역할을 해왔던 또 하나의 국가가 요르단이다. 요르단은 팔레스타인 문제, 이라크 문제, '아랍의 봄' 이후 시리아에서의 분쟁으로 발생한 수많은 난민과 피난민을 부득이하게 수용해 '아랍의 심장'의 모든 문제를 내재화함으로써 언제든 '혼돈의 도미노'가 도달하더라도 이상하지 않은 상태다. 그렇지만 요르단은 서구 국가들과 일본, 걸프 지역 국가들로부터 윤택한 지원을 받는 한편으로, 제5장에서 서술했듯이 강경책과 온건책을 혼용하는 교묘한 통치 정책을 통해 위기의 발생과 확대를 미연에 방지할 수 있었다. 이리하여 요르단은 '아랍의 심장'에서 최후이자 유일하게 안정을 구가하는 국가로서 그 존재감이 부각되었다.

이러한 요르단의 존재 방식은 시리아와는 대단히 대조적이다. '중동의 활단층'으로 불리는 시리아는 이웃 국가들에서 발생하는 분쟁에 직간접적으로 관여하고, 분쟁의 격화·진정화·수습의 과정에서 불가결한 존재가 됨으로써 외교상·안전보장상의 가치를 창출해왔다. '전선(前線) 국가'로서의 존재를 과시하려는 시리아의 자세는 1950년대와 1960년대에 '혁명'으로 공화제를 수립한 이집트, 이라크, 팔레스타인에서도 찾아볼 수 있다. 이러한 국가들은 아랍민족주의, 이슬람주의, 나아가 팔레스타인 민족주의 등의 이데올로기를 근거로 삼으며, 서구 국가들에 의한 종속의 극복이나 서양 근대를 초월해 극복하는 것을 국시(國是)로 삼아왔기 때문이다. 이에 대해 서구 국가들과 친화적인 관계를 한결같이 유지해왔던 요르단은 주변 국가들의 분쟁으로 피해자가 되는 위험에서 가치를 발견해, 그에 대한 대응을 서구 국가들이나 걸프 지역 국가들에 촉구하는 정책을 펼쳐 분쟁의 수혜자가 되려고 한 점에서 이채로움을 발산해왔다.

'아랍의 심장'의 혼란에 대해 여러 외국의 개입에 순응하고자 하는 요르단의 외교 자세는, 19세기 중반 이래로 '동방 문제적 접근'에 의해 강조된 종교 및 종파 집단, 민족 및 종족 집단의 문화적·정치적 다양성을 받아들이는 형태로 종파제도를 도입한 레바논의 국가로서의 존재 형태와도 유사하다. 그렇지만 종파제도는 도입된 지 25년 만에 레바논 내전의 주요 원인이 되었고, 또한 오늘날에도 레바논에는 이 제도의 저주에서 불거진 듯한 혼란이 계속되고 있다.

이것과는 대조적으로 척박한 자연환경, 지정학적 약점, 국토 내의 디아스포라 커뮤니티의 존재 등 '아랍의 심장'에서도 가장 불리한 환경 속에 건국된 요르단은, 부여받은 '인공 국가'로서의 존재 형태를 있는 그대로 받아들임으로써 국가 운영에서 비용 대비 효과를 높이려고 한 듯 보인다.

요르단의 국가로서의 행보는 혼돈에 허덕이는 '아랍의 심장'에서 성공 사례 혹은 위기 타개의 모델로 평가될 수 있을까? 근현대사에서 중동의 '지혜'를 체현해왔던 '아랍의 심장'의 발전에 입각할 경우, 요르단을 이스라엘과 동등한 '괴뢰 국가' 혹은 서구 국가들의 '교두보'라고 혹독히 비난할 수 있고, 또한 지금의 안정도 타협의 산물로 파악할 수 있다. 그렇지만 서구 국가들과 친화하고 그에 순응하고자 하는 요르단은 중동에서 서구 국가들의 의도를 비추는 '거울' 같은 존재이며, 거기에서 정치의 추이를 읽어내는 것은 요르단의 실상에 다가가게 할 뿐만 아니라 '아랍의 심장'을 짓누르는 혼돈의 실태에 대한 해명까지도 가능하게 한다. '아랍의 심장'에서 최후이자 유일하게 안정적인 국가가 된 요르단을 둘러싼 다양한 위협론은 중동에 대한 정치적 개입이 예기치 않게 가져온 어두운 유산의 결과에 대한 서구 국가들 자체의 우려를 의미하며, 이 위협론이 현실이 된다면 '아랍의 심장'에 대한 여러 외부 국가의 도전이 파탄 난 것으로 파악하면 적절할 것이다.

왜소화된 분쟁의 실상 _ 팔레스타인

'아랍의 봄'에 수반된 혼란은, 주변 아랍 국가들에서의 정치 변동에 따른 세력 균형의 변화와 시리아에서의 분쟁 격화에 따른 안전보장의 동요를 경유해 팔레스타인으로 파급되어 팔레스타인 문제라는 맥락에서 새로운 불씨를 만들어냈다.

이 변화의 충격을 가장 강하게 받았던 것이 하마스다. 시리아 국내에서 일어난 반체제 운동에 대한 아사드 정권의 탄압에 비판적인 반응을 보였던 팔레스타인인 대다수의 민의를 따르는 형식으로 하마스는 아사드 정권과의 전략적 협력 관계를 끊었고, 이스라엘과 서구 국가들에 대해 강경 노선을 취하는 시리아, 이란, 레바논의 헤즈볼라로 구성된 진영에서 이탈했다. 또한 '아랍의 봄'을 전면적으로 지원했던 카타르로 근거지를 옮겨 카타르를 주요한 자금 원조국으로 삼는 동시에 '1월 25일 혁명'을 거쳐 성립된 이집트의 무함마드 무르시 정권과의 관계를 견고히 하고, 대립하는 파타가 가담해 있는 친(親)서구 진영에 가담했다. 그렇지만 하마스의 새로운 동맹자들은 '아랍의 봄'의 혼란을 초래한 당사자가 되어 잇따라 물러났다. 이슬람 과격파에 소속된 외국인 전투원의 시리아로의 잠입 지원을 적극 추진해왔던 카타르에서 2013년 6월 국왕이 퇴위하고 동시에 총리가 사퇴하는 정변이 발생해, 그 발언권은 단번에 약화되었다. 또한 이집트에서도 '6월 30일 혁명'이 일어나 무르시 대통령이 실각하고, 무슬림형제단도 테러 조직으로 지목되어 탄압을 받게 되었다. 2014년 6월 하마스는 파타와의 대립을 해소하고 통일 내각에 참여했는데, 이런 결단의 원인으로 아랍 세계에서 후원자를 잃고 존재 의의가 축소된 저간의 사정이 있는 것으로 이야기되고 있다.

한편 시리아에서의 분쟁이 격화됨에 따라 동요된 안전보장은 '아랍의 봄' 발생 초에 골란 고원이나 레바논 남부에서 팔레스타인 청년의 월경 시위를 유발해, 이스라엘 국내에 위기감을 고조시켰다. 그렇지만 시리아 영내의 미사일 관련 시설을 국경을 넘어 여러 차례 공중폭격을 하는 등, 혼란을 유리하게 활용했던 것도 이스라엘이다. 2006년에 일어난 이른바 레바논 분쟁 이후 이스라엘은 레바논 헤즈볼라의 군사력에 신경을 곤두세웠는데, 헤즈볼라가 아사드 정권에 가세하는 식으로 시리아 분쟁에 대해 군사적인 간섭을 강화하자 그 위협도 상대적으로 낮아졌다. 그뿐만 아니라 골란 고원 부근에서 시리아군과 누스라 전선의 전투가 격화되자, 이스라엘은 시리아 영내로부터 날아온 포탄에 대한 보복으로 시리아군의 초소를 파괴하고 안전보장상의 위협이었음이 분명한 알카에다 계통 무장 집단을 측면 지원하는 움직임마저 보였다.

'아랍의 봄'에 따른 이러한 변화는 제6장에서 상세히 기술했듯이 팔레스타인의 국내적 요인과 함께 2014년 7월 가자 전쟁을 발발한 도화선 중 하나가 되었다. 8월 26일에 이스라엘과 하마스가 무기한 정전에 합의함으로써 수습된 이 분쟁으로 팔레스타인인 2100명과 이스라엘인 70명이 희생되었고, 가자 지구의 인프라가 파괴되어 전 세계로부터 비난과 동정의 목소리가 높아졌다. 이러한 수많은 희생과 정전 합의의 애매한 내용은 양측이 이 분쟁에서 군사적으로 실패했다는 것을 보여준다. 그렇지만 베냐민 네타냐후 내각과 하마스 쌍방이 이 분쟁으로 지지율을 높였던 점을 감안하면, 정치적으로는 모두 승자였다고 할 수 있다.

'자유', '민주주의', '평화' 등 각 장에서의 핵심 개념에 입각해 팔레스타인과 이스라엘의 분쟁 특히 하마스의 동정에 주목하면, 거기에는 역설적이라

할 수밖에 없는 정치의 실상이 있음을 알아챌 수 있다. 2006년 치러진 제2차 입법평의회 선거이든, '아랍의 봄' 이후의 아사드 정권과의 절연(絶緣)이든, 무르시 정권이나 카타르와의 협조이든 간에 하마스의 행동은 팔레스타인인의 '자유'로운 의사 표명을 배경으로 하여 '민주적'으로 선택되었다. 그런데도 그것은 지지자가 공명(共鳴)한 것 외에 적극적인 성과를 가져왔다고 할 수 없으며, 결과적으로 팔레스타인인이 항구적인 '평화'를 향유하도록 하지 못했다. 또한 가자 전쟁에서의 '승리'나 무기한 정전에 대한 시비가 팔레스타인 문제의 전체 맥락에서 이탈하는 형태로 쟁점화된 것은, 더 본질적이며 근본적인 과제에 대한 대처를 저해해버린다. 통일 내각에서 '이중 정부 체제'를 해소한 팔레스타인 자치구 정치의 존재 형태, 임기가 종료된 지 오래된 자치 정부의 대통령, 입법평의회의 개선 등 팔레스타인 내정에서의 여러 가지 현안 나아가 중동 평화 프로세스에서의 최종 지위나 분쟁의 항구적 해결은 재생산되는 폭력에 응수하면서 대책이 유예되었고, 팔레스타인 문제 그 자체가 국지적인 무력 충돌로 몹시 '왜소화'되고 있다.

이러한 '왜소화' 때문에 평화에 대한 희구(希求)가 허상이 되어버리는 현상이야말로 팔레스타인과 이스라엘의 실상이며, 그 한편에 '이슬람 과격파'이며 '테러 조직'이 분명한 하마스의 자유와 민주주의에 대한 의지가 계속 끼어들고 있다는 것이 실로 역설적이다.

단선적 개념 세트가 가져온 폐해_ '전도(顚倒)된 이슬람 원리주의'의 위험

오늘날 '아랍의 심장'에서 발생하고 있는 분쟁과 혼란은 머리말('혼돈의 도미노'에 허덕이는 '아랍의 심장')에서 논한 바와 같이 '이슬람 과격파', '이슬람주의',

'종파', '민주화', '독재', '혼란', '테러' 등의 개념을 단선적으로 조합시켜 분석되고 해석되는 경우가 많다. 이러한 개념 세트는 각국에서 발생하는 다양한 사상과 현상을 특정한 시기 구분에 의해 단기적으로 절취해 정태적(靜態的)이고 명쾌하게 이해하는 데 유용하다. 그렇지만 반면에 기나긴 시간의 경과 속에서 동태적으로 사태의 추이를 파악하고자 할 때는 지장을 초래한다.

거기에는 주로 두 가지 이유가 고려된다. 첫째, 이러한 개념 세트 그 자체에서 발생하는 가치판단이나 예정조화가 그것과 어울리지 않는 전말(顚末)을 받아들이는 것을 어렵게 하기 때문이다. '아랍의 봄'을 '독재'에 대한 '자유'를 위한 혁명으로 규정하는 견해가, 그 후 일어난 이집트의 내정 마비나 시리아 분쟁이라는 현실을 직시하는 대신 시선을 돌리게 하는 것이 그 전형이라고 할 수 있다. 둘째, 단선적 개념 세트에 의해 설명이 가능한 한정된 현상만으로 그 현상이 완결되었다는 오해를 만들어내어, 그 후의 경위에 대한 무관심 내지 해당 사상 자체에 대한 망각을 초래하기 때문이다. 2014년 가자 전쟁이 무기한 정전을 통해 수습되고, 팔레스타인과 이스라엘 양측의 주민에 대한 공중폭격, 로켓탄 공격이 정지된 이후 현지 정세에 대한 보도나 관심이 줄어든 사례가 그 일례다. 언뜻 보기에는 단순·명쾌하지만, 경직되어 있는 개념 세트에 기초한 이해가 축적되어 만들어놓은 '가상현실' 자체가 이 책에서 비판하는 '아랍의 심장'의 정치를 둘러싼 허상인 것이다.

이 허상은 '아랍의 심장'을 구성하는 각각의 국가에서 독립적으로 완결되는 것만은 아니다. 이러한 국가들은 머리말('혼돈의 도미노'에 허덕이는 '아랍의 심장')에서 개관했듯이 역사(적 기억)나 경험을 공유하며, 인구학적 구성(종교 및 종파 집단, 민족 및 종족 집단 등의 구성), 그리고 정치·경제·사회적인 제도나 상황이 유사하다. 또한 시리아와 이라크, 그리고 레바논과 시리아의 관계에 가장 뚜렷이 보이는 것처럼 거기에서의 정치적 행위는 하나의 국가 내에서 완결되지 않고 기존 국경의 틀을 넘어 복잡하게 얽혀 있으며, 서로 영향을 미치고 있다. '아랍의 봄'을 비롯한 정치 변동, 나아가 사회적·문화적인 움직임이 경제학에서 말하는 전시효과처럼 파급되는 것은 이러한 공통성과 유사성이 주요 원인이다. 그리고 이 파급의 과정이나 결과로 표출되는 다양한 현상도 앞에서 언급한 것처럼 단선적 개념 세트로서 일괄적으로 분석되고 해석되는 경우가 많다.

이러한 분석과 해석은 중동정치의 전반적인 경향을 파악하는 데 반드시 필요하며, 비교정치학을 비롯한 이론 연구에 역동성을 제공하기도 한다. 그렇지만 그것은 동일한 개념 세트 아래 해석이 가능하다고 여겨지는 사상과 현상마저 각국에서 다른 의미를 지닐 수 있다는 사실에 근거할 때 비로소 유효해진다. 그리고 이 전제를 무시하고 논의를 진행한다면 각국의 실상과는 괴리된 '아랍의 심장' 전체에 대한 허상을 만들어내고 말 것이다.

'아랍의 심장'을 구성하는 국가의 특성을 무시하고 만들어지는 허상 가운데 가장 전형적인 것은 종교 및 종파를 둘러싼 것이다. '모자이크 사회'라는 특징을 띠는 '아랍의 심장'에서는 다양한 종교 및 종파의 신도를 공동체로 인식할 수 있는 객관적 지표[종교·종파의 교의(敎義)]와 주관적 지표(집단으로의 귀속 의식)를 확인할 수 있다. 그렇지만 이러한 지표는 존재하는 것만으로는 의미가 없으며, 어떤 사회적 관계나 정치적 행위 속에서 사람들을 연결해 유대가 이루어질 때 비로소 종교 및 종파 집단을 실재화하며, 또한 그 실재하는 방식도 집단 간의 관계성이 다르다면 전혀 이질적인 것이 된다.

그러나 중동에서 종교 및 종파가 민족론이나 종족론에 대한 상식으로 간주되는 이러한 정리(定理)에 준거해 이해되는 것은 특수한 경우를 제외하면

희박하다. 그런데도 정치뿐만 아니라 경제·사회·문화 등 모든 것을 규정하는 것으로 오해하기 쉽다. 그 결과 필자가 '전도된 이슬람 원리주의' 내지 '전도된 이슬람주의'라고 비판적으로 칭하는 사고(思考)의 정지 상태가 자주 발생해버린다. '전도된 이슬람 원리주의'란 이슬람교를 비롯한 중동의 종교 및 종파를 가치판단의 절대적 기준으로 삼고 있지 않은 관찰자가 마치 이슬람주의자인 것처럼 종교 및 종파를 과대평가하고, 정치·경제·사회·문화에 관련된 모든 행위를 종교로써 설명하고자 하는 경향을 지칭한다.

중동에서는 이슬람교를 비롯한 종교가 큰 의미를 갖는다고 이야기되는 경우가 많다. 그렇지만 이러한 고정관념으로 중동 지역의 정치, 경제, 사회, 문화 등 모든 것이 이슬람교에 의해 규정된다고 생각하는 것은 과도한 일반화다. 중동의 정치는 '아랍의 심장'의 사례가 그런 것처럼 언뜻 보면 복잡하고 기이해 보인다. 그런데 그다지 익숙하지 않은 이런 복잡하고 기이한 중동정치를, 마찬가지로 우리에게 별로 친숙하지 않은 종교를 예로 들어 해설한다면 실제로는 그 어떤 것도 설명해주지 못한다고 할 수 있다.

그렇다면 '아랍의 심장'을 포함한 중동에서 나날이 전개되는 정치의 실태를 동태적으로 이해하기 위해서는 어떠한 시각이 요구되는 것일까? 중동에서의 문제는 확실히 뿌리가 깊고, 난해하다. 그렇지만 그것을 단선적인 개념 세트에 의거해 마치 극화(劇畫)를 감상하듯이 파악해 근시안적으로 보는 것이 아니라, 중동을 '친근한 존재'로 인식하듯 접근해야 한다는 것이 필자의 생각이다.

이 접근은 구체적으로는 각자에게 친근한 국가와 사회의 정치를 이해할 때 이용되는 논리나 개념에 기초해 고찰하고, 또한 그것을 위해 필요한 정보에 접촉하도록 하는 것을 의미한다. 여기에서 말하는 논리와 개념이란 정치학에서의 분석 틀이나 전문 지식이 아니며, 이러한 것을 수련해가면서 중동 정세를 이해하라고 말하는 것이 아니다. 학술적인 이론은 친근한 논리나 개념을 통해서도 여전히 해명되지 않을 듯한 의문이 생겨날 경우에 비로소 취사선택해야 하는 것이며, 처음부터 이론에 기초하면 '전도된 이슬람 원리주의'와 마찬가지로 눈에 보이는 것도 볼 수 없다. 일본의 정치에 대해 이해하려고 할 때 '이권', '기반' 등의 개념이 없다면 무의식적으로 골라잡는 것이 되듯이, 하루하루의 생활 속에서 배양된 시각을 갖추어 이해하지 않는다면 중동정치의 관찰은 탁상공론에서 벗어날 수 없다. 이 책에서 제시하는 시각이란 연구 대상의 특수성을 강조한다거나 특수한 사정에 대한 설명으로 가치를 찾아내고자 하는 것이 아니라, 관찰자의 일상에 입각한 실제적인 문제의식인 것이다.

다중 기준과 논리의 바꿔치기가 초래한 '혼돈의 도미노'의 압박

단선적인 개념 세트가 갖고 있는 폐해는 '아랍의 심장'의 실상을 이해하는 데 방해가 된다는 인식 차원에 국한되는 것이 아니다. 실제의 정치적 행위에서도 이러한 개념 세트는 다중 기준의 적용과 논리를 바꿔치기하는 근거가 되어왔다. 단선적인 개념 세트는 한 차례 그것이 제기되면, 바로 실체인 것처럼 홀로 걷기 시작해 당사자들에 의해 정치적으로 이용된다. 예를 들면 '아랍의 봄'에서의 '자유'나 '민주화'는 그 구체상(像)을 갖고 있지 않은 상태로 체제 타도라는 파괴 행위를 정당화하기 위해 이용되었고, 또한 '테러 조직', '이슬람 과격파'는 그것이 하마스를 형용하는 표현으로 이용됨으로써 이스라엘에 의한 군사 행동의 비열함을 경감시키는 역할을 해버렸다. 또한 '종파'는 이라크의 말리키 정권이나 시리아의 아사드 정권의 정통성을 폄하하는 주요 개념으로 남용되었다.

그러나 단선적인 개념 세트를 가장 교묘히 이용해온 당사자는 '아랍의 심장'에 위치한 각국의 위정자나 정치가가 아니라, 근대 이래 아랍 세계의 행보에 적지 않은 영향을 미쳐온 서구의 국가들이다. 서구 국가들은 이러한 개념을 구사해 때로는 이중 기준, 삼중 기준, 나아가서는 다중 기준을 내세우고, 또한 때로는 논리를 바꿔치기함으로써 자국의 국익을 신장시키려 했다. 그리고 그 효과가 서구 국가들의 의도에 합치되었든 그렇지 않든 간에 이러한 개입에 의해 '아랍의 심장'은 항상 고통을 겪었다.

서구 국가들에 의한 다중 기준과 논리의 바꿔치기는 특정한 종교 및 종파 집단의 보호를 구실로 내세운 '동방 문제적 접근', 팔레스타인 문제의 발생에 계기가 된 영국의 이른바 '일구삼언 외교(一口三言外交: 「후세인·맥마흔 협정」, 「사이크스·피코 협정」, 「밸푸어 선언」_옮긴이)' 등의 예에서 반복되고 있다. 게다가 팔레스타인 문제를 둘러싼 폭력의 응수에 대해 이스라엘의 군사 행동을 '자위(自衛) 행위', 팔레스타인인의 저항을 '테러'로 계속 규정하고 있는 미국의 자세를 통해서도 살펴볼 수 있다. 또한 가장 최근에는 이 책 제2, 3장에서 상세히 언급했듯이 시리아와 이라크에서의 '민주화'와 '테러와의 전쟁'을 둘러싼 서구 국가들의 자세도 일관성을 결여하고 있다.

2014년 6월 IS에 의해 이라크 제2의 도시 모술이 제압되면서 미국은 '테러와의 전쟁'의 논리에 기초해 이라크에 대한 군사적 간섭을 강화하고, 8월부터 IS의 초소나 차량 등을 표적으로 공중폭격을 개시했으며, 또한 9월 23일 이후에는 시리아에 대한 공중폭격을 감행했다. 이러한 행동의 근거로 제기된 것이 자국민(미국 국민)의 보호, 기독교도와 예지드파 등 소수파 보호라는 인도주의적 측면이었는데, 그것과 함께 강조된 것이 외국인 전투원이 출신 국가, 특히 서구 국가들의 안전보장과 치안에 주는 위협이었다.

시리아와 이라크의 혼란의 발단이 양국의 정치라는 것은 말할 필요도 없지만, 외국인 전투원이 서구 국가들로 귀국하는 것을 저지하고 안전보장상의 위협을 배제하기 위해 '테러와의 전쟁'을 통해 말살을 추구하는 자세는, 성숙한 법치국가의 대응이라고 말하기 어렵다. 원칙대로라면 그들을 법체계 속에 재판받게 하는 동시에 그가 행한 것이 자기실현의 기회가 아니라는 것을 깨닫게 하여, 시리아와 이라크에서 안주의 땅을 찾을 수밖에 없었던 그들의 소외감을 경감하고 해소시키기 위한 개혁이 서구 국가들 내에서 마땅히 추진되어야 한다. 그렇지만 서구 국가들은 '아랍의 심장'에서 '독재' 정권이 반체제파에게 존재할 수 있는 여지를 주지 않았던 것과 마찬가지로, 자국 출신의 전투원을 사실상 추방하고 '아랍의 심장'에 문제를 강제로 떠맡겼다.

이러한 강압은 팔레스타인 문제가 발생하게 된 경위와 대단히 유사하다. 팔레스타인 문제는 19세기에 유럽 각지에서 매우 번성했던 민족주의의 어두운 유산인 반(反)유대주의, 포그롬(pogrom), 홀로코스트(holocaust) 등의 배외주의의 폐해를 자국이나 사회에서 해결하는 것이 아니라, 시오니즘을 매개로 하여 '아랍의 심장'에 이식한 것이 발단이 되었다. '아랍의 봄'의 결과로 생성된 시리아나 이라크의 혼돈은 이러한 강압의 21세기판이라고 해도 지나치지 않다.

물론 중동에서의 모든 문제를 서구 국가들에 돌리는 듯한 주장은 유보되어야 한다. 아랍 세계의 근대화를 놓고, 그 저해 요인으로 외부인인 서구 국가들의 패권주의적 간섭을 강조하고 사회의 후진성을 도외시하는 경향이 특히 아랍 세계의 지식인 사이에서 강하게 나타난다. 이러한 책임전가론의 가장 과격한 표출 형태 중 하나가 알카에다 계통 무장 집단의 언동이라고 말할 수도 있다. '아랍의 심장'을 무겁게 짓누르고 있는 혼돈을 극복하려면 자기 사회 내부에서 발생한 폐해에 대해 진지하게 대처하고자 하는 내부로부터의 행위가 가장 필요하다고 하겠다.

참고문헌

■ 일어 문헌

間寧 編. 2006.『西・中央アジア諸國における龜裂構造と政治體制(研究雙書555)』. JETROアジア經濟研究所.

高岡豊. 2011.『現代シリアの部族と政治・社會: ユーフラテス河沿岸地域・ジャジーラ地域の部族の政治・社會的役割分析』. 三元社.

_____. 2012.「シリア: 2012年人民議會選擧から見るアサド政權の機能と基盤」. ≪中東研究≫, 第515號(10月), pp.101~109.

_____. 2013.「'潛入問題'再考: シリアを破壞する外國人戰鬪員の起源」. ≪中東研究≫, 第516號(2月), pp.83~91.

_____. 2014a.「イスラーム過激派とマシュリク社會: 'アラブの春'とテロリズムの將來」. ≪アジア經濟≫, 第55卷 第1號(1月), pp.53~66.

_____. 2014b.「シリアーイスラーム過激派の伸張とその背景」. ≪中東研究≫, 第519號(2月), pp.37~51.

廣河隆一. 2002.『パレスチナ 新版(岩波新書)』. 岩派書店.

臼杵陽. 2013.『世界史の中のパレスチナ問題(講談社現代新書)』. 講談社.

國枝昌樹. 2012.『シリア: アサド政權の40年史』. 平凡社.

錦田愛子. 2010.『ディアスポラのパレスチナ人: '故鄕'(ワタン)とナシヨナル・アイ

デンティティ)』. 有信堂高文社.
_____. 2014. 「ハマースの政権掌握と外交政策」. 日本國際政治學會 編. 『政權交代と外交(國際政治第177號)』. 有斐閣. pp.98~112.
吉川卓郎. 2014. 「'生存の政治'における政府・イスラーム關係: 2011年民主化運動とヨルダンのムスリム同胞團」. ≪アジア經濟≫, 第55卷 第1號(3月), pp.28~52.
金谷美紗. 2014. 「搖れるシナイ半島: イスラーム過激派の台頭と民主化への影響」. ≪中東研究≫, 第519號(2月), pp.52~63.
大塚和夫・小杉泰・小松久男 外 編. 2002. 『岩波イスラーム辭典』. 岩波書店.
藤原和彦. 2001. 『イスラム過激原理主義: なぜテロに走るのか(中公新書)』. 中央公論新社.
藤田進. 1989. 『蘇るパレスチナ: 語りはじめた難民たちの證言』. 東京大學出版會.
鈴木惠美. 2011. 「アラブ諸國の中東和平交涉: エジプト・サウジアラビアを中心に」. 國際問題研究所 編. 『平成22年度中東和平研究會報告書』. 國際問題研究所. pp.69~80.
_____. 2012. 「エジプト權威主義體制の再考: ムバーラク政權崩壞の要因」. 酒井啓子 編. 『中東政治學』. 有斐閣. pp.21~34.
_____. 2013. 『エジプト革命: 軍とムスリム同胞團, そして若者たち』. 中央公論新社.
末近浩太. 2002. 「現代レバノンの宗派制度體制とイスラーム政黨: ヒズブッラーの鬪爭と國會選擧」. 日本比較政治學會 編. 『現代の宗教と政黨: 比較のなかのイスラーム』. 早稻田大學出版部. pp.181~212.
_____. 2005. 『現代シリアの國家變容とイスラーム』. ナカニシヤ出版.
_____. 2012. 「レバノンにおける多極共存型民主主義: 2005年'杉の木革命'による民主化とその停滯」. 酒井啓子 編. 『中東政治學』. 有斐閣. pp.81~94.
_____. 2013. 『イスラーム主義と中東政治: レバノン・ヒズブッラーの抵抗と革命』. 名古屋大學出版會.
保坂修司. 2011. 『オサマ・ビンラディンの生涯と聖戰 新版(朝日選書)』. 朝日新聞出版.

北澤義之. 2011.「ヨルダン・ハーシム王國」. 松本弘 編.『中東・イスラーム諸國民主化ハンドブック』. 明石書店. pp.134~151.

_____. 2009.「イラク・ナシヨナリズムが勝利した日: 2009年1月31日イラク地方縣議會選擧の分析」. ≪イスラーム世界研究≫, 第2巻 第2號(3月), pp.152~175.

_____. 2011.『現代イラクのイスラーム主義運動: 革命運動から政權黨への軌跡』. 有斐閣.

_____. 2012.「米軍撤退後イラクの政治對立と合従連衡」. ≪中東研究≫, 第515號(10月), pp.55~68.

山尾大. 2013.『紛争と國家建設: 戰後イラクの再建をめぐるポリティクス』. 明石書店.

山尾大・浜中新吾・青山弘之・高岡豊・溝灘正季. 2012.『中東世論調査(イラク2011年)單純集計報告書』. http:www.tufs.ac.jp/ts/personal/aljabal/namatiya2/reserach/iraq2011/03.pdf.

小杉泰. 1998.『イスラーム世界(21世紀の世界政治5)』. 筑摩書房.

松尾昌樹. 2010.『灣岸産油國: レンティア國家のゆくえ(講談社選書メチエ)』. 講談社.

安武塔馬. 2011.『レバノン: 混迷のモザイク國家』. 長崎出版.

伊能武次. 2001.『エジプト: 轉換期の國家と社會』. 朔北社.

長澤榮治. 2008.「經濟改革問題の歷史的經緯」. 山田俊一 編.『エジプトの政治經濟改革』. JETROアジア經濟研究所, pp.89~114.

帝國書院編集部 編. 2009.『新詳高等地圖(初訂版)』. 帝國書院.

酒井啓子. 1995.「'原型の回復'과 '建國神話': 灣岸諸國の國境紛爭」. 神奈川大學評論編集專門委員會 編.『イスラーム世界の解讀』. 御茶の水書房, pp.83~121.

_____. 2003.『フセイン・イラク政權の支配構造』. 岩波書店.

_____. 2004.『イラク戰爭と占領(岩波新書)』. 岩波書店.

中村廣治郎. 1997.『イスラムと近代(叢書 現代の宗教13)』. 岩波書店.

川上泰德. 2012.『イスラムを生きる人びと: 傳統と'革命'のあいだで』. 岩波書店.

青山弘之. 2012.『混迷するシリア: 歷史と政治構造から讀み解く』. 岩波書店.

_____. 2013.「'アラブの春'の通俗的理解がシリアの紛爭にもたらした弊害」. ≪中東研究≫, 第516號(2月), pp.34~43.

_____. 2014a.「'宗派對立'では讀み解けないイラクの混亂: シリア紛争との連續線(一點視界・一天四海)」. ≪外交≫, 第26號(7月), pp.86~90.

_____. 2014b.「混亂を再生産するイスラーム國と歐米: その奇妙な親和性」. ≪世界≫, 第862號(11月), pp.145~153.

青山弘之・末近浩太. 2009.『現代シリア・レバノンの政治構造(アジア經濟研究所叢書5)』. 岩波書店.

横田貴之. 2006.『現代エジプトにおけるイスラームと大衆運動』. ナカニシヤ出版.

_____. 2009.『原理主義の潮流: ムスリム同胞團(イスラームを知る10)』. 山川出版社.

_____. 2010.「エジプト・ムスリム同胞團とイスラーム法施行問題」. ≪二十世紀研究≫, 第11號(12月), pp.1~22.

_____. 2014a.「エジプト・ムスリム同胞團の危機と今後の展望」. ≪中東研究≫ 第519號(2月), pp.14~21.

_____. 2014b.「ムバーラク政權によるムスリム同胞團のコオプテーションの再考」. ≪アジア經濟≫, 第55卷 第1號(3月), pp.9~27.

_____. 2014c.「スィースィー體制へ向かうエジプト: 權威主義體制の再構築とムスリム同胞團の政治的排除」. ≪海外事情≫, 第62卷 第5號(5月), pp.32~46.

アーレンド・レイプハルト. 1979.『多元社會のデモクラシー』. 內山秀夫 譯. 三一書房.

トビー・ドッジ. 2014.『イラク戰争は民主主義をもたらしたのか』. 山岡由美 譯. 山尾大 解說. みすず書房.

ファーレハ・アブドゥルジャッバール. 1998. "イラクにおける國會, 社會, 血緣集團, 黨, そして軍: 全體主義衰亡期の全體主義國家"(酒井啓子 譯). 酒井啓子 編.『イラク・フセイン體制の現状: 經濟制裁部分解除開始から一年』. アジア經濟研究所. pp.1~28.

■ 영어 문헌

Abdul Haid, Mahdi(ed.). 1997. *Documents on Palestine*, Vol.1. Jerusalem: PASSIA.

Abu-Nowar, Maan. 2006. *Developement of Transjordan 1929~1939: A History of the Hashemite Kingdom of Jordan*. Reading, UK: Ithaca Press.

Anderson, Liam and Gareth Stansfield. 2005. *The Future of Iraq: Dictatorship, Democracy, or Division*. New York: Palgrave MacMillan.

Aoyama, Hiroyuki, Wafik Khansa and Maher al-Charif. 2000. *Spiritual Father of the Ba'th: The Ideological and Political Significance of Zakī al-Arsūzī in Arab Nationalist Movements*(MES Series No.49). Chiba: Institute of Developing Economies-JETRO. http://www.ide.go.jp/English/Publish/Download/Mes/49.html

Bank, André and Olivier Schlumberger. 2004. "Jordan: Between Remime Survial and Economic Reform." Volker Perthes(ed.). *Arab Elites: Negotiating the Politics of Change*. Boulder and London: Lynne Rienner Publishers, pp.35~60.

Batatu, Hanna. 1978. *The Old Social Classes and Revolutionary Movements in Iraq*. New Jersey: Princeton University Press.

Bengio, Ofra. 1999. "Iraq." Bruce Maddy-Weitzman(ed.). *Middle East Contemporary Survery*, Vol.23. Tel Aviv: The Moshe Dayan Center for Middle Eastern and African Studies. The Shiloan Institute, Tel Aviv University. pp.262~294.

_____. 2008. "Iraq: From Failed Nation-State to Binational State?" Asher Susser (ed.). *Challenges to the Cohesion of the Arab State*. Tel Aviv: The Moshe Dayan Center. pp.59~83.

Brand, Laurie. 1994. *Jordan's Inter-Arab Relations: The Political Economy of Alliance Making*. New York: Columbia University Press.

Cammett, Melani. 2014. *Compassionate Communism: Welfare and Sectarianism in Lebanon*. Ithaca and London: Cornell University Press.

Cohen, Hillel. 2008. *Army of Shadows: Palestinian Collaboration with Zionism, 1917~1948*. translated by Haim Watzman. Berkeley, Los Angeles and London: University of California.

David, Assaf. 2012. "Presence Out, Ideas In: Representation and Socio-politial

Change in Jordan." *Representation*, vol.48, No.3(August), pp.295~305.

Dessouki, Ali E. Hillan and Karen Abul Kheir. 2008. "Foreign Policy as a Strategic National Asset: the Case of Jordan." in Bahgat Korany and Ali E. Dessouki(eds.) *The Foreign Politics of Arab States: the Challenge of Globalization*. Cairo: the American Univesity of Cairo Press, pp.253~282.

Fattah, Hala. 1997. *The Politics of Regional Trade in Iraq, Arabia, and the Gulf 1745~1900*. Albany: State University of New York Press.

Fisk, Robert. 2000. *Pity the Nation: The Abduction of Lebanon*. New York: Atheneum.

Ghanem, As'ad. 2010. *Palestinian Politics after Arafat: A Failed National Movement*. Bloomington and Indianapolis: Indiana University Press.

Hajjar, Sami. G. 2009. "The Convoluted and Diminished Lebanese Democracy." *Democracy and Security*, Vol.5, No.3(December), pp.261~276.

Hanf, Theodor. 1993. *Coexistence in Wartime Lebonon: Decline of a State and Rise of a Nation*. London: Centre for Lebanese Studies and I.B. Tauris.

Harris, Willam. W. 2006. *The New Face of Lebanon: History's Revenge*. Princeton: Markus Wiener.

Human Rights Watch. 2014. "Jordan: Palestinians Escaping Syria Turned Away." August. http://www.hrw.org/news/2014/08/07/jordan-palestinians-escaping-syria-turned-away

Hupp, Cela Lutz. 2014. *The United States and Jordan: Middle East Diplomacy during the Cold War*. London and New York: I.B. Tauris.

Hussain, Imatiaz. 2010. *Afghanistan, Iraq and Post-conflict Governance: Damoclean Democracy?* Leiden and Boston: Brill.

el-Husseini, Rola. 2012. *Pax Syriana: Elite Politics in Postwar Lebonon*. Syracuse, New York: Syracuse University Press.

IMF(International Monetary Fund). 2012. "IMF Executive Board Approves US$ 2 billion Stand-By Arrangement for Jordan(Press Release No.12/288)." August 3. http://www.imf.org/external/np/sec/pr/2012/pr12288.htm

The Institute for Palestine Studies. 1991. *A Survey of Palestine: Prepared in December 1945 and January 1946 for the Information of the Anglo-American Committee of Inquiry*, Vol.1. Washington, D. C.: The Institute for Palestine Studies.

Jabar, Faleh A. 2003. *The Shi'ite Movement in Iraq*. London: Saqi Books.

JMCC(Jerusalem Media and Communication Center). 2006.

Joffê, George. 2014. "The Reign or Rule: Morocco's Halting Road to Liberalization." *World Politics Review,* April 22, pp.4~8.

Kerr, Michael. 2005. *Imposing Power-Sharing: Conflict and Coexistence in Northern Ireland and Lebanon*. Dublin: Irish Academic Press.

Kikkawa, Takuro. 2012. "A Turbulent Decade between the Jordanian Government and the Muslim Brotherhood." *Kyoto Bulletin of Islamic Area Studies*, Vol.5, Nos. 1 and 2, pp.61~77.

King Abdullah of Jordan. 2011. *Our Last Best Chance: The Pursuit of Peace in a Time of Peril*. New York: Viking Adult.

Knudsen, Are. 2012. "Special Tribunal for Lebanon: Homage to Hariri?" in Are Knudsen and Michael Kerr(eds.). *Lebanon: After the Cedar Revolution*. London: Hurst. pp.219~233.

Longrigg. Stephen Hemsley. 1925. *Four Centuries of Modern Iraq*. Oxford: Oxford University Press.

Lund, Aron. 2012. "Syrian Jihadism." *Ulbrief*, No.13(September), Swedish Institute of International Affairs. http://www.ui.se/upl/files/77409.pdf

_____. 2013. "Syria's Salafi Insurgents: The Rise of the Syrian Islamic Front." *Ul Occasional Papers*, No.17(March). Swedish Institute of International Affairs. http://www.ui.se/upl/files/86861.pdf

Lynch, Marc. 1999. *State Interests and Public Spheres: The International Politics of Jordan's Identity*. New York: Columbia University Press.

_____. 2012. *The Arab Uprising: The Unfinished Revolutions on the New Middle East*. New York: Public Affairs.

Makdisi, Samir Fadia Kiwan and Marcus Marktanner. 2011. "Lebanon: The Constrained Democracy and Its National Impact." in Ibrahim Elbadawi and Amir Makdisi(eds.). *Democracy in the Arab World: Explaining the Deficit*. London and New York: Routledge. pp.115~141.

Makiya, Kanan. 1998. *Republic of Fear: the Politics of Modern Iraq*. Berkeley: University of California Press.

Maktabi, Rania. 1999. "The Leabnese Census of 1932 Revisited: Who Are the Lebanese?" *British Journal of Middle Eastern Studies*, Vol.26, No.2(May), pp.219~241.

Marr, Phebe. 2004. *Modern History of Iraq*, 2nd ed. New York and London: Westview Press.

Muasher, Marwan. 2008. *The Arab Center: The Promise of Modernism*. New Haven and London: Yale University Press.

Najem, Tom Pierre. 2012. *Lebanon: The Politics of a Penetrated Society*. London and New York: Routledge.

Nakash, Yitzhak. 1994. *The Shi'is of Iraq*. New Jersey: Priceton Univesity Press.

Nishikida, Aiko. 2014. "Hamas's Ascension and its International Relations: Literature Review." in Shoko Watanabe(ed.). *Interim Report for the Society of Mulim Borthers and International Linkage of Islamic Movements*. Chiba: IDE-JETRO. http://www.ide.go.jp/japanese/Publish/Download/Report/2013/pdf/C16_ch4.pdf

O'Baygy, Elizabeth. 2012. "Jihad in Syria." *Middle East Security Report*, 6(September). Institute for the Study of War. http://www.understandingwar.org/sites/default/files/Jihad-In-Syria-17SEPT.pdf

OCHA. 2014. "Commodities: Total Truckloads per Year." http://www.ochapt.org/dbs/Crossings/CommodityReports.aspx?id=1010003

Pew research Center. 2014. "One Year after Morsi's Ouster, Devides Persist on El-Sisi, Muslim Brotherhood(Pew Research Global Attitudes Project)" May

22. http://www.pewglobal.org/2014/05/22/one-year-after-morsis-ouster-divides-persist-on-el-sisi-muslim-brotherhood/

PSR(Palestinian Center for Policy and Survey Research). 2014. "Special Gaza War Poll." August 26~30. http://www.pcpsr.org/en/node/492

Rogan, Eugene L. and Tariq Tell(eds.). 1994. *The Social Origins of Modern Jordan*. London and New York: British Academic Press.

Salamey, Imad. 2014. *The Government and Politics of Lebanon*. London and New York: Routledge.

Salloukh, Bassel F. 2009. "Democracy in Lebanon: The Primacy of the Sectarian System." in Nathan J. Brown and Emad El-Din Shahin(eds.). *The Struggle over Democracy in the Middle East: Regional Politics and External Policies*. London and New York: Routledge. pp.134~150.

Seale, Patrick. 1988. *Asad of Syria: The Struggle for the Middle East*. London: I. B. Tauris. パトリック・シール. 1993.『アサド: 中東の謀略戰』. 佐藤紀久夫 譯. 時事通信社.

Shikaki, Khalil. 2001. *Old Guard, Young Guard: The Palestinian Authority and the Peace Process at Crossroads*. Ramallah: Palestinian Center for Policy and Survery Research(PSR). http://www.pcpsr.org/ar/node/267

Sluglett, Peter and Marion Farouk-Sluglett. 1990. *Iraq since 1958: From Revolution to Dictatorship*. London: I.B. Tauris.

Stover, Eric Hanny Megally and Hania Mufti. 2005. "Bremer's 'Gordian Knot': Transitional Justice and the U.S. Occupation of Iraq." *Human Rights Quarterly*, Vol.27, No.3(August), pp.830~857.

Tamimi, Azzam. 2007. *Hamas: Unwritten Chapters*. London: Hurst and Company.

Tripp, Charles. 2000. *A History of Iraq*, 2nd ed. Cambridge: Cambridge University Press(チャールズ・トリップ.『イラクの歷史』. 大野元裕 監譯. 明石書店. 2004).

UNHCR. 2014a. "Syria Tops World List for Forcibly Displaced after Three Years of Conflict." March 14. http://www.unhcr.org/5321cda59.html

_____. 2014b. "Syria Refugees in Lebanon Surpass One Million(Press Release)." April 3. http://www.unhcr.or.jp/html/Syrian%20Refugees%20in%20Lebanon%20sur pass%20Million.pdf

Usher, Graham. 2006. "The Democratic Resistance: Hamas, Fatah, and the Palestinian Elections." *Journal of Palestine Studies*, Vol.35, No.3(Spring), pp. 20~26.

Vatikiotis, P. J. 1991. *History of Egypt: From Muhammad Ali to Mubarak*. Baltimore: The Johns Hopkins University Press.

Visser, Reidar. 2005. *Basra, the Failed Gulf State: Separatism and Nationalism in Southern Iraq*. Münster: LIT Verlag Münster.

Zogby Research Service. 2013. "Egyptian Attitude, September 2013." http://www.static.squarespace.com/static/52750dd3e4b08c252c723404/t/5293bf5de4b013dda087d0e5/1385480029191/Egypt%20October%202013%20FINAL.pdf

■ 정기간행물, 인터넷 자료, TV 및 라디오 방송, 통신사 등

국제통화기금(IMF: International Monetary Fund). http://www.imf.org

요르단 독립선거위원회. http://www.entikhabat.jo

이집트 국가정보제공위원회(al-Hay'a al-'Āmma li-l-Īsti'mālāt). http://www.sis.gov.eg

팔레스타인 중앙선거관리위원회. https://www.elections.ps

프리덤 하우스. http://www.freedomhouse.org

al-Ḥayāt(London). http://alhayat.com

al-Thawra(Damascus). http://thawra.alwehda.gov.sy

OCHA(United Nations Office for the Coordination of Humanitarian Affairs). http://www.ochaopt.org

Pew Research Center. http://www.pewresearch.org
PSR(Palestinian Center for Policy and Survey Research). http://www.pcpsr.org
The Star(Toronto). http://www.thestar.com
UNHCR(United Nations High Commissioner for Refugees). http://www.unhcr.or.jp
Yedioth Ahronoth(Tel Aviv). http://www.ynetnews.com
Zogby Research Services. http://static.squarespace.com

찾아보기

인명

ㅂ·ㅅ

ㅇ

ㅈ·ㅋ·ㅌ·ㅍ

용어

ㅈ

ㅊ·ㅋ

지명

ㄱ·ㄴ

ㄷ·ㄹ

ㅁ·ㅂ

ㅅ

ㅇ

집필자 소개

아오야마 히로유키(青山弘之)

도쿄(東京) 출생(1968)

히토쓰바시대학(一橋大學) 대학원 사회학연구과 포스트 박사 과정 수료

다마스쿠스 프랑스 아랍연구소(현재 프랑스 중동연구소) 공동연구원, 일본무역진흥기구(JETRO) 아시아경제연구소 연구원 등을 역임

현재 도쿄외국어대학(東京外國語大學) 종합국제학연구원 교수

전공: 현대 동(東)아랍의 정치・사상・역사

저서: 『현대 시리아・레바논의 정치구조(現代シリア・レバノンの政治構造)』(공저, 2009), 『혼돈과 미로 속의 시리아: 역사와 정치 구조로부터 독해한다(混迷するシリア: 歴史と政治構造から讀み解く)』(2012) 외

요코타 다카유키(横田貴之)

교토 부(京都府) 출생(1971)

니혼대학(日本大學) 국제관계학부 조교수

전공: 중동 지역 연구, 현대 이집트 정치, 이슬람주의 운동

저서: 『현대 이집트에서의 이슬람과 대중운동(現代エジプトにおけるイスラームと大衆運動)』(2006) 외

다카오카 유타카(高岡豊)

니가타 현(新潟縣) 출생(1975)

공익재단법인 중동조사회(中東調査會) 수석연구원

전공: 시리아의 정치・사회, 이슬람 과격파의 동향

저서: 『현대 시리아의 부족과 정치・사회: 유프라테스 강 연안 지역, 자지라 지역 부족의 정치・사회적 역할 분석(現代シリアの部族と政治・社會: ユーフラテス河沿岸地域・ジャジーラ地域の部族の政治・社會的役割分析』(2011) 외

야마오 다이(山尾大)

사가 현(滋賀縣) 출생(1981)

규슈대학(九州大學) 대학원 비교사회문화연구원 전임 강사

전공: 이라크 정치, 국제정치학, 비교정치학

저서: 『분쟁과 국가건설: 전후 이라크의 재건을 둘러싼 정치학(紛争と國家建設: 戰後イラクの再建をめぐるポリティクス)』(2013) 외

스에치가 고타(末近浩太)

아이치 현(愛知縣) 출생(1973)

리쓰메이칸대학(立命館大學) 국제관계학부 교수

전공: 시리아・레바논 정치, 중동 지역 연구, 국제정치학, 비교정치학

저서: 『이슬람주의와 중동정치: 레바논・헤즈볼라의 저항과 혁명(イスラーム主義と中東政治: レバノン・ヒズブッラーの抵抗と革命)』(2013) 외

깃카와 다쿠로(吉川卓郎)

오카야마 현(岡山縣) 출생(1974)

리쓰메이칸아시아태평양대학(立命館アジア太平洋大學) 아시아태평양학부 조교수

전공: 국제관계론, 비교정치학, 현대 요르단 정치

저서: 『이슬람 정치와 국민국가: 이집트・요르단에서의 무슬림형제단의 전략(イスラーム政治と國民國家: エジプト・ヨルダンにおけるムスリム同胞團の戰略)』(2007) 외

니시키다 아이코(錦田愛子)

히로시마 현(廣島縣) 출생(1977)

도쿄외국어대학 아시아아프리카언어문화연구소(AA硏) 조교수

전공: 팔레스타인 연구, 중동 지역 연구, 정치학

저서: 『디아스포라의 팔레스타인인: '와탕'(고향)과 내셔널 아이덴티티(ディアスポラのパレスチナ人: 「故郷」(ワタン)とナショナル・アイデンティティ)』(2010) 외

옮긴이 소개

이용빈

한국지도자육성장학생

중국 베이징대학 국제정치학과 대학원 수학

서울대학교 외교학과 대학원 수료, 서울대학교 국제문제연구소 간사

미국 하버드대학 HPAIR 연례 학술회의 참석(서울대학교 대표: 안보 분과)

일본 오사카대학 '팔레스타인 아랍어(Palestinian Arabic)' 연수 과정 수료

인도 방위문제연구소(IDSA, New Delhi) 객원연구원 역임

중국 시베이대학(西北大學, 陝西省西安市) 중동연구소 초청 강연

이스라엘 크네세트(국회), 미국 국무부, 미국 해군사관학교, 일본 게이오대학 초청 방문

이스라엘 히브리대학, 러시아 모스크바 국립국제관계대학 학술 방문

중국 '시진핑 모델[習近平模式]' 전문가위원회 위원(2014.11~)

한반도아시아국제관계연구회[韓亞會] 연구원(창립 의장)

홍콩국제문제연구소(香港國際問題研究所) 연구원

저서: *East by Mid-East*(공저, 2013) 외

논문: 「中東における中國の影響力擴大と變貌する中洋國際政治」(2010) 외

역서: 『슈퍼리치 패밀리: 로스차일드 250년 부의 비밀』(2011), 『시리아: 아사드 정권의 40년사』(2012), 『러시아의 논리: 부활하는 강대국의 국가전략』(2013), 『이란과 미국: 이란 핵 위기와 중동 국제정치의 최전선』(2014), 『망국의 일본 안보 정책: 아베 정권과 적극적 평화주의의 덫』(2015), 『현대 중국의 정치와 관료제』(2016), 『이스라엘의 안보 네트워크』(근간) 외

한울아카데미 1914
'아랍의 심장'에서는 무슨 일이 벌어지고 있는가
현대 중동정치의 실상

엮은이 | 아오야마 히로유키
지은이 | 요코타 다카유키 · 다카오카 유타카 · 야마오 다이 · 스에치카 고타 · 깃카와 다쿠로 · 니시키다 아이코 · 아오야마 히로유키
옮긴이 | 이용빈
펴낸이 | 김종수
펴낸곳 | 한울엠플러스(주)
편　집 | 최진희

초판 1쇄 인쇄 | 2016년 9월 28일
초판 1쇄 발행 | 2016년 10월 10일

주소 | 10881 경기도 파주시 광인사길 153 한울시소빌딩 3층
전화 | 031-955-0655
팩스 | 031-955-0656
홈페이지 | www.hanulmplus.kr
등록번호 | 제406-2015-000143호

Printed in Korea.
ISBN 978-89-460-5914-6 93340

※ 책값은 겉표지에 표시되어 있습니다.